ジュリスト BOOKS

JURIST BOOKS

Professional

民事裁判手続と
IT化の重要論点

法制審中間試案の争点

山本和彦 編

JN091705

有斐閣

は し が き

　民事裁判のIT化について日本は国際的に遅れていたが，近時ようやくその検討が本格化しつつある。2017年10月に内閣官房に設置された「裁判手続等のIT化検討会」において議論が始まったが，その後，2018年7月から公益社団法人商事法務研究会において「民事裁判手続等IT化研究会」が具体的な立法課題の検討を行った。そして，2020年6月から法制審議会民事訴訟法(IT化関係)部会における調査審議が開始され，2021年2月の「民事訴訟法(IT化関係)等の改正に関する中間試案」の公表に至っている。現在は，中間試案に対するパブリック・コメントを受けて，要綱案の策定に向けた検討作業が続いている状況にある。

　他方，2020年2月からは既存法制を前提としたIT化の運用の試みも開始され，争点整理手続におけるウェブ会議が導入された。当初は東京・大阪及びその近郊の大規模裁判所に限られていたが，同年12月以降全国の地裁本庁に拡大している。折からのコロナ禍の中，対面会議を可及的に縮小する社会的気運にも合致し，急速に普及してきている。さらに，2021年度中には民事訴訟法の規定（132条の10）に基づく最高裁判所規則を制定し，オンラインによる申立ても可能とする方向とされる。

　本書は，以上のような議論や実務の進展を踏まえ，民事裁判のIT化の各論点について，研究者を中心として主に理論的な観点から分析したものである。本書の基となった各論稿は，前述の商事法務研究会における研究会の報告書（2019年12月）を受けてその内容を検討・分析するもので，月刊ジュリストに1年間（2020年4月号〜2021年3月号）にわたり連載されたものである（最後の2回は座談会）。本書は，その連載論稿を基礎にしながら，その後の議論（特に法制審議会における議論及び中間試案の内容）を追記等の形で紹介してアップデートしたものである（なお，一部論稿〔No.07（書証）及びNo.09（記録閲覧・費用納付）〕については書き下ろしとなっている）。裁判のIT化は優れて実務的な課題であるが，他方では民事訴訟の様々な分野に多大な理論的影響を与えるものでもある。その意味で，理論的な観点を中心とする

本書の検討にも大きな意味があると思われ，この問題に関心を持っておられる多くの読者の参考になればと考える次第である。

　本書の前身となる月刊ジュリストにおける連載以来，有斐閣の山宮康弘氏には大変お世話になった。山宮氏の献身的かつ忍耐溢れるご助力・ご助言がなければ，本書が日の目を見ることはなかったであろう。執筆者を代表して厚く御礼を申し上げる。

　2021 年 6 月

山本和彦

CONTENTS

目　次

DETAILS

細目次

凡例

■ 裁判例の表示

本文（地の文）

　最高裁昭和 53 年 7 月 10 日判決（民集 32 巻 5 号 888 頁）

　＊法廷名は最高裁大法廷についてのみ表示する。

本文の括弧内・脚注

　最大判平成元・3・8 民集 43 巻 2 号 89 頁

　＊最高裁の法廷名は，大法廷判決（決定）についてのみ「最大判（決）」として表示し，
　　小法廷判決（決定）については単に「最判（決）」とする。

■ 法令名の略語

法令名の略語は，原則として有斐閣刊『六法全書』巻末掲載の「法令名略語」による。

■ 報告書等の略語

主な報告書等の略語は，下記の例による。

裁判手続等の IT 化検討会「裁判手続等の IT 化に ………………………… 検討会取りまとめ
向けた取りまとめ──『3 つの e』の実現に向けて」
（2018 年 3 月）

公益社団法人商事法務研究会「民事裁判手続等 IT 化 …………………… 研究会報告書
研究会報告書──民事裁判手続の IT 化の実現に向けて」
（2019 年 12 月）

法制審議会民事訴訟法(IT 化関係)部会 ……………………………………… 中間試案
「民事訴訟法(IT 化関係)等の改正に関する中間試案」
（2021 年 2 月。本書巻末に資料として掲載）

法務省民事局参事官室「民事訴訟法(IT 化関係)等の ……………………… 補足説明
改正に関する中間試案の補足説明」（2021 年 2 月）

■ その他の略語

民（刑）集 …………………… 大審院，最高裁判所民（刑）事判例集

集民（刑）…………………… 最高裁判所民（刑）事裁判集

高民（刑）集 ………………… 高等裁判所民（刑）事判例集

下民（刑）集 ………………… 下級裁判所民（刑）事裁判例集

訟月 …………………………… 訟務月報

最判解民（刑）事篇 ……… 最高裁判所判例解説民（刑）事篇
平成（昭和）○年度　　　　平成（昭和）○年度

判時 …………………………… 判例時報

判タ …………………………… 判例タイムズ

ジュリ ………………………… ジュリスト

法教 …………………………… 法学教室

法時 …………………………… 法律時報

金法 …………………………… 金融法務事情

○○百選 ……………………… ○○判例百選

LLI/DB ……………………… LLI/DB 判例秘書 INTERNET（https://www.hanreihisho.net/）

執筆者・座談会出席者紹介 （＊＝編者，50音順）

山本和彦[＊] ················ 一橋大学大学院法学研究科教授
YAMAMOTO Kazuhiko　　［担当］No.01，No.07，No.09，No.12（司会），No.13（司会）

青木哲 ····················· 神戸大学大学院法学研究科教授
AOKI Satoshi　　［担当］No.08

内海博俊 ················· 立教大学法学部教授
UCHIUMI Hirotoshi　　［担当］No.05

大野晃宏 ················· 法務省民事局参事官
OONO Akihiro　　［担当］No.13

垣内秀介 ················· 東京大学大学院法学政治学研究科教授
KAKIUCHI Shusuke　　［担当］No.02，No.13

笠井正俊 ················· 京都大学大学院法学研究科教授
KASAI Masatoshi　　［担当］No.06，No.12

日下部真治 ·············· 弁護士／アンダーソン・毛利・友常法律事務所
KUSAKABE Shinji　　［担当］No.13

最所義一 ················· 弁護士／弁護士法人 港国際法律事務所
SAISHO Yoshikazu　　［担当］No.12

佐瀬裕史 ················· 学習院大学法学部教授
SASE Hiroshi　　［担当］No.04

杉山悦子 ················· 一橋大学大学院法学研究科教授
SUGIYAMA Etsuko　　［担当］No.03

武見敬太郎 ·············· 最高裁判所事務総局民事局付
TAKEMI Keitaro　　［担当］No.11

富澤賢一郎 ·············· 東京高等裁判所第7民事部判事 （前最高裁判所事務総局民事局総括参事官）
TOMIZAWA Kenichiro　　［担当］No.11，No.12

町村泰貴 ················· 成城大学法学部教授
MACHIMURA Yasutaka　　［担当］No.13

松尾吉洋 ················· 弁護士／大阪梅田法律事務所
MATSUO Yoshihiro　　［担当］No.12

水木淳 ···················· 東京地方裁判所民事第7部判事 （前最高裁判所事務総局民事局付）
MIZUKI Jun　　［担当］No.11

湯淺墾道 ················· 明治大学公共政策大学院ガバナンス研究科教授
YUASA Harumichi　　［担当］No.10

民事裁判のIT化の経緯と課題

山本和彦

I. はじめに

　現在，民事訴訟の IT 化の議論が進められている。2020 年 2 月，いくつかの裁判所で争点整理手続等に IT 化を本格導入する試みが開始された。また，IT 化に関する民事訴訟法改正が法制審議会に諮問され，法制上の議論も始まった。このような民事裁判の IT 化は，法曹の仕事の在り方を根本的に変えるとともに，市民の裁判に対するアクセスを改善し，利用しやすい民事裁判の実現の契機となり得るものである。

II. 従来の IT 化の試みと停滞

　従来も民事訴訟について IT 化の試みがなかったわけではない。既に平成 8 年改正，すなわち現行民訴法制定時には，争点整理に電話会議システムが導入された。弁論準備手続については，期日概念を維持するため，一方当事者の出頭が前提とされたが（民訴 170 条 3 項），書面による準備手続の電話協議は，双方当事者不出頭でも行うことができる（同 176 条 3 項）[1]。また，証人尋問ではテレビ会議システムが導入されたが（同 204 条），必ず最寄りの裁判所に証人等が出頭する必要があるとされている（民訴規 123 条）[2]。

　その後，平成 13 年の司法制度改革審議会意見書では，「裁判所の利便性の向上」の一環として「裁判所等への情報通信技術（IT）の導入」が提言さ

1

れた（同意見書Ⅱ第1の7(3)イ）。具体的には，「裁判所の訴訟手続（訴訟関係書類の電子的提出・交換を含む。），事務処理，情報提供などの各側面での情報通信技術（IT）の積極的導入を推進するため，最高裁判所は，情報通信技術を導入するための計画を策定・公表すべき」とされた。このような提言を受け，まず平成15年民訴法改正では，鑑定人質問にテレビ会議システムが導入された（民訴215条の3）。従来は証人尋問の規定が準用されていたが，鑑定人の利便性を高めるため，例えば，医師の鑑定人の場合，病院に設置されたテレビ会議システムの利用も可能とされた[3]。さらに，平成16年改正では，申立て等の場面でもIT化を進めるため，オンライン申立てを可能とし（同132条の10），加えて督促手続のオンライン化を図った（同397条以下）[4]。

　以上がこれまでの経緯であるが，その後十数年IT化は全く進展していない。また，導入された制度のうち，弁論準備の電話会議や督促手続のオンライン化は活用されているものの，テレビ会議の証人尋問やオンライン申立ては空文化している[5]。まさに「失われた15年」とも呼ぶことができ，日本の司法のIT化は，2000年代初頭までは（米国やシンガポール等と並んで）世界最先端の状況にあったようにみえるが，現在では（韓国やさらにはドイツ等にも抜かれ）IT後進国に転落したものと評価できよう。

---

1) その後の非訟事件手続法等の改正では，両当事者とも電話会議でも期日を行うことが可能となった（非訟47条，家事54条参照）。
2) これは「テレビ会議装置が一般的に普及していない現状を踏まえたもの」と説明される（福田剛久「証人尋問①──OA機器を用いた証人尋問」三宅省三ほか編集代表『新民事訴訟法大系(3)』〔青林書院，1997年〕34頁参照）。ただ，この時点で既に「やがて，公共機関などに広くテレビ会議装置，あるいはそれと類似の機能を有する装置が普及することになれば，その限定は必要なくなるかもしれない」とされ，さらにこの制度の利用が円滑に進めば「口頭弁論をテレビ会議装置を利用して実施することを検討することになるかもしれない」とされていたこと（福田・前掲34頁）は注目されてよい。
3) 規則で，裁判所への出頭を不要とし，「相当と認める場所」での実施を可能とした（民訴規132条の5）。
4) 改正の趣旨については，小野瀬厚＝原司編著『一問一答平成16年改正民事訴訟法・非訟事件手続法・民事執行法』（商事法務，2005年）13頁以下参照。
5) オンライン申立ては，一部地域で試行されたものの，ほとんど利用されず，民訴法132条の10に基づく最高裁規則は未制定のままである。

Ⅲ. IT 化検討会──全面 IT 化の提言

　今回の検討に至った経緯についての詳細は省略するが[6]，国際的動向及び政治的・社会的批判の高まりがあった点は確認しておくべきであろう。例えば，世界銀行の "Doing Business" 2017 年版において，日本の司法手続のIT 面に対して厳しい評価がされた。日本の司法は，事業再生（世界 1 位）やADR（3 点満点中 2.5 点）等の評価は高いが，電子管理ツールの有無等を含む「事件管理」の部門で 6 点満点中 1 点，電子申立てや電子送達等を含む「裁判の自動化」の部門で 4 点満点中 1 点にとどまり，極めて低い国際的評価に甘んじている。それを受けて 2017 年 6 月閣議決定された「未来投資戦略2017」では，「迅速かつ効率的な裁判の実現を図るため，諸外国の状況も踏まえ，裁判における手続保障や情報セキュリティ面を含む総合的な観点から，関係機関等の協力を得て利用者目線で裁判に係る手続等の IT 化を推進する方策について速やかに検討し，本年度中に結論を得る」旨が提言された。

　その結果，同年 10 月，民訴法研究者や弁護士のほか，企業代表，消費者代表，情報セキュリティ専門家など 10 人の委員で構成される「裁判手続等のIT 化検討会」が内閣官房に設置され[7]，2018 年 3 月に報告書（以下「検討会取りまとめ」）を取りまとめた。そこでは，経済・社会のニーズも汲み上げた上で最終的に「全面 IT 化」が目標とされ，同年 6 月に閣議決定された「未来投資戦略 2018」には，「全面 IT 化の実現を目指す」（55 頁）と提言されるに至ったが，その意味で，今回の改革は，法律家の枠にとどまらない，多方面の批判や意見を踏まえたものである点は，今後の議論においても十分記憶しておく必要があろう。

1. IT 化のニーズ

　まず裁判手続等の IT 化のニーズであるが，この IT 化はまずもって利用

---

6) その経緯につき例えば，山本和彦「民事司法の IT 化の総論的検討」法時 91 巻 6 号（2019 年）4 頁以下参照。
7) 政府からも内閣官房・法務省が参加し，最高裁判所がオブザーバー参加した。筆者は同検討会の座長を務めた。

者ニーズに即した形で行われることが必須の前提となろう。数分間の弁論のために遠方の裁判所に出頭しなければならない当事者や弁護士の負担，電子ファイルで作られる文書を必ずいったん書面に打ち出して紙で提出しなければならない不合理，そのような大量の紙を記録として保存し持ち歩かなければならない不便の解消など，民事司法の迅速性・効率性・利便性に対する利用者の様々なニーズを適切に掬い取る必要がある。この点で1点注意すべきは，目先の改革に抵抗する声高な意見は目立ちやすいのに比べ，改革を求めるニーズはしばしば潜在化しやすい点である。その意味では，サイレントマジョリティの声に常に注意深く耳を傾けながら改革を進めていく必要がある。

2. IT 化の態様──「全面 IT 化」＝「3 つの e」

　検討会取りまとめでは，最終目標として民事裁判の全面 IT 化が掲げられた。すなわち，訴状提出，文書交換等を全てオンライン経由の電子データで行う e 提出（e-Filing），事件記録を全面的に電子化する e 事件管理（e-Case Management），そして口頭弁論期日・争点整理期日・証人尋問等をウェブ会議等で可能とする e 法廷（e-Court）という「3 つの e」の実現である。このような全面 IT 化に向けたタイムスパンをどの程度とするかについては必ずしも共通認識はないが，少なくともこれを最終目標として努力していくことを掲げた意義は極めて大きい。

3. IT 化のハードル

　他方，このような民事裁判の全面 IT 化を実現していくためには，社会的基盤の整備が不可欠となる。第 1 に，デジタルディバイド（情報格差）問題への対応である。特にこのような改革を本人訴訟にも及ぼすとすれば，当事者の IT サポート態勢の整備が不可欠となる。そのような態勢整備なしに IT 化を進めることは，国民の裁判を受ける権利を直接害しかねない。そこで，文書のデジタル化やウェブ会議対応をサポートする態勢の整備が重要になってくる。これについては，本人訴訟を支援するセンター的機能を設けながら，実際には，弁護士会，司法書士会，法テラス，地方公共団体など官民の既存の基盤を有効に活用するとともに，サポートに要する費用については，当事者の一部負担を求めながら，必要な国家予算による大胆な支援が強く期

待される。

　第2に，適切な水準の情報セキュリティの確保が前提となる。ただ，この点は，司法の特性を踏まえる必要はあるものの，概ね通常の行政・民間並みの水準で足りる[8]とするのが前記検討会の議論であった。

4. IT化のスケジュール

　検討会取りまとめでは，改革を3段階に分けて実現する旨が提言されている[9]。まず，先行実施，フェーズ1では，書面による準備手続，弁論準備手続，進行協議期日など現行法が既に可能としている手段を尽くし，一部裁判所におけるIT化を実現するものとされる。立法を要せず運用によって可能な対応で，主にe法廷の部分に関連しており，2020年2月以降，大規模庁を皮切りに現に実施されつつある。他方，e提出に関しても，現行民訴法が定めるオンライン申立ての規定，すなわち民訴法132条の10の活用が考えられてよい。これを用いれば，法改正を待たずとも，同条が定める最高裁規則の制定により準備書面のオンライン交換等は可能となるからである。

　次に，フェーズ2は立法を要するが環境整備（予算措置）を要しない対応であり，2019年度法制審議会への諮問，2022年度頃の開始が想定され，またフェーズ3は立法を要し，かつ，環境整備（予算措置）を要する対応であり，やはり2019年度の法制審議会への諮問，2019年度中に実施のスケジュールが検討されるものとされた。フェーズ2及びフェーズ3については，法整備のための研究活動が既に進められているところであり，その議論状況は以下で紹介する（Ⅳ参照）。一般的観点から一言すれば，立法論の検討に際しては，現在の技術水準に拘泥せず，10年後・20年後を見据え，5GやAI等の新技術にも即応できる柔軟な制度設計が必要であろう。そのような観点からは，必ずしも法律家に限らず一般利用者の目線をも踏まえて制度改革の態度決定がされるべきであろう。

---

8) 民事訴訟が一般公開である点も考慮する必要があろう。
9) このような形で改革スケジュールまで定めた点は，前提として，これまで自発的に十分な改革を進めてこなかった司法当局に対する懸念があったように思われる。

Ⅳ. IT化研究会──法的論点の洗出し

　以上を受けて，2018年7月以降「民事裁判手続等IT化研究会」（商事法務研究会）において，法制上の論点の検討及び外国法の調査等が行われ，2019年12月に報告書（「民事裁判手続等IT化研究会報告書──民事裁判手続のIT化の実現に向けて」。以下「研究会報告書」）が取りまとめられた[10]。以下では，ごく簡単に主要な検討課題及び論点について紹介する。

1. オンライン申立てへの一本化・電子記録の一本化
　最大の論点として，オンライン申立ての義務化の範囲がある。研究会報告書では，オンライン申立てを原則義務化する甲案，士業者に限って義務化する乙案，利用を任意とする丙案の3案が提示され，「まずは，法第132条の10の規則を制定するなどして丙案を実質的に実現し，その後，国民におけるITの浸透度，本人サポートの充実，更には事件管理システム……の利用環境等の事情を考慮して，国民の司法アクセスが後退しないことを条件として，甲案を実現することを目指しつつ，その過程において乙案を実現する」（研究会報告書7頁）としている。いずれにしろ，IT弱者に対するサポート態勢の確立は急務であり，簡易かつ分かりやすいシステムの構築に加えて，士業者団体等によるサポート態勢の整備が必要と解される[11]。なお，訴訟記録については，（上記で乙案・丙案をとった場合に紙で提出される書類を含めて）全面電子化することに異論はない。

2. 訴えの提起
　オンラインによる訴え提起の具体的手続については，現行法に基本的に依拠して提訴時期（民訴132条の10第3項参照）等も定めるが，本人確認方法については，電子署名は余りに煩瑣であり，ID・パスワードの発行による

10）その概要については，NBL 1162号（2020年）11頁以下参照。
11）この点については，内閣官房の「民事司法制度改革推進に関する関係府省庁連絡会議」において具体策の検討が進められ，取りまとめ骨子（令和2年1月20日）において「裁判所や法テラス等の公的機関はもとより，弁護士・司法書士や弁護士会・司法書士会をはじめとする士業者団体等，受け皿になり得る者において幅広くサポートを担当する」旨が提言されている。

対処が検討されている。また，添付書類等についても，IT化のメリットを発揮するため，可及的に行政とのバックオフィス連携を図り，提出の省略を目指すものとされる。

　オンライン申立てが一般化すると，利便性の裏腹として濫用的提訴が増加する可能性がある。そこで，濫訴防止策として，研究会報告書は，繰り返し（例えば年に5回以上）訴訟救助の申立てをし，それが却下された当事者については，一種のデポジットとして数百円から1000円程度の金銭を納付させる方策を提案する。この金銭については，救助決定がされれば返還されるが，されない場合は提訴手数料に充当するものとし，濫訴の抑止効果に期待する。

3. 送達

　送達についてはいわゆるシステム送達が提案され，事前の通知アドレス登録制度を設け，書類が提出された場合には裁判所の事件管理システムへのアップロードと通知アドレスへの通知によって送達を可能とする。この場合，当事者の閲覧時に送達の効果が発生するのが原則であるが，一定期間（1週間など）の経過により閲覧が擬制される「みなし送達」の制度も併せて提案されている。加えて，公示送達の見直しとして，裁判所のウェブサイトなどインターネット上での公示も提言されている。

　さらに，訴え提起時の特則として，被告の通知アドレスが登録されていない場合も，原告からシステム送達の申出及び被告の電子メールアドレス等の提供があったときは，裁判所書記官が被告に提訴の事実等を通知し，被告が事件管理システムの利用登録をして訴状を閲覧すれば，送達の効力が生じる制度を提案する。事前登録を必須とすると，訴状送達の場合には，多くは紙に打ち出して郵送せざるを得なくなり，IT化のメリットが損なわれることから，特則を用意する趣旨である。ただ，この場合は一定期間内に閲覧がないときも閲覧擬制までは難しいので，通常の方法による送達の再実施が前提とされる。

4. 口頭弁論

　口頭弁論期日についてもウェブ会議の利用を認める。技術の進展により，このようなバーチャルな出頭を認めても，公開原則，口頭主義，直接主義の

実質的趣旨に反しないと解されるからである。その条件（当事者の所在場所等）についても法令で定めず，個々の裁判所の判断に委ねるものとする。なお，口頭弁論の公開については，現実の法廷で行うものとし，ウェブ中継等については特段の規定は設けない。また，準備書面についても，事件管理システムを通じた提出及び通知により直送に代替するものとする。

5. 争点整理手続等

弁論準備手続においてもウェブ会議の利用を認め，民訴法170条3項の一方当事者出頭要件を廃止する。書面による準備手続は維持しながら，受命裁判官によることを許容し，純粋に書面交換による争点整理に特化する。また，準備的口頭弁論も維持するが，口頭弁論の一種としてやはりウェブ会議が許容される。その結果，3つの争点整理手続は相互に近接することになるので，1つの「争点等整理手続」に統合する可能性も指摘されている[12]。

6. 証拠調べ

書証との関係では，まず電子データの証拠調べを正面から許容し，書証に関する規定を準用するものとする。また，書証の提出等の方法として，事件管理システムにアップロードする形での書証の申出を認める[13]。この場合，相手方も事件管理システムの登録者であるときは，直送は必要なく，裁判所から相手方の通知アドレスに通知がされる。

証人尋問・当事者尋問との関係でもウェブ会議が認められる。ただ，これらは直接主義が特に重要な手続である点に鑑み，要件については裁判所の裁量に委ねず，現行法の遠隔地要件に加え，証人等の出頭困難や当事者に異議がない場合を付加するにとどめ，証人等の所在場所についても（最高裁規則に委ねるものの）適正な尋問を行うことができる場所（通信環境が整備され，不当な第三者による影響を排除できる場所）に限る。なお，鑑定や検証についても，ウェブ会議の利用や事件管理システムによる鑑定書の提出等が許容される。

---

12) なお，進行協議期日もウェブ会議によることを可能とする。
13) ただし，原本の存在・成立に争いがある場合や相手方に異議がある場合は除かれる。

7. 訴訟の終了

　判決書は電子データによって作成され，裁判官の電子署名がされる。また，判決書のシステム送達も認められる。

　和解については，和解期日に関する規定を明確化し，ウェブ会議を可能とする。さらに，現在簡裁に存在する和解に代わる決定の制度（民訴275条の2）を一般化することも検討課題とする。すなわち，裁判所は，当事者の異議がない場合に和解に代わる決定を可能とし，現在の付調停及び（民調）17条決定の運用を正面から認めるものとする。

8. 特別な訴訟手続

　ITを活用した訴訟手続の特性を活かして充実した迅速な審理を図るため，特別な訴訟手続の創設が提案されている。いわゆる「迅速トラック」である[14]。これについていまだ詳細は固まっていないが，概ね以下のような手続が構想されている。すなわち，両当事者に訴訟代理人がいる場合，両当事者の同意に基づき[15]，原則として第1回口頭弁論から6カ月以内に審理を終結するものとする。そのような迅速な審理を可能とするため，当事者が提出できる主張書面は原則各3通まで，証拠調べも即時に取り調べ得るものに限定される。特別訴訟手続における判決に対しては，控訴はできず，異議のみが可能で，異議があったときは口頭弁論が原状に復して通常手続による審判がされる。このような訴訟手続は全く新たな試みであるが，計画的で迅速な訴訟手続を用意することは企業紛争等において一定の需要があると思われる。外国や労働審判の実例なども踏まえ，そのニーズの所在やユーザーの要望等を踏まえて今後慎重に制度設計すべきものであろう。

9. その他の論点

　訴訟記録の閲覧・謄写については，事件管理システムの登録当事者に関し

14）迅速トラックについては，山本和彦『民事訴訟法の現代的課題』（有斐閣，2016年）73頁など参照。そこでは，権利救済手続の多様化の観点から，訴訟手続のトラック方式（迅速訴訟手続）の可能性について論じている。

15）原告の申立てと被告の異議がない場合に認める甲案と，両当事者の申立てがある場合に認める乙案の両論が併記されている（研究会報告書70頁）。

てはオンラインによる閲覧及びダウンロードを可能にする[16]。他方，ダウンロード等によって情報拡散のおそれが増大するので，新たに閲覧等制限決定があった場合の秘密保持制度を設け，当事者が秘密記載部分をみだりに開示することを禁じる規定を提案する[17]。なお，土地管轄や移送については現行法を維持するし，上訴審・再審，手形小切手訴訟，簡裁手続[18]等についても同様に IT 化するものとされる[19]。

　最後に，手数料については，書面による提訴が残る場合でも，原則として電子納付への一本化が提案されている。具体的には，現金の電子納付その他の電子情報処理組織等を利用する方法である[20]。また，送達費用の郵券による予納も廃止し，手数料に組み込み一本化する方向が提案されている。さらに，オンライン申立てと書面申立てが併存する場合に，手数料面で前者にインセンティブを付与することについても引き続き検討がされる。

V. 今後の検討

　以上のような種々の論点を含む改革につき，2020 年 2 月 21 日，法務大臣から法制審議会に法改正が諮問されたことを受けて，同年 4 月以降法制審議会に専門部会が設けられて検討が開始されている。前述のスケジュールからすれば，2022 年初めには答申が出され，早ければ同年の国会に民事訴訟法改正案の提出が予想される。その意味で，検討のための時間がそれほど長くあるわけではない[21]。

　民事訴訟改革は，平成前半の「改革の時代」から平成後半の「停滞の時代」に移行したが，IT 化を 1 つの契機として令和の時代に再び改革の時代

---

16) それ以外の当事者及び第三者は現行法と変わらず，裁判所での閲覧・謄写が前提とされる。
17) ただし，刑事罰等の制裁は設けないものとする。その意味で，この義務付けは不法行為による損害賠償等の基礎となるにとどまる。
18) 簡裁の特則を設けるかどうかは，地裁第一審手続の検討状況を踏まえて引き続き検討することになる。
19) なお，IT 化と直接の関係はないが，かねて懸案であった抗告手続の一本化（通常抗告の廃止）も提案されている（研究会報告書 160 頁以下）。
20) いわゆるペイジーの利用が想定されているが，インターネットバンキングやクレジットカード等についても引き続き検討される。
21) さらにその後は，民事執行・民事保全，倒産手続，家事事件手続等にも順次 IT 化の拡大が想定される。筆者からみた民事司法の IT 化の全体像については，山本・前掲注 6) 4 頁以下参照。

へと移りつつある。言うまでもなく，IT 化は目的ではなく，利用しやすい民事司法を実現する手段にすぎない。そのような観点から，既存の民事訴訟に IT 化を単に組み込む（「守りの IT 化」）のではなく，IT 化を契機として利用しやすい民事裁判を積極的に実現する「攻めの IT 化」の発想が不可欠であり，そのような観点から今後の議論が進められることを期待したい。

【追記】

本文に掲記した法務大臣の諮問に基づき，法制審議会民事訴訟法(IT 化関係)部会（部会長：山本和彦）が設置され，2020 年 6 月，調査審議が開始された。折からのコロナ禍のため，審議開始が 2 カ月ほど予定よりも遅れたが，その後は順調に審議が進められ，2021 年 2 月 19 日の第 9 回会議において「民事訴訟法(IT 化関係)等の改正に関する中間試案」が取りまとめられた。これを受けて，同月 26 日から 5 月 7 日まで約 2 カ月間，パブリック・コメントの手続が実施され，250 を超える意見が寄せられた。その後，そのようなパブリック・コメントの結果も踏まえ，また本文に掲記したようなスケジュールを踏まえつつ，取りまとめに向けた調査審議が引き続き継続されている。

なお，本文で示した主要な論点自体は（その中身に変動はあるものの）中間試案においても大きく変わるものではない（「特別な訴訟手続」は，中間試案では「新たな訴訟手続」と呼称されている。中間試案第 6 参照）。ただ，同部会における審議を踏まえて，新たな検討項目として，IT 化に伴う書記官事務の見直し（中間試案第 17）及び障害者に対する手続上の配慮（中間試案第 18）が付加されている。

オンライン申立ての義務化と本人サポート

垣内秀介

I. はじめに[1]

　民事裁判手続の IT 化に伴い，オンライン申立てが全面的に義務化されることとなった場合，一面では，いわゆる e 提出の局面における IT 化のメリット，すなわち，紙媒体の書面のやり取りを電子的方法によるやり取りによって代替することに伴う事務的負担や管理コストの低減等が最大限に期待できることになる。しかし他面では，必要な IT 機器やサービスの利用環境や，それを利用するための知識や経験が十分でない当事者（以下では，これらを総称して「IT アクセス困難者」[2]と呼ぶ）にとって，従来は認められていた紙媒体による申立てが許されなくなることは，訴訟手続の利便性が従来よりも低下し，裁判へのアクセスがむしろ後退するという結果を招きかねない[3]。そのため，オンライン申立ての義務化を進めるに当たっては，そうした問題

---

1) 本稿の執筆に当たっては，関係諸機関・諸団体の関係者の方々から，現時点での検討状況につきご教示を賜った。それぞれの方の個人名を挙げることはここでは差し控えるが，この場を借りて厚く御礼申し上げる。
2) こうした当事者が今後も一定数存在し続けることが見込まれることについては，「民事裁判手続等 IT 化研究会報告書――民事裁判手続の IT 化の実現に向けて」（2019 年 12 月）10 頁（https://www.shojihomu.or.jp/kenkyuu/saiban-it）のほか，垣内秀介「本人訴訟における IT 化の課題と解決の方向」法時 91 巻 6 号（2019 年）25 頁参照。なお，筆者は，上記研究会の委員として検討に関与した。以下では，同研究会を「研究会」，同報告書を「研究会報告書」と略称する。

への十分な対応となるような形でのサポート体制の整備が，不可欠の条件に
なるものと考えられる。言い換えれば，十分なサポート体制が保障されない
限り，オンライン申立ての義務化は正当化されないこととなろう。したがっ
て，今後民事裁判手続のIT化を進めていくに当たっては，これら両面を同
時に視野に入れた形で，検討を進める必要があろう。

　本稿では，まず，オンライン申立ての義務化及びサポートをめぐる現時点
での検討状況を確認した上で（Ⅱ，Ⅲ），課題及び解決の方向について，若
干の検討を試みることとしたい（Ⅳ）。

　なお，同様の問題は，弁護士等の法律専門職との関係でも生じ得ないもの
ではなく，また，e事件管理やe法廷との関係でも生じ得るものであるが[4]，
それが特に顕在化し，深刻な問題となるのは，本人訴訟当事者を対象とする
オンライン申立ての義務化との関係においてであると考えられる。そこで，
本稿では，特にこれらの点に焦点を当てて検討する[5]。

Ⅱ. オンライン申立ての義務化をめぐる検討状況

1. 基本的な方向性

　オンライン申立てが可能な環境が整備された場合に，その利用を義務とす
るか，するとしてどの範囲でするかに関しては，①およそ義務化せず，当事
者の任意の選択に委ねるという規律，逆に，②一切の例外なしに義務化し，
申立てをオンラインに完全に一本化するという規律を両極として，様々な中
間的な規律を考えることができる。実際，IT化において先行する諸外国の
状況を見ても，シンガポールのように本人訴訟を含めてオンライン申立てを
義務化する例も見られるが，アメリカ，ドイツ，フランス，韓国など，多く

---

3) ITアクセス困難者との関係で生じ得る問題としては，本文で述べたようなアクセス後退の問題，
言い換えれば，現状における取扱いとの比較において，ITアクセス困難者に対する訴訟手続の利
便性が従来よりも低下する，という問題のほか，将来IT化が進展した時点における他の当事者と
の比較における利便性格差の問題が考えられる（垣内・前掲注2）27頁参照）。これらのうち，より
深刻な問題となるのは前者のアクセス後退の問題であるから，本稿においては，主として前者の観
点から検討を行うが，後者についても問題は残されている。
4) これらについては，垣内・前掲注2）26頁参照。
5) そのため，以下では，「本人サポート」との用語を用いる。なお，現在の日本における本人訴訟
のプレゼンスについては，垣内・前掲注2）23頁〜24頁参照。

の国では，本人訴訟においてはオンライン申立てを義務付けてはいないようである[6]。

　そこで，日本法として，どのような政策判断を行うかが問われるが，これまでの裁判手続等のIT化検討会（以下では，「検討会」と略称する）や研究会の議論においては，基本的に，オンライン申立ての一般的な義務化が志向されてきたと言える。すなわち，検討会の取りまとめにおいては，IT化の基本的方向性として，「訴訟記録の全面的な電子化を前提とする『裁判手続等の全面IT化』」の実現を目指すべきものとされていたところであり[7]，いわゆるe提出との関係では，「利用者目線から見れば，……紙媒体の裁判書類を裁判所に持参・郵送等する現行の取扱いに代えて，24時間365日利用可能な，電子情報によるオンライン提出へ極力移行し，一本化していく（訴訟記録について紙媒体を併存させない）ことが望ましい」とされていた[8]。こうした基本的な方向性は，その後の研究会報告書等でも維持されており，段階的にではあるものの，最終的には，本人訴訟を含め，オンライン申立ての原則的な義務化（研究会報告書の言う「甲案」）を目指すべきことが提言されていた[9]。民事訴訟法(IT化関係)等の改正に関する中間試案（以下では，「中間試案」と略称する）においても，義務化を伴わない丙案が併記されているものの，議論状況は基本的に同様である。したがって，本人サポートのあり

---

6) 諸外国の状況に関しては，福田剛久『民事訴訟のIT化』（法曹会，2019年）31頁以下などを参照。もちろん，国によって弁護士強制主義の採否やその範囲が異なることから，本人訴訟そのものの位置付けが異なる点には留意する必要がある。諸外国における本人訴訟許容の範囲については，石井浩ほか『本人訴訟に関する実証的研究』（司法研修報告書14輯3号）（司法研修所，2013年）第2編資料編1頁以下などを参照。

7) 裁判手続等のIT化検討会「裁判手続等のIT化に向けた取りまとめ」（2018年3月）5頁。以下では，これを「検討会取りまとめ」と略称する。

8) 検討会取りまとめ7頁〜8頁。なお，同箇所では，「利用者目線から見れば」としているが，オンライン提出が可能になることについてはともかく，利用者の視点から見て紙媒体の廃止がなぜ望ましいと言えるのかについては，判然としない。この点については，研究会報告書9頁〜10頁も参照。

9) 研究会報告書7頁。また，2019年4月に設置された民事司法制度改革推進に関する関係府省庁連絡会議の取りまとめである「民事司法制度改革の推進について」（2020年3月）3頁においても，全面オンライン化の実現という方向性が確認されている（https://www.cas.go.jp/jp/seisaku/minjikaikaku/dai3/honbun.pdf）。なお，以下では，上記連絡会議を「連絡会議」，上記取りまとめを「連絡会議取りまとめ」と略称する。

方についても，オンライン申立てを義務化する可能性を前提として検討する必要があることになろう。

2. 例外要件等

　もっとも，オンライン申立ての義務化が一切の例外を認めないものではないとすれば，その例外をどのような範囲，また内容で認めるかにより，問題状況は相当に異なることになろう。

　この点に関し，研究会報告書において最終的に実現すべきものとされている甲案においては，訴え提起等の申立てで書面を要するものについては，原則として電子情報処理組織を用いてしなければならないものとしつつ（甲案①本文），2つの例外を想定している[10]。第1の例外は，「電子情報処理組織を用いてすることができないやむを得ない事情があると認めるとき」に関するものであり（甲案①ただし書），第2の例外は，「電気通信回線の故障その他の事情により電子情報処理組織を用いて申立て等をすることができないとき」に関するものである（甲案②）。また，関連して，第3に，必ずしもオンライン申立義務の例外というわけではないが，時効の問題に関し，「事件管理システムの障害により民法第147条第1項各号に掲げる事由に係る手続を行うことができないとき」には，その障害の消滅から1週間経過するまでの間，時効の完成猶予を認める旨の規律も提案されている[11]。

　これらは，いずれも，電子情報処理組織を用いることにつき何らかの障害が存在する場合を対象とするものであるが，要件となる障害の内容はそれぞれ異なっており，そのことに伴い，効果もまた異なるものとなっている。すなわち，第1の例外における「電子情報処理組織を用いてすることができないやむを得ない事情」とは，刑事施設被収容者等，かなり限定された場合を想定したものであり[12]，オンライン申立ての義務が解除され，紙媒体での申立てが認められるのは，この場合に限られることとなる[13]。これに対し

---

10) 研究会報告書7頁。
11) 研究会報告書8頁(2)。なお，これに加えて，天災その他避けることのできない事変により訴え提起等がおよそできない場合に関しては，民法161条の適用があり，障害の消滅から3カ月経過するまでの間，時効の完成猶予が認められることになる。研究会報告書20頁注9参照。
12) 研究会報告書14頁，20頁注9。

て，第2の例外における「電気通信回線の故障その他の事情により電子情報処理組織を用いて申立て等をすることができないとき」は，当事者側の事情により電気通信回線の故障等が生じ，電子情報処理組織を用いた申立て等ができない場合を想定したものであり14)，効果としては，紙媒体によるのではなく，電磁的記録媒体の提出によるべきものとされている。また，上記第3の「事件管理システムの障害により民法第147条第1項各号に掲げる事由に係る手続を行うことができないとき」とは，裁判所の管理するシステム側の障害により，電子情報処理組織を用いた申立て等ができない場合を意味するものと解されるが，この場合には，効果としては，オンライン申立ての義務が解除されるのではなく，時効の完成猶予が認められるものとされる。

このように，研究会報告書の提案によれば，ITアクセス困難者が従来のような紙媒体での申立てをすることが認められるのは，刑事施設被収容者等のかなり例外的な事例に限られており，これを前提とする限り，かなり高いレベルの本人サポートが要求されるということになろう。もっとも，研究会報告書の提案は，障害の内容ごとに異なる効果を組み合わせるという点で，相当に精緻なものである反面，やや複雑なものともなっており，議論の余地が相当に残されていた15)。

この点に関し，中間試案においては，例外に関する規律が上記第1と第3に相当するものに集約され（第1・1甲案ただし書，第1・1（注4）），簡明化されたほか，後述のように，オンラインですべき申立てが書面で行われた場合に，いったん受付をした上で補正させることにより，受付の時点での時効の完成猶予効を認める余地について言及されており（同前（注4）参照），比較的柔軟な規律が実現する可能性がある。

---

13) もっとも，ITアクセス困難者に同様の例外を認めるべきかどうかについては，本人サポートの内容等の検討状況を踏まえ，引き続き検討すべきものとされている。研究会報告書19頁〜20頁注8参照。
14) 研究会報告書13頁，19頁注7。
15) 研究会報告書自身，引き続き検討していく必要性を指摘していたところである。研究会報告書13頁〜14頁。

Ⅲ. 本人サポートをめぐる検討状況

1. 国の検討会等における議論状況

　検討会取りまとめ以来，IT 化に向けた重要な課題として，「裁判所による適切なウェブ上の利用システム・環境の構築」に加えて，「適切な担い手による充実した IT 面のサポート（IT リテラシー支援策）」の必要性が指摘されてきた[16]。これらのうち，本人サポートの問題に対応するのは主として後者であり，検討会取りまとめでは，これについて，当該事件の代理人として関与する弁護士等が，代理人としての業務の一環として，法的側面についての助言とともに IT 面での支援を行うことのほか，既存の各種相談機関や法テラス等の支援窓口の活用，裁判所外の支援センターの設置といった可能性に言及していた[17]。また，研究会報告書においては，①裁判所内に，一般人がアクセスすることのできる端末を設置して，オンライン申立て等に供することのほか，裁判所によるサポートとして，②「システムを利用しやすくするための環境整備の一環として行われる単なる書類の電子化等の中立公平なもの」が挙げられ，③その範囲を超えるサポートについては，士業者団体等によるサポート体制の構築が必要になる，とされる[18]。

　これらを受けて，連絡会議取りまとめにおいては，上記②を「形式的サポート」，個別具体的な事案についての法的助言を含むサポートを「実質的サポート」と分類する[19]。その上で，形式的サポートについては，その主体として，広く，裁判所，法テラス，日本弁護士連合会，日本司法書士会連合会[20]，各地の弁護士会，司法書士会等の士業者団体，さらには個々の弁護士や司法書士などが受け皿になり得るとし，実質的サポートについては，担い手として，これらのうち，個々の弁護士や司法書士を挙げる[21]。また，

16）検討会取りまとめ 16 頁。
17）検討会取りまとめ 16 頁。
18）研究会報告書 16 頁。
19）連絡会議取りまとめ 5 頁〜 6 頁。
20）以下では，それぞれ，「日弁連」，「日司連」と略称する。
21）連絡会議取りまとめ 6 頁。ただし，司法書士による法的助言の提供については，代理業務が可能な範囲に限られるとされる。

形式的サポートの内容としては，裁判所や日弁連等の士業者団体については，窓口に書面の電子化のための機器を設置すること等，また，法テラスについては，特定の拠点に裁判所のシステムにアクセス可能な機器を設置すること等を挙げている[22]。

2. 士業者団体等における検討状況

　1 で述べたように，国の検討会等においては，本人サポートの類型ごとに想定される担い手を示すなど，サポートの内容について一定の方向性を示しつつあるが，より具体的なサポートの内容については，サポートの提供主体である各種士業者団体等の今後の検討に委ねられた部分が大きい。そのため，これらの提供主体による検討の進展が待たれるところであるが，現時点では，なお制度やオンライン申立てのために使用されるシステムの仕様等が明らかでないことから，具体的な検討が現時点では困難な面もあるように見受けられる[23]。そうした中，日弁連及び日司連では，次のように，本人サポートのあり方についての基本的な立場を示しているところである。

　まず，日弁連では，2019 年 9 月に決定された基本方針[24]において，本人サポートの内容に関し現時点で想定される例として，弁護士によるサポートとしては，自らの事務所において，必要に応じて対価を得て，民事裁判遂行に必要な本人サポートを実施するとともに，本人の依頼に応じて，事件の受任を含む法的助言などの法律サービスを行うこと，弁護士会によるサポートとしては，サポートを行う弁護士の紹介のほか，弁護士会施設等に対応機器を設置することが考えられるとしている[25]。また，日弁連基本方針では，いわゆる非弁行為に対する懸念が指摘されつつも，法的助言を伴わない形式的サポートに関する限り，コピーセンターやコンビニエンスストアなど，多

---

22) 連絡会議取りまとめ 6 頁～7 頁。
23) 2021 年 3 月の段階での指摘として，日本弁護士連合会「『民事訴訟法（IT 化関係）等の改正に関する中間試案』に対する意見書」（2021 年 3 月 18 日）9 頁（https://www.nichibenren.or.jp/library/pdf/document/opinion/2021/210318_8.pdf）も参照。
24) 日本弁護士連合会「民事裁判手続の IT 化における本人サポートに関する基本方針」（2019 年 9 月 12 日）（https://www.nichibenren.or.jp/library/ja/opinion/report/data/2019/opinion_190912_2.pdf）。以下では，「日弁連基本方針」と略称する。
25) 日弁連基本方針 4 頁。

数のアクセスポイントがあり費用も低廉な民間サービスでも相当の機能を担うことが可能だとされている点も注目される[26]。

　これに対して，日司連では，同じく2019年9月に会長名で発表された声明[27]において，今後の検討の対象となるサポートの内容として，司法書士が，自己の事務所において，本人訴訟の当事者の依頼に応じて必要なIT面のサポートを提供すること，また，全国157カ所（令和元年9月11日現在）の司法書士会総合相談センターの窓口においてIT機器を設置して，本人訴訟の当事者に対してIT面のサービスを提供することを挙げる[28]。

　これらの基本方針ないし声明は，本人サポートの内容について確定的な提案をするものではないし，なお抽象度の高い内容にとどまるが，基本的には，国の検討会等での検討を踏まえつつ，そこで想定される形式的・実質的サポートの両面について，整備の用意があることを示すものと言えよう。

Ⅳ. 課題と解決の方向

1. オンライン申立ての義務化のあり方

　以上の議論状況を踏まえたとき，まず，オンライン申立ての義務化のあり方については，どのように考えるべきであろうか。

　まず，基本的な方向性に関しては，筆者も，将来的にはオンライン申立ての原則義務化を目指す，という研究会報告書等の立場は支持できるものと考える。紙媒体による取扱いが将来的にも無制限に要求されるとすれば，とりわけ裁判所の側における事務処理上の負担が大きなものとなり，IT化によるメリットが十分に発揮されないことが懸念されるからである[29]。

　もっとも，例外の要件及び効果については，研究会報告書の甲案よりも若干柔軟な規律を採用することも，考えられるように思われる。研究会報告書が時効の完成猶予に関する特則にふれていることからも窺われるように，一

26）日弁連基本方針3頁。
27）「民事裁判手続のIT化における本人訴訟の支援に関する声明」（2019年9月17日）（https://www.shiho-shoshi.or.jp/association/info_disclosure/statement/49617/）。以下では，「日司連声明」と略称する。
28）日司連声明「4」参照。なお，日司連声明では，従来司法書士が登記手続のオンライン申請に習熟しており，IT利用の知見・経験を有することが指摘されている。同声明「3」参照。

刻を争うような形で申立ての可否が問題となるような状況もあり得ることからすると，いずれの主体が提供するサポートであるにせよ，申立ての前段階のサポートでは，当該サポートの提供には長短の差はあれ一定の時間を要する以上，オンライン申立ての義務化によって，IT アクセス困難者が大きな不利益を被るという事態を懸念する必要があるからである[30]。

　もちろん，時効のみが問題であれば，研究会報告書も提案するように，時効の完成猶予に関する特則を認め，あるいはその適用範囲を拡大するというアプローチも考えられる。しかし，時効のほか，例はそれほど多くはないものの，出訴期間等の遵守が問題となる場合もあり得るし（民訴 147 条参照），この規律では，最終的に時効の完成猶予が認められるかどうかは後の裁判手続等での認定に依存することとなり，申立ての時点における予測可能性の面では問題が残る[31]。このように考えると，研究会報告書が想定する刑事施設被収容者等の場合に限らず，より広く，紙媒体による申立てを，何らかの形で受理する取扱いが必要であろう。

　他方で，このように時効の完成や期間の遵守が深刻な問題となるのは，とりわけ訴え提起又はこれに準じた申立ての場合であることを考慮すると，訴え提起等に関する例外と，それ以降の手続上の各種申立てに関する例外とでは，規律の内容を区別することも考えられよう。例えば，訴え提起等については，本人訴訟当事者による申立て[32]は，紙媒体によるものであっても適

---

29) ただし，一定の場合にオンライン申立てを義務とせず，従来通り紙媒体での申立てを認めたとしても，申立てを受理した裁判所の側において書面等の電子化を行えば，IT 化のメリットを最大化することは可能である。これは，オンライン申立義務を前提として論じられる申立前の本人サポートに対して，いわば申立後のサポートを提供するものと理解できる。垣内・前掲注 2) 28 頁参照。したがって，オンライン申立義務の例外を拡大することは，一定の場合に，本人サポートを申立前のものから裁判所内における申立後のものにシフトする意味をもつと言えよう。
30) また，このような場合には，サポート提供主体の法的責任が問われるおそれも生じよう。
31) 本人サポートの利用開始等を時効の完成猶予事由とするような特則の導入が可能であれば，時効に関する限り問題は解消されるが，本人サポートの担い手等が多様なものとなり得ることからすると，そうした立法は容易でないように思われる。
32) こうした例外的取扱いを認めるべき当事者としては，IT アクセス困難者とすることが考えられるが，その範囲の画定や該当性の判断は容易でないものと思われる。そのため，本人訴訟当事者全般にそうした取扱いを認めることが考えられよう。これに対して，訴訟代理人の場合（中間試案第 1・1（注 3）後段参照）については両論あり得るが，あえて異なる取扱いとすべき必要性がどの程度あるかについては疑問の余地もあり，同様の取扱いを認めて差し支えないようにも思われる。

法としていったんは受理するものとした上で，裁判所側でこれを電子化するか[33]，あるいは，不適法な訴状の場合（民訴137条参照）に準じて当事者による事後的な補正を命じるべきものとすることも，一案であろう。その点で，中間試案がオンライン申立てを義務化する甲案を前提としても，当事者本人が書面等によって提出した訴状をいったんは受理し，補正の機会を与えるものとした上で，受付の時点で時効の完成猶予効を認める考え方を示していること（第1・1（注3），（注4））には賛成できる。これに対して，その他の各種申立て[34]については，研究会報告書が想定するような厳格な要件での例外のみを認めることでも，大きな問題はないように思われる[35]。

2. 本人サポートのあり方

　Ⅲで見た現在の議論状況に照らすと，申立前の段階における本人サポートとしては，大きく言って，訴訟追行のための法的な助言を含む実質的サポートと，これを含まない形式的サポートとが挙げられるが，より具体的には，以下のような諸類型が考えられることになろう。すなわち，まず，実質的サポートとして，①弁護士ないし司法書士が，代理人として受任することに伴うサポート，②同じく弁護士ないし司法書士が，代理人として受任するわけではないが，ITアクセス困難者が本人訴訟を追行する際に，オンライン申立て等について相談を受け，補助するというサポートがあり得る。また，形式的サポートとしては，③弁護士会ないし司法書士会が，その施設にIT機器を設置し，本人訴訟当事者がそれを利用してオンライン申立て等を行うことを可能にし，場合によってはその使用に関する相談に応じるというサポー

33）この場合，手数料を増額するかどうか等の問題があることにつき，垣内・前掲注2）28頁参照。
34）上訴についていずれの規律を適用するかは，両論あり得るところと思われる。上訴期間の遵守については，訴訟行為の追完（民訴97条1項）による対応が可能である点で，訴え提起等の場合とは異なるが（研究会報告書21頁注3参照），期間徒過後にオンライン申立てをしたときに追完が認められるかどうかが事前に確知できない点では，本文で述べた時効の完成猶予の場合と同様の問題は残るからである。
35）ただし，研究会報告書が電気通信回線の故障その他の障害にかかる例外について，効果として電磁的記録媒体の提出による代替を想定している点については，訴え提起等の規律と同様に，紙媒体での申立てを認めた上での追完といった選択肢も考えられよう。この点については，前述Ⅱ2も参照。

ト，④コピーセンター，コンビニエンスストアといった民間事業者によるサ
ポート，⑤法テラスの拠点に IT 機器を設置することによるサポート，⑥裁
判所内に IT 機器を設置することによるサポートが考えられる。

　これらのうち，①は，当該事件がそもそも本人訴訟ではなくなる点で最も
抜本的なものと言えるが，代理強制をとらない法制の下で，本人サポートを
受けつつも自ら訴訟追行をしたいと考える当事者の意向もある程度尊重する
必要があるとすれば，②以下の各サポートも必要となる。また，②について
は，代理人としての受任はないものの，弁護士等の従来の職務の延長線上に
あるものとして，その必要性，内容については，それほど問題はないと考え
られる[36]。

　これに対して，③以下の各サポートに関しては，基本的には機器の提供と
その使用方法等に関する教示を内容とするものであるが，利用者の視点から
すれば，一方で，裁判所の施設内においてそうしたサポートが受けられるこ
とは最低限必要であると考えられるとともに[37]，他方で，自己の住居所の
近隣等の利便性の高い場所で，理想としては，「24 時間 365 日利用可能
な」[38]サポート[39]を受けられることが望ましいと言える。したがって，でき
るだけ多くの場所で，かつ，できるだけ利用可能時間等の制約の少ない形で
サポートが提供されることが望ましいが，その意味では，裁判所の近傍にあ
ることが多いと考えられる弁護士会等の施設のみでは意義に乏しく[40]，日
弁連基本方針も示唆するように[41]，コピーセンター，コンビニエンススト

36）司法書士による対応の範囲に関しては問題があるが，現行法上，裁判所提出書類の作成業務
及びそれに伴う相談業務が認められていることからすると（司書 3 条 1 項 4 号・5 号），訴訟代理権
が認められない事件であっても，個々の司法書士による本人サポートの提供があり得ることになろ
う。もっとも，そこで認められる相談の内容や，申立てそのものを代行できるかどうかなどの細部
については，なお検討の余地があるものと思われる。
37）裁判所施設内のサポートについては，物理的な諸条件等の制約もあろうが，理想としては，検
討会取りまとめ 7 頁〜8 頁の言う IT 化の利点である「24 時間 365 日利用可能な」サポートが望ま
れよう。
38）これは，前述のように，IT 化の利点に関して検討会取りまとめ 7 頁〜8 頁が述べていた点であ
る。
39）こうした理想は，裁判所施設内のサポートについても当てはまるものであろう。
40）連絡会議取りまとめ 6 頁は，法テラスにおける支援について，「特定の拠点」にアクセス可能
な機器を設置することを挙げているが，仮に全ての拠点での展開が困難であるにしても，全国 100
カ所以上に上る拠点のうちできるだけ多くの場所でサポートの提供が可能になることが期待される。

アといった民間事業者の参入が可能であれば，利便性の点では歓迎されよう。もっとも，そうした可能性については，今後裁判所において導入されるシステムの内容等に依存するほか，手数料の納付方法との関係も考慮に入れる必要がある[42]。さらに，利便性の面では，単にIT機器の提供やその使用方法の教示を超えて，入力等の事務の代行等へのニーズも考えられるが，そうしたサービスがどの範囲で許されるかについては，法律事務に関する弁護士法上の規律も踏まえた整理が必要となろう。

他方で，サポートに要する費用の面では，上記①から⑥のうち，③，⑤，⑥については無償で提供される可能性があるのに対して，①，②，④については，基本的には有償と考えられる。そうだとすると，ITアクセス困難者のうち資力の乏しいものに対する対応を考慮すべきことはもちろん，資力そのものには問題がない場合でも，オンライン申立ての義務化に伴い追加的な経済的負担が生じることが正当化できるか，という問題が生じる。この点は，費用が交通費，郵送費用等に準じた低廉なものにとどまるかどうかなどとも関係するが，こうした観点からは，無償又はそれに近いサポートへのアクセスが，ある程度広範に保障されることが要請されよう。

V. おわりに

今後，IT化後の手続の規律や裁判所において導入されるシステムの具体像などが固まっていくことに伴い，本人サポートのあり方についての検討も具体化が進むものと思われる。本稿では，そうした検討のためのいくつかの視点を確認したにとどまるが，ITアクセス困難者を含む全ての当事者・関係者にとって，裁判手続へのアクセスが向上するような形でのIT化の実現[43]のために，少しでも資するところがあれば幸いである。

---

41) 日弁連基本方針3頁。
42) 研究会報告書においては，手数料についても電子納付に一本化することが想定されている。同177頁参照。中間試案においても同様である。同第16・1参照。
43) そのためには，IT機器の整備をはじめとして，予算的な裏付けが必要な措置も多いものと考えられるが，憲法で定める裁判を受ける権利の実質的保障の前提条件として，国家予算等の配分の面でも最大限の配慮が期待されよう。

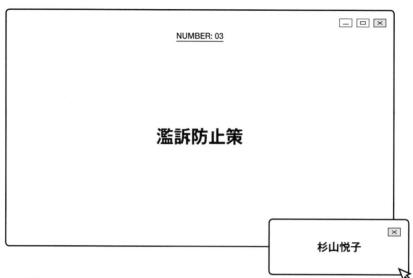

NUMBER: 03

濫訴防止策

杉山悦子

I. はじめに

　本稿の目的は，民事裁判の IT 化を促進しながら，濫用的な訴え（濫訴）を防止する方策を検討することである。そもそも国民には「裁判を受ける権利」が保障されており（憲 32 条），民事紛争を解決する目的や自己の私権を保護する目的で[1]民事訴訟を提起する機会が保障されなければならない。民事裁判の IT 化を促進して，オンラインによる訴え提起を可能にしたり，ウェブ会議方式による法廷を開くことは，裁判所に実際に赴く時間とコストを削減する点で，裁判を受ける権利を実効的なものにする。他方で，IT リテラシーに乏しい当事者などにとっては，オンラインによる訴え提起を必須にするなどの選択肢が採用される場合には[2]，司法へのアクセスがさえぎられる可能性もあり，本人訴訟へのサポートをいかにして図るのかという課題に直面することになる（本書 No.02 参照）。

　このように，民事訴訟の IT 化は，裁判所への空間的なアクセスを容易にし，アクセスが阻害される者に対してはサポートを施す方向で進められるは

1）民事訴訟の目的論，訴権論については本稿では詳細には検討しない。
2）民事裁判手続等 IT 化研究会報告書（以下，「研究会報告書」とする。https://www.shojihomu. or.jp/kenkyuu/saiban-it）7 頁の甲案。

ずのものであるが，本稿で扱うテーマは，アクセスを抑止する方向の議論である。

　そもそも，濫訴の現象は，その外枠は必ずしもはっきりしないものの，IT化が検討される前から見られたものである。裁判を受ける権利を保障する司法制度は，税金によって支えられる公的な制度であり，司法リソースには限りがあること，また，当事者は信義に従い誠実に民事訴訟を追行しなければならず（民訴2条），権利の濫用は許されないことから[3]，濫訴への対策が考えられてきた。民事裁判手続等IT化研究会（以下，「研究会」とする）でも，オンラインでの訴え提起等を促進すると，訴え提起が容易になる一方で，濫訴が増えるのではないかという懸念から，濫訴を防止する方策が検討されてきた。

　以下では，研究会の議論を紹介した後に，濫訴に対する従来の対策，そして新しい濫訴防止策の位置付けについて検討する。

Ⅱ. 研究会における議論

1. 研究会の提案

　研究会報告書においては，下記のような提案がなされている[4]。

(1)訴えの提起に係る訴訟救助の申立てをするには，当該訴えを提起する裁判所において，一定期間内に，訴えの提起に係る訴訟救助の申立てが却下された回数を届け出なければならない。

(2)訴えの提起に係る訴訟救助の申立てをした者が，上記(1)の届出をしないときは，裁判所は，当該申立てを却下することができる。

(3)訴えの提起に係る訴訟救助の申立てをする者が，同一の裁判所において，上記(1)の一定期間内に最高裁規則で定める回数（例えば1年間に5回，

---

3) 民事訴訟法上の信義則と権利濫用の関係については様々な見解があるが，権利濫用の禁止も信義則の1つととらえるのが多くの見解のようである（兼子一原著＝松浦馨ほか『条解民事訴訟法〔第2版〕』〔弘文堂，2011年〕29頁〔新堂幸司ほか〕，秋山幹男ほか『コンメンタール民事訴訟法Ⅰ〔第3版〕』〔日本評論社，2021年〕43頁，鈴木正裕「新民事訴訟法における裁判所と当事者」竹下守夫＝今井功編『講座新民事訴訟法(1)』〔弘文堂，1998年〕35頁〔42頁〕等）。
4) 研究会報告書28頁～29頁。

10回など）を超えて訴えの提起に係る訴訟救助の申立てを却下された者
である場合には，最高裁規則で定める額（数百円から 1000 円程度）の金銭
を納付しなければならない。

(4) 訴訟救助の申立てを認容する裁判が確定した場合には，裁判所は，上記
(3)で納付された金銭を返還しなければならない。

(5) 上記(4)に掲げる場合以外の場合には，裁判所は，上記(3)で納付された金
銭をもって，当該申立てに係る訴えの提起の手数料に充てることができる。

(6) 訴訟救助の申立てをした者が上記(1)の回数について虚偽の届出をしたと
きは，過料に処する。

2. 提案の背景

　この提案の背景には，特に裁判所側からの，従前より同一当事者が勝訴の
見込みがないにもかかわらず，次々と同様の訴えを提起して，裁判所の事務
量をいたずらに増やしているという問題提起があった。訴え提起の際には，
訴額に応じて提訴手数料の納付が求められるため（民訴費 3 条 1 項），無意味
な訴えを大量に提起する事態は想定しがたいが[5]，訴訟救助の申立て（民訴
82 条 1 項）を同時に行い，費用を負担することなく多数の訴えを提起する例
が見られるとのことである。そのため，制度の組み方次第では，オンライン
による濫用的な訴えも増えるのではないかという懸念が示されていた[6]。

　研究会では，短期間に極めて多数の訴えを提起する例のほか，1 つの請求
を合理的な理由もなく分割して何件も訴えを提起する例，訴状却下命令（民
訴 137 条 2 項）を受けて返還された原本と全く同じものを提出して訴訟救助
の申立てをする例，全く同じ訴状を 1 度に多数提出し，併せて訴訟救助の申
立てをする例，裁判所の行う決定すべてに対し抗告，不服申立てをする例，
特定の裁判官の下に事件が係属するまで訴えを提起し続ける例が全国的に多
数見られると紹介されていた。そして，これらの場合において提訴手数料の
納付や郵券の予納がされておらず，事件の処理が裁判官，書記官にとって負

---

5) 提訴手数料が間接的に濫用的な訴訟を抑制することを指摘するものとして，「民訴費用制度等研
究会報告書」ジュリ 1112 号（1997 年）60 頁。
6) 研究会報告書 35 頁。

担になっているようであった[7]。

　そもそも，紛争解決，権利の実現以外のいやがらせ，訴訟遅延等を目的として，同一又は類似の訴えを繰り返し提起したり，多数の被告を相手に同時，類似の訴えを提起したりする例（訴訟マニア[8]と呼ばれる例）の存在自体は，件数自体は少ないにせよ，かねてから指摘されてきた[9]。また，司法統計上，欠席での却下判決（民訴140条却下に基づく却下を含む），訴状却下命令（民訴137条2項）の件数が毎年一定数あることは，濫用的な訴えが一定数あることが推測される[10]。IT 化が進めば，将来的には多数の ID を使って大量の訴えを提起するなどして同様の現象を引き起こす可能性も否定はできない。

　もっとも，立法事実として，上記のような濫訴の実情がデータによって裏付けられているわけではなく，IT 化により濫訴が増加するか必ずしも明らかではないため[11]，裁判を受ける権利を著しく制限することがないような提案となった。

3. 提案の内容

　研究会の提案では，少額訴訟の制度に倣い（民訴368条，民訴規223条），

---

7) 研究会第10回・第11回議事要旨［最高裁発言］参照。濫用の例については，法制審議会民事訴訟法(IT 化関係)部会・第2回会議の横田典子委員発言（議事録15頁〜16頁），第7回会議の品田幸男委員発言（議事録24頁）も参照。

8) 明確な定義はないが，例えば西田昌吾「『訴権の濫用』をめぐる裁判例と問題点」判タ1350号（2011年）24頁は，「事実的又は法律的根拠を（明らかに）欠く訴えを多数回にわたり繰り返す者」とする。

9) 例えば，門口正人「［連載］裁判最前線(3)訴訟における裁判所対応①」金法1985号（2014年）111頁，高橋宏志ほか「民事訴訟の迅速化に関するシンポジウム(下)」判タ1367号（2012年）26頁［山浦善樹発言］，河合幹雄ほか「［座談会］当事者は民事裁判に何を求めるのか？(上)」判タ1289号（2009年）9頁［河合発言］，瀬木比呂志「第八章　本人訴訟と特別訴訟手続」判タ1202号（2006年）86頁等。西田・前掲注8)24頁では，裁判官に対して国家賠償訴訟を多数提起したり，相手方弁護士を相手として訴えを提起したりする例も指摘されている。

10) 令和元年第一審通常訴訟既済事件の総数13万1560件中，欠席裁判で却下判決が出されたのは158件，訴状却下命令は757件であった（最高裁判所事務総局編『司法統計年報 (1) 民事・行政編　令和元年』［法曹会，2020年］第19表）。終局事件表の読み方については最高裁判所事務総局からの助言を得た。法制審議会民事訴訟法(IT 化関係)部会・第2回会議の富澤賢一郎幹事発言（議事録15頁）も参照。

11) 研究会報告書34頁。もっとも，督促オンライン制度に濫用があるか，実態調査をすることは考えられよう。

訴えの提起に係る訴訟救助の申立てをする場合には，一定期間に救助の申立てが「却下された」回数を示さなければならないとする[12]。そして，一定の回数を超えて訴えの提起に係る訴訟救助の申立てをした場合には，濫用的な訴え提起の蓋然性があるとして，少額のデポジットを支払わなければならず，このデポジットは訴訟救助の申立てが認められた場合には返却し，回数について虚偽の申立てをした場合には過料の可能性もあるものとした（民訴381条参照）。

　そのほか，訴え提起に先立ち訴訟救助決定を得させる案[13]，民訴法140条に基づく却下などの一般法理に委ねる案，本人訴訟でオンラインによる訴え提起が（任意に）なされた場合には手数料の同時納付を求める案[14]，訴訟救助の申立てを一定回数を超えてする場合にはデポジットを要求する案等もあったが[15]，ごくわずかな濫用事例のために訴訟救助制度の敷居を上げるのは望ましくなく，また，正当な理由に基づき複数回にわたり訴訟救助申立てをする場合にデポジットを課すのは過度な規制になるなどの理由で[16]，上記のような提案に落ち着いた。

Ⅲ. 濫用的な訴え等に対するその他の対処方法

1. 訴権の濫用

　現行法の下でも，濫用的な訴え提起の処理については，訴権濫用の問題として議論されてきた[17]。

(1) 訴権の濫用による訴え却下の可能性

　リーディングケースは，最高裁昭和53年7月10日判決（民集32巻5号

---

12) 消費者金融会社・クレジット会社等が同一の裁判所で多数の少額訴訟を提起して，一般の利用者が少額訴訟の利用を妨げられることがないよう，1年に10回までという回数制限が設けられている（高田裕成ほか編『注釈民事訴訟法(5)』〔有斐閣，2015年〕650頁［日比野泰久］。法務省民事局参事官室編『一問一答新民事訴訟法』〔商事法務研究会，1996年〕401頁）。
13) 研究会資料2・13頁〜14頁。
14) 研究会資料10・1頁〜2頁。
15) 研究会資料11-2・1頁。
16) 研究会第2回，第10回，第11回議事要旨参照。
17) 高橋宏志『重点講義民事訴訟法(下)〔第2版補訂版〕』（有斐閣，2014年）21頁。裁判例の分析は西田・前掲注8)12頁以下に詳しい。

888頁）である。これは会社の経営の実権を握っていた原告が，第三者に自己の社員持分権全部を譲渡して，その経営を事実上委ねた後，相当期間経過後，持分譲渡を承認する社員総会決議不存在確認の訴えを提起したものである。最高裁は，原告が社員総会を開いて持分譲渡の承認を受けることが極めて容易であったこと，社員持分譲渡後相当期間を経て本訴を提起することが甚しく信義を欠き，道義上是認し得ないものというべきであること，さらには総会決議不存在確認認容判決が対世効を有すると解されることも考慮して，本訴提起は訴権の濫用にあたり，不適法として却下した。

　この処理については支持する見解，請求を棄却すべきという見解，認容して損害賠償請求で処理すべきという見解，訴えの利益を否定して却下すべきという見解など評価が分かれている[18]。また，訴権の濫用の問題は，理論的には，その他の制度，例えば，提訴期間，実体権の濫用，不法行為の違法性，判決の効力等の問題に還元し得るという指摘もあったが[19]，その後の下級審裁判例でも，訴え提起が，実体的権利の実現ないし紛争の解決を真摯に目的とせず，被告に応訴の負担その他の不利益を被らせることを目的とし，かつ，原告の主張する権利が事実的根拠を欠き，権利保護の必要性が乏しい場合に訴権の濫用があるとして訴えを不適法却下する例が見られた（東京地判平成12・5・30判時1719号40頁，東京高判平成13・1・31判タ1080号220頁）。

(2)　紛争の蒸し返し

　既に棄却判決が確定しているにもかかわらず，実質的に同一の理由に基づいて訴えを繰り返す場合にも，訴権の濫用として訴えを却下する下級審裁判例がある（東京高判昭和55・12・24判タ436号133頁□事件〔同一理由に基づく再審の訴えの却下〕，東京地判平成8・1・29判タ915号256頁）。同一の訴訟物で紛争を蒸し返す場合には，既判力の抵触を理由に本案判決をすることもでき，訴訟物が異なる場合でも，長期間経過後に紛争を蒸し返すような場合に，

---

18)　学説の分類については紙幅の関係上，山城崇夫・民事訴訟法百選〔第5版〕68頁に譲る。
19)　山本和彦・民事訴訟法百選I〔新法対応補正版〕17頁。高橋・前掲注17)24頁も消極的であるが，新堂幸司『新民事訴訟法〔第6版〕』（弘文堂，2019年）260頁以下は，訴権の濫用の場合の訴え却下を認める。

後訴を信義則違反を理由として却下する処理も可能であるが（最判昭和 51・9・30 民集 30 巻 8 号 799 頁，最判昭和 52・3・24 集民 120 号 299 頁），訴え提起に相手方を困惑させる目的などがある場合には，訴権の濫用を理由に却下し得ることを示すものである[20]。

(3) 分割請求

請求を細分化して何度も訴えを提起する場合にも，訴権の濫用があるとして訴えが却下されることがある。例えば，東京地裁平成 7 年 7 月 14 日判決（判タ 891 号 260 頁）では，同一の実用新案権に基づく損害賠償請求を細分化し，長期にわたり複数提起した事例であるが，一部請求後の残額請求が訴権の濫用と認められる場合には，訴えの利益を欠き，訴えは不適法なものとして却下されるとしている[21]。一部請求については，数量的一部請求の全部又は一部棄却判決が確定した後に，敗訴した原告が残部請求をすることは，特段の事情がない限り信義則に反して許されないとする最高裁判例があるが（最判平成 10・6・12 民集 52 巻 4 号 1147 頁），前訴の結果を問わず，不当な分割請求をする後訴が不適法却下される可能性を示すものである。

2. 民訴法 140 条に基づく却下

明らかに不適法であり，その不備を補正することができない訴えについては，裁判所は，口頭弁論を経ないで，判決で訴えを却下することができる（民訴 140 条）。同条に基づく却下事例の中には，真摯な目的に基づく訴えとは評価しがたいものが見られる[22]。

例えば，最高裁まで争って判決が確定した後，さらにその判決の無効確認を求める訴えは民事訴訟法上予定されていない不適法な訴えであって，補正

---

[20] 西田・前掲注 8）23 頁でも，民訴法 140 条を活用した却下が提案されているが，裁判官が転勤した場合などには限界があるとする。

[21] 一部請求の残部について相殺の抗弁に供することも，濫用になる可能性がある（最判平成 10・6・30 民集 52 巻 4 号 1225 頁）。

[22] 本文中の例のほか，「王政裁判訴状」と題する訴え（東京地判平成 19・12・21 LLI/DB L06235798），日本国憲法無効確認の訴え（最判昭和 55・5・6 集民 129 号 633 頁），印紙返還を求める訴え（最判昭和 41・4・14 訟月 12 巻 10 号 1400 頁）等。西田・前掲注 8）24 頁も，相手方に対する嫌がらせ目的を明確に認定でき，かつ請求に理由がない訴えを多数回にわたり繰り返しており，当該事案でも理由のないことが明白である場合の 140 条却下を示唆する。

の余地は全くないとして 140 条却下をし，かつ，被告に対し，訴状や判決正本等の送達は要しないとする例がある（最判平成 8・5・28 集民 179 号 95 頁）。また，判決の取消し，無効確認，違法性の確認，国家賠償等を繰り返し提起した原告が提起した判決の無効確認のように，不適法なことが明らかで，当事者のその後の訴訟活動で訴えを適法とすることが全く期待できない訴えについて，訴権の濫用，信義則違反があるとして，口頭弁論を経ることなく却下した例（東京地判平成 28・3・15 判タ 1435 号 230 頁），長期間弁論は全く行われず，延期・休止を繰り返した事案で，当事者に訴訟追行の熱意がなく，訴えの利益を欠くとして同様に却下した例などもある（東京地判昭和 52・2・2 下民集 28 巻 1 〜 4 号 66 頁）。

3. 不法行為としての処理

　濫用的な訴え提起が不法行為を構成し得ることは，最高裁昭和 63 年 1 月 26 日判決（民集 42 巻 1 号 1 頁）で確認されている。これは，損害賠償の訴えを起こされて勝訴判決が確定した原告が，被告を相手に損害賠償を求める訴えを提起した事例であるが，最高裁は，裁判を受ける権利は最大限尊重されなければならないとしつつ，「民事訴訟を提起した者が敗訴の確定判決を受けた場合において，右訴えの提起が相手方に対する違法な行為といえるのは，当該訴訟において提訴者の主張した権利又は法律関係……が事実的，法律的根拠を欠くものであるうえ，提訴者が，そのことを知りながら又は通常人であれば容易にそのことを知りえたといえるのにあえて訴えを提起したなど，訴えの提起が裁判制度の趣旨目的に照らして著しく相当性を欠くと認められるときに限られる」とする。この判例の後にも，理由がないにもかかわらず，何度も訴えを提起する場合に，訴権の濫用として不法行為で処理する例が見られた（東京地判平成 2・12・25 判時 1379 号 102 頁）。

4. 訴え提起以外の場面における濫用的申立て

　訴え提起が濫用的なものとして却下されたり，不法行為を構成したりする場合以外にも，訴訟の中での申立てが濫用的なものとして却下される例もある。

(1) 忌避権の濫用

古くから問題とされてきたのが，訴訟遅延や嫌がらせを目的とした忌避申立ての濫用である。研究会においても，電子的な忌避申立てが認められるとこれが濫用される可能性が指摘されていた[23]。

刑事訴訟法においては，訴訟遅延の目的によることが明らかな忌避申立てについては当該裁判官が却下することができる（刑訴24条，簡易却下）のに対して，民事訴訟法においてはそのような制度がない。ただし，下級審裁判例においては，類似の取扱いが認められており（大阪地決昭和35・9・19下民集11巻9号1940頁，札幌高決昭和51・11・12判タ347号198頁等）[24]，また，忌避申立てを繰り返した場合に，訴権の濫用があるとして，訴え自体を不適法却下する例もあった（大阪地判昭和41・3・12下民集17巻3＝4号138頁）。前者の取扱いについては，研究会の提案には含まれていないが，立法で明記することも考えられよう（家事12条5項〜7項参照）。

(2) その他の申立権の濫用

当事者が合理的な理由がないにもかかわらず，期日への欠席，期日指定の裁判の取消し，申立てを繰り返すような場合には，訴訟追行の意思がないか，あっても甚だ希薄であり，期日指定申立権の濫用と評価されるとして，申立てを却下することもある（名古屋地決昭和40・9・30判時435号29頁，大阪高決昭和50・1・8判時789号43頁）。

外形上民訴法7条の併合管轄の要件を満たす場合であっても，本来管轄のない請求について自己に便利な裁判所への管轄を生じさせる目的のみで，本来訴訟追行する意思のない裁判所の管轄に属する請求を併せてするという，併合管轄を得る目的のみによる併合請求の申立ては管轄権濫用として却下される（札幌高決昭和41・9・19高民集19巻5号428頁）[25]。

このような申立権の濫用については，オンライン申立てが認められることによる影響も含め，研究会の提案では必ずしも対処が検討されているわけで

---

23) 研究会第2回議事要旨［最高裁発言］。忌避申立ての場合の手数料が500円であり，濫用される可能性も指摘されている（研究会第11回議事要旨［最高裁発言］）

24) このような処理を支持するものとして，新堂・前掲注19)89頁，兼子＝松浦ほか・前掲注3)30頁［新堂ほか］，伊藤眞『民事訴訟法〔第7版〕』（有斐閣，2020年）111頁。

25) 民訴法17条移送の活用も考えられる（兼子＝松浦ほか・前掲注3)30頁［新堂ほか］）。

はないため，これまでと同様に対処方法を検討する必要がある。

IV. 提案に戻って

　このように，正確なデータはないものの，過去の裁判例を見ると，濫訴が
問題となる例としては，同一の原告が複数回にわたり同一の被告に対して訴
えを提起する場合のみならず，被告を変えて別の裁判所に提起する場合，判
決確定から長期間経過した後に紛争を蒸し返す場合，訴え提起後の訴訟態度
に濫用的な要素が見られる場合など，様々な態様のものが見られることがわ
かる。そして，これらの濫用的な態様に対しては，訴権濫用を理由とする却
下や，その他のロジック（信義則違反，訴えの利益喪失）に基づく却下，140
条却下，不法行為等による対処が考えられてきた。

　これに対して，研究会の提案は，様々ある濫用類型のうち，訴えの提起に
係る訴訟救助の申立てに着目する。そして，訴訟救助の申立てをして手数料
納付を避けつつ，理由のない訴えを同一裁判所に一定期間内に多数提起する
類型に限定して，訴訟救助の申立てが却下された回数の申出義務を課し，そ
れに反した場合には，実質的な判断をすることなく訴えを却下し，一定回数
を超えた場合にはデポジットを課す形で，濫用的な訴えを抑止しようとする
ものである。特定の原告が同じ被告に対して同一の裁判所で同一の訴えを繰
り返し提起するのが典型的な濫用例であるという理解を前提とし，かつ，現
象数としてはごくわずかな濫訴の対応のために，その他の大半の真摯な訴え
提起にまで現行法以上の負担を課すのは，裁判を受ける権利の制約として許
容されないという認識に基づいて対象を限定している[26]。また，過去の裁
判例での処理は，濫訴であるかどうかにつき，裁判所に対してある程度の実
質的判断を求めるものであるのに対して，提案の処理は外形的な要素から濫
訴を認定して，形式的にこれを排除する処理を可能にするものである。他方
で，同一の当事者が機械的に膨大な量の訴えを一時に行うようなケースにつ
いては，システム上自動的に排除することも考えられる[27]。

　そのため，この提案から外れる濫用的なケースについては，これまでどお

26）研究会報告書 37 頁。
27）研究会第 2 回議事要旨 31 頁以下参照。

りの処理をする必要は残り，かつその処理が排除されるものではない。また，IT化により濫訴が増加するのか，あるいは減少するのか，また濫訴の態様が変わるのかは明らかではなく，あくまでも現状の認識と将来予測に基づいて提案される制度である以上，仮に提案どおりの制度を導入するとしても，この制度が奏功するのか，また，他の濫用的な申立てにも活用できるのか，短いスパンでの検証が求められることになろう。

【追記】

　法制審議会民事訴訟法(IT化関係)部会の第2回部会資料（資料3）においては，濫用的な訴えの提起を防止する方策として，研究会報告書の提案が示された。さらに，第7回部会資料（資料11）においては，訴訟救助の申立ての有無にかかわらず，訴えを提起する際には，数百円程度のデポジットの支払を求める方策も提案された。これらの提案に基づく議論の結果，中間試案及びその補足説明においては，濫用的な訴えの提起を防止するための方策として，訴訟救助の申立ての有無にかかわらず，訴えを提起する際には，一律に，例えば数百円程度のデポジットを支払わなければならないという規律を設けることや，訴え提起手数料を納付すべきであるのに一定期間を経過しても一切納付されない場合には，納付命令を経ることなく命令により訴状を却下しなければならず，この命令に対しては即時抗告をすることができないという規律を設けることについて，引き続き検討するものとしている。

　現に濫用的な訴え提起が裁判所の事務負担を増加させているという立法事実，さらには，IT化によっても同様の現象が起こり得ることについての検討が引き続き必要であることはいうまでもないが，仮に濫用的な訴えに対する新たな対処方法が必要であるとしても，それにより，裁判を受ける権利を過度に制約することにならないよう，慎重な配慮が求められる。例えば，真に訴訟救助を必要とする者に対しても少額のデポジットを課すことによって，訴訟救助の趣旨を没却させることにならないのか，対処方法の適用をオンライン申立ての場合に限定するのかなど，検討すべき課題は多い。さらに，検討にあたっては，デポジットの支払方法も含め，構築される事件管理システムがどのようになるのか，また，デポジットの支払と返金処理に伴う事務負担の増加にどう対処すべきか，といった点も考慮する必要はあろう。

NUMBER: 04

送達
──システム送達，公示送達の見直し，外国居住者への送達

I. はじめに

　当事者その他の訴訟関係者に対して訴訟上の書面を送るにあたって，その書面を確実に当事者に了知させることが必要と考えられるものについては，当事者等の手続保障を確保するために，民事訴訟法の定める方式によって書面を交付するという送達が実施される（民訴98条以下）[1]。通常は，裁判所書記官が紙の書面を特別送達という特殊な書留郵便を用いて送付する。裁判所と当事者等との間で紙のやり取りが行われ，訴訟記録が紙で編成されるのであれば，紙の送付による送達は自然である。

　ところが，民事裁判手続のIT化が実現し，事件管理システムが実装され，これへのアップロードによって裁判所への申立てや書面等の提出がなされ，訴訟記録の電子化が実現した場合，状況は大きく変わる。紙の交付という方法にとらわれる必要はなくなり，電子メールやクラウドサービス等の電子的な手段によって電子ファイルをやり取りするのと同じように，書面[2]をイン

---

1) 送達が当事者の手続保障にとって極めて重要であることから，訴状の有効な送達がなされないまま判決が確定した場合，民訴法338条1項3号（平成8年改正前420条1項3号）の再審事由が認められる（最判平成4・9・10民集46巻6号553頁）。また，送達自体が有効であったとしても，受送達者と送達の受領者との関係によっては，同号の再審事由が認められる（最決平成19・3・20民集61巻2号586頁）。

35

ターネットを用いて電子的に届ける基盤が整う。そこで，IT 化にふさわしい送達として，送達の電子的な実施を考えることになる。電子的な送達では，簡易迅速に書面を送れるため，現行の送達の実施に要する費用や時間[3]を節約できるし[4]，インターネットの利用により公示送達では公示の実効性を高められる[5]。しかし，電子的な送達を広く行おうとすれば，受送達者に確実に書面を了知させることで手続保障を確保するという送達の目的を損なってしまう場合も考えられ，送達を電子的に行う範囲の検討は単純ではない。

本稿では，民事裁判手続等 IT 化研究会（以下「研究会」と呼ぶ）の検討をもとに，Ⅱで送達の電子的な実施方法としてのシステム送達について，Ⅲで公示送達の見直しについて，Ⅳで外国居住者へのシステム送達について，それぞれ現在までの検討状況を解説し，若干の検討を試みる。

Ⅱ. システム送達

1. 基本的な方向性

民事裁判手続の IT 化の方向性として，研究会以前の裁判手続等の IT 化検討会は，「訴訟記録の全面的な電子化を前提とする『裁判手続等の全面 IT 化』を目指すべき」としていた[6]。「全面 IT 化」という語句だけを表面的に見れば，電子的な送達を全面的に行うようにも思える。しかし，IT の利用が困難な者については，電子的な送達では送達の目的が実現できないので，電子的な送達は行えない。また，被告への訴状送達の場面で顕著となるが，IT を利用できる者についても，その者の電子メール等のアドレスを裁判所が情報として有していなければ電子的な送達を実施しようがない。さらに，

---

2) 書面とは，もともとは文字などの情報が記載された紙を意味しているが，本稿では，電磁的な記録をも含むものとして用いる。

3) 交付送達においては，受送達者やその他の一定の者（民訴106 条 1 項）に現実に書面を交付する必要があることから，郵便によって送達を実施する場合（特別送達）であったとしても，通常の郵便の配達とは異なり，送達完了までに一定の（場合によっては相当の）時間がかかることがある。

4) 民事裁判手続等 IT 化研究会「民事裁判手続等 IT 化研究会報告書」（2019 年 12 月）41 頁。以下では，これを「研究会報告書」と呼ぶ。

5) 研究会報告書 55 頁。

6) 裁判手続等の IT 化検討会「裁判手続等の IT 化に向けた取りまとめ」（2018 年 3 月 30 日）5 頁。

アドレスへ連絡したとしても，それは，アドレスの管理者が連絡を了知することを意味しないので，送達の目的からすると，そのアドレスは，その者が管理しているというだけではなく，現実に日常的に使用しているものでなければならない。そのため，電子的な送達を限定的な例外を伴いながら全面的に行うことはできず，IT を利用できる者の確実な連絡先となるアドレスを裁判所が有している場合にしか実施できない。どのアドレスが適切であるかは本人の申告によるのが確実であろうから，基本的な方向性としては，受送達者が連絡先となるアドレスを裁判所に提供した場合に限って電子的な送達を行うことになろう。そして，アドレス提供時に，アドレスが電子的な送達に用いられることを認識しえたのであれば，電子的な送達に同意したと表現することもできるだろう。韓国やドイツでは，受送達者の同意のある場合に限って電子的な送達を行うのが原則的な規律である[7]。研究会も，従来の送達方法を残した上で，IT に習熟していない者の裁判を受ける権利保護の観点から，電子的な送達に同意している者についてのみ電子的な送達を行うことを基本的な考え方としている[8]。ただし，同意をした者に限って電子的な送達を行うとなると，IT 化のメリットを十分に活用できないので，電子的な送達の対象の拡大や実効性の確保を試みている。これらの試みは，送達の目的からすると適切ではない事例を生じさせやすくするので，それを解決できるかが問われる[9]。

2. システム送達の内容

(1) 全体的な構想

電子的な送達の仕組みとして，いくつかの方法が考えられるところ，研究会では，セキュリティ面や現実的な利用可能性から[10]，外部からオンライ

---

7) 福田剛久『民事訴訟の IT 化』（法曹会，2019 年）54 頁〜56 頁，67 頁〜69 頁。
8) 研究会報告書 42 頁〜43 頁。
9) 研究会報告書では提案されていないものの，研究会では，システム送達の対象拡大のために，訴え提起前に代理人がいた場合にその代理人に訴状の受領権限があるものと扱うことも議論された。研究会報告書 52 頁注 2。
10) 電子メールへの添付による訴状送達についてはセキュリティ上の問題から，個人ポータルサイトとの連携については普及状況の低さから現実的ではないとしている。研究会報告書 46 頁注 4，注 5。

ンで接続できる事件管理システム[11]を裁判所が開発し，そこに送達すべき書面をアップロードし，受送達者がこれを閲覧（ダウンロード）する仕組み（システム送達）が提案されている[12]。具体的には，システム送達が行われる場合に通知を受けるべき電子メール等[13]のアドレス（通知アドレス）を受送達者が事前に事件管理システムに提供していること（通知アドレスの訴訟係属前の事前登録や訴訟係属後の届出）を前提として，①事件管理システムに送達すべき書面を裁判所書記官がアップロードし，アップロードした旨を受送達者の通知アドレスに宛てて通知する，②受送達者が事件管理システムに接続して閲覧等することにより書面を受領するというものである。通知アドレスに通知が送られたにもかかわらず，受送達者が書面の閲覧をしない場合に備えて，通知から一定期間が経過した場合には，閲覧した（送達された）ものとみなす規律（みなし送達）も，これによる懸念の解消策の検討が必要とされながらも，提案されている。

　システム送達が行われる対象については，IT に習熟していない者に一律に事件管理システムの利用を義務付けることは裁判を受ける権利を害するおそれがあることから，受送達者がシステム送達による送達を受けることに同意している場合に限るとしている[14]。具体的には，受送達者が①訴訟係属前に通知アドレスを事前登録している場合，⑩訴訟係属後に通知アドレスを届け出た場合[15]である。もっとも，オンライン申立てを行う当事者については，通知アドレスの利用を必須とすることが考えられている[16]。この限りで，システム送達を義務付けることになる。そうすると，オンライン申立

11）訴訟記録の電子的な管理，当事者が外部からオンライン接続することによって裁判所に提出すべき書面等のアップロードによる提出や電子化された訴訟記録の閲覧・ダウンロード，ウェブ会議による期日の実施ができるようなものとして想定されている。研究会報告書8頁，144頁。

12）研究会報告書39頁。

13）電子メールアドレスが想定されているものの，SMS や SNS の利用も考えられるとされている。研究会報告書42頁。

14）研究会報告書42頁。

15）訴訟係属後の通知アドレスの届出の場合には，当該訴訟でのみ通知アドレスを利用することが考えられている。研究会報告書46頁注6。

16）研究会報告書43頁。オンライン申立てのための利用登録時に通知アドレスの事前登録か届出を義務付けるのであろう。ただし，オンラインで訴えを提起する原告が通知アドレスの事前登録と届出のどちらを行うのか，別の位置付けとなるのかは明確ではない。研究会報告書46頁注7参照。

てが義務化された場合には，その義務の除外事由がない限りは，システム送達も同時に義務付けられることになる。オンライン申立ての一般的な義務化が目指されていることを考えると，ある面では，システム送達の一般的な義務付けが目指されていると評価することもできよう[17]。

　事件管理システムを利用することに困難がある者を除き，ITを用いることができる者であって連絡先となるアドレスが裁判所のシステムに提供されている者を対象として，送達すべき書面を事件管理システム上で閲覧したことで送達があったものとするシステム送達は，この限りでは，受送達者が書面を了知しており，簡便であって，当然なことと思える。しかし，システム送達の実効性を高めるためのみなし送達，システム送達の対象者拡大のために通知アドレスを事前登録する制度を導入しようとすると，以下のような課題が生じる。

（2）　みなし送達

　通知アドレスに通知がなされたにもかかわらず，受送達者が事件管理システムに接続して書面を閲覧しない場合に送達の効力が生じないとすると，現行の送達を実施しなければならない。これでは，送達を意図的に遅らせることが可能になり，現行の送達よりも送達の効力発生が遅れてしまう。そこで，みなし送達が提案されている。もっとも，通知アドレスへの通知を見落とした場合やサーバーの不具合等の当事者に帰責性のない通知の不到達の場合に送達の効力が生じるのは適当ではないとの懸念があり，電子メールとSMSによる二重の通知を可能とすることでこの懸念に対処できないかが検討されている[18]。

　メールは相手方に到達することが確実な通信手段ではないし，アドレスを使用しなくなることもあるため，送達すべき書面を確実に了知させるという送達の目的を達成するためには，複数の手段によって[19]，また，複数回の

17）オンライン申立ての義務化については，研究会報告書7頁〜8頁。訴え提起だけでなく，申立て，答弁書・準備書面・書証の写しの提出もオンライン申立ての義務化の対象なので，原告だけでなく，被告にも，オンライン申立ての義務が及ぶ。ただし，被告への訴状の送達の段階と応訴しない被告への判決等の送達の段階では，被告はオンライン申立てをしていない。そのため，これらの送達について，システム送達が義務付けられるわけではない。
18）この段落については，研究会報告書43頁〜44頁。

通知[20]・みなし送達後の連絡を行うことが必要であろう。この手段を講じたとしても，みなし送達をなお認めるべきでないかを考えると，事件管理システムを用いて訴訟手続を行っている当事者は，訴訟係属中であるから，通知アドレスの管理を継続的にさほどの負担なく行えるであろうし，行うように求めても差し支えなく，また，その事件について送達がなされることを予見できるので，みなし送達を認めてもよいと考える。一方，事件管理システムを用いて訴訟手続をしていなかった当事者に対する送達，典型的には通知アドレスの事前登録をしていた被告に対する訴状の送達においては，別の考慮が必要になる。訴訟が係属していない状態において通知アドレスを適切に管理し続けることをさほどの負担なく行え，それを要求しても差し支えない者でなければ，みなし送達の効果を認めるべきではなく，事前登録の範囲を主観的及び時間的に相当に限定すべきように思われる。

（3）　通知アドレスの事前登録

　訴訟係属後に通知アドレスを届け出た者をシステム送達の対象とするだけでは，被告に対する訴状の送達をシステム送達では行えない。そこで，システム送達の範囲を広げるために，訴訟係属前に通知アドレスを事前登録する制度を設け，事前登録した者にはシステム送達を行うことが提案されている[21]。事前登録は訴え提起がなされるかが分からない状況で行われるものであるが，事前登録をすると，（登録に有効期間が設けられる場合には[22]その有効期間内において）将来提起される全ての事件について訴状のシステム送達を受けることになる。

　事前登録した通知アドレスの管理を十分に行えないと，将来，訴えが提起された際に届く通知を見落としてしまい，みなし送達によって訴状の送達があったものとされ，訴訟係属を知らないままに欠席判決が言い渡され，確定するという重大な不利益が生じる。事前登録にはこのような危険があるため，事前登録の範囲の限定が考えられている。登録できる主体に関しては，個人

19）電子的な通信手段だけでなく，あえて電話や普通郵便といった電子的ではない通信手段を用いることも望まれよう。
20）研究会報告書 47 頁注 9。
21）研究会報告書 44 頁。
22）研究会報告書 47 頁注 12。

が事前登録できるとなると，なりすましによる登録の危険[23]や悪徳業者が契約相手方に事前登録をさせた上で欠席判決を得るといった懸念が指摘され[24]，当面の間は個人を対象から外すこととしながら，引き続き検討するとされている。また，個人事業に近い企業が通知アドレスの管理を徹底できない場合を想定して，事前登録の有効期間を設けること等も選択肢とされている[25]。もともと，事前登録は，訴えを提起したり，されたりすることが多い者を念頭に置いた仕組みであった[26]。これにふさわしい者を定型的に括り出すという観点からすると，個人を除外し，なおかつ，例えば1年といった比較的短い期間の事前登録の有効期間を設けることが適切であるように思われる。

3. 被告への訴状送達時の特則

システム送達が導入されたとしても，訴えが提起された時点で被告について通知アドレスの事前登録がされていることは少ないであろうから，被告への訴状送達はシステム送達によって行えないことが通常となる。しかし，「ITを利用した迅速かつ効率的な裁判の実現という観点」[27]からは，訴状送達についても，できるだけシステム送達で行いたいと考えることになる。そこで，研究会報告書では，訴え提起時におけるシステム送達の特則について引き続き検討することが提案されている。この特則とは，訴え提起の際に原告によって提供された被告の電子メール等のアドレスに，訴えが提起されたことを裁判所書記官が通知し，被告がシステム送達によって訴状の送達を受けることを希望した場合には，事件管理システムに登録の上で訴状を事件管理システムから閲覧等できるようにし，閲覧の時点で送達の効力が生じるとする規律である。被告が通知を受けたとしても一定期間内に事件管理システ

---

23) 事件管理システムの利用登録時には，電子署名ではなく，運転免許証などの本人確認書類をオンラインで提出させるなどによって本人確認を行うことが検討されている。研究会報告書31頁。
24) 研究会報告書45頁。
25) 研究会報告書47頁注12。
26) 研究会第3回議事要旨5頁［法務省担当者発言］。みなし送達の不利益を考えると，頻繁に訴訟をする者でなければ，事前登録をしておく利点がなさそうである。
27) 研究会報告書49頁。

ムで閲覧等をしない場合には，現行の送達が行われる[28]。通知を受けた被
告が現行の送達を待たないでシステム送達によって送達を受けようとする
ニーズに疑問が呈されているものの[29]，システム送達の特則の一番の問題
は，原告が被告のアドレスとして虚偽のアドレスを提供して，原告や関係者
が被告になりすます危険である[30]。なりすましの危険への対策として，被
告による事件管理システムへの利用登録の際の十分な本人確認[31]，原告に
訴訟代理人がいる場合にのみシステム送達の特例を利用できるようにするこ
と等が選択肢として考慮されている[32][33]。

Ⅲ. 公示送達の見直し

公示送達では，裁判所書記官が送達すべき書面を保管し，受送達者にいつ
でも交付すべき旨が裁判所の掲示場で掲示されるところ（民訴 111 条），研究
会報告書では，掲示場への掲示に代えて，裁判所のウェブサイト等のイン
ターネット上で閲覧できるようにすることが提案されている[34]。これは，
現在の掲示場への掲示では多数の掲示がなされていて，受送達者が掲示を見
て出頭することが少なく，また，受送達者が遠隔地に居住している場合には
公示の効果が乏しいという認識をもとに，インターネットによって公示送達

28）研究会報告書 39 頁〜 40 頁。

29）研究会報告書 52 頁注 1。

30）ただし，現行の送達においても，訴え提起時に訴状記載の被告住所が正しいものであるかの
確認がされるわけではないので，被告の住所を偽ることによって原告関係者が被告宛ての訴状を受
領するという，被告の氏名冒用訴訟は，比較的容易に行える。

31）事件管理システムへの利用登録時の本人確認として，運転免許証などの本人確認書類のオンラ
インでの提出が検討されている（前掲注 23）参照）。原告によるなりすましの危険を考えるのであれ
ば，貸付等の取引時の本人確認として被告の運転免許証の画像を原告が入手していることがある
ので，もう少し厳しい本人確認手法を考える必要があるのかもしれない。

32）研究会報告書 52 頁。

33）郵便の特別送達であれば郵便の種類によって裁判所からの特別送達であるかを比較的容易に
見分けられるが，メールの情報は偽装することが容易であるから，訴え提起を知らせて事件管理シ
ステムへの登録を促すメールが裁判所を自称する送信元から届いた場合，本物の裁判所からのメー
ルか，フィッシングサイトへ誘導しようとする詐欺メールかを的確に判別することは容易ではないよ
うに思われる。

34）研究会報告書 40 頁。なお，現行法におけるインターネットを用いた公告で特定の名宛人を観
念でき得るものとして，犯罪利用預金口座等に係る資金による被害回復分配金の支払等に関する
法律に基づく預金保険機構による公告がある（同法 27 条）。

の有無を確認できるようにすることで，当事者の利便性を高め，公示の効果を実質化するためである[35]。ただし，インターネットにおける公示では，情報の悪用リスクが高まり，プライバシー保護の問題が生じるので，公示される情報の範囲を限定することも含めて引き続き検討することとされている[36][37]。プライバシー保護という観点からすると，公示される情報の範囲を限定するだけでなく，公示される情報を最初から表示されるようにせず，公示の内容を変容させてしまうものの，被告の名前の完全一致検索によって該当する情報がある場合に限って情報が表示されるようにすることも選択肢の1つのように思われる[38]。

Ⅳ. 外国居住者へのシステム送達

　研究会は，外国居住者に対するシステム送達の実施について，引き続き検討するとしている[39]。これは，外国居住者に対する送達は，現在，早くても数カ月，長いと1年以上を要し，送達に要する時間短縮のためにシステム送達を行う必要性が高いところ，送達は裁判権の行使の一環であるから，もしもシステム送達が外国の領域における送達と評価されることになれば，外国政府の同意なくして行えないことになり[40]，システム送達の位置付けについて詳しい検討が必要なためと説明されている[41]。研究会報告書では，受送達者が事件管理システムにアクセスして電子データを閲覧することによってシステム送達が行われることから，事件管理システムのサーバーが我が

---

35) 研究会報告書54頁～55頁。
36) 研究会報告書56頁。
37) インターネットによる公示送達の公示が手続保障に資するとしながらも，プライバシー保護の観点から慎重な検討が必要であると指摘するものとして，福田剛久＝笠井正俊「〔対談〕裁判手続等のIT化をめぐって」ジュリ1524号（2018年）58頁［笠井発言］。
38) 完全一致検索によって該当する情報がある場合に限って情報が表示される仕組みは，厚生労働省の医師，歯科医師，薬剤師の資格確認検索システムで導入されている。
39) 研究会報告書40頁。
40) 民事訴訟手続に関する条約及び民事又は商事に関する裁判上及び裁判外の文書の外国における送達及び告知に関する条約では，郵便によって外国居住者に直接に文書を郵送する権能が留保されているものの，我が国を含む多くの締約国がこれを拒否する宣言をなし，また，郵便には電子メールは含まれないと考えられているという。研究会報告書57頁。
41) 研究会報告書57頁～58頁。

国の領域内にあれば，我が国における送達と評価する考え方があり得ること
が試みとして指摘されている[42]。

　国際法では，他国の領域において我が国の国家機関が国家行為をすること
は，当該国の同意がない限り，当該国の主権（領域主権）侵害となる（我が
国の執行管轄権は，外国の領域に及ばない）。このことはサイバー空間において
も変わらないから[43]，インターネットに接続されている機器であって他国
の領域に所在するものに対してインターネットを通じて我が国の国家機関が
国家行為を行うことは，当該国の同意がない限り，許されない[44]。外国居
住者に対するシステム送達では，事件管理システムのサーバーが外国に所在
する電子機器に送達すべき書面の電子データを送るという過程の一部が（そ
れが，外国居住者によってなされた，データ送信を要求する通信〔事件管理シス
テムにアクセスしての操作〕に応じてなされたものであっても），外国の領域に
おいて行われる。そして，送達は国家行為であると考えられているので，外
国居住者（外国に所在する機器）に対するシステム送達は，国際法上，当該
国の同意がなければ，行えないことになりそうである。

　しかし，システム送達では，我が国の裁判所による物理的な行為が外国の
領域においてなされるわけではないし，また，システム送達でなされるのは
正常なデータ通信であって，外国政府の機能を害するわけでも，外国に所在
する機器について機能の阻害や物理的な損害が発生するわけでもない。その
ため，国際法の議論になるものの，システム送達には，外国の領域主権の侵
害と評価できるだけの他国領域への侵襲がなく，外国での送達だとしても許
されると考えてもよいように思われる。

V. おわりに

　IT を用いた送達の実現により，送達が簡易迅速に行えるようになり，こ
の送達の範囲が広ければ広いだけ，利便性をより享受できる。しかし，強制

---

42) 研究会報告書 57 頁〜58 頁。
43) 中谷和弘ほか『サイバー攻撃の国際法――タリン・マニュアル 2.0 の解説』（信山社，2018 年）
5 頁［河野桂子］。
44) 中谷ほか・前掲注 43)14 頁参照［河野］。

的な紛争解決手段である民事訴訟では，送達は手続保障の要であるから，受送達者が書面を了知した蓋然性が高いと言える確実な仕組みが必要になる。利便性と手続保障とはトレードオフになる場合があるので，両者を完全に満足させることは難しいが，両者の調和がとれれば，送達の場面において真に利用者のためになる IT 化が実現することになる。

【追記】

　法制審議会民事訴訟法(IT 化関係)部会（以下では，これを「部会」と呼ぶ）の中間試案においても，システム送達の基本的な構想は維持されている[45]。すなわち，事件管理システム利用のためのアカウント取得にあたって通知アドレスの届出を義務付けた上で[46]，通知アドレスの提供者を対象として事件管理システムを利用した送達の仕組み（システム送達）を設け，送達すべき書類を受送達者が現実に閲覧しなくとも，送達すべき書類が事件管理システムにアップロードされた旨を受送達者の通知アドレスに通知してから一定期間（中間試案では，1 週間）の経過により送達すべき書類が閲覧されたものとみなす，みなし閲覧[47]が提案されている。

　ただし，いくつかの点において，研究会の段階の提案との相違や提案の具体化がみられる。みなし送達については，送達すべき書類がアップロードされた旨の通知が何らかの事情から受送達者に到達しないリスクへの対処として，みなし閲覧という効力発生による不利益から受送達者を救済することが検討されている[48]。具体的には，受送達者の責めに帰すべき事由以外の事由で閲覧できなかった場合にはみなし閲覧の特則を適用しない例外規定を設ける，あるいは，例外規定を設けないものの，訴訟行為の追完（民訴 97 条）等の制度を用いるというものである[49]。

　通知アドレスの事前登録については，部会における当初の審議では検討されたことがあったものの[50]，その後の部会審議や中間試案では説明がなく，

---

45) 中間試案第 3 の 1。
46) 補足説明 v 頁。
47) 研究会の段階では，「みなし送達」と呼ばれていた。
48) 中間試案第 3 の 1 注 3。
49) 補足説明 27 頁〜28 頁。

どのような扱いが想定されているかは明確ではない。しかし，補足説明を読む限り，事前登録などは排除されていないようである[51]。

　訴状送達時の特則については，なりすましの危険性や詐欺的メールを懸念する指摘が部会の審議で出されたことから，中間試案本文には盛り込まれず，中間試案の注と補足説明において，被告への訴状送達前に通知アドレスの届出を促す簡易な通知を郵送で送るなどの実務の運用について部会で指摘されたことが記述されるに留まっている[52]。

　公示送達の見直しについては，研究会の段階における提案が維持されている。

　外国居住者へのシステム送達に関しては，中間試案で言及されていない。この問題については，法務省民事局が設置した，民事手続法，国際法，国際私法の研究者・実務家を構成員とする「IT化に伴う国際送達及び国際証拠調べ検討会」で特に検討された。この検討会の2021年4月の取りまとめでは，システム送達を用いた国際送達について，①裁判所書記官が事件管理システムに送達すべき書類をアップロードする行為，②受送達者の通知アドレスへのアップロードされた旨を通知する行為，③受送達者が事件管理システムにアクセスして送達すべき書類を閲覧する行為の3つに分けて検討された[53]。主として，①については，サーバーが我が国に所在する限り，外国の国家管轄権との抵触の問題は生じないとされた[54]。②については，外国の国家管轄権との抵触が生じないとする考え方と生じるとする考え方との間で，意見が一致しなかった[55]。外国の領域における物理的な行為がないの

50）部会資料3の1頁前注3，9頁〜10頁。この資料の審議は第2回目の部会で行われた。
51）補足説明 v 頁の「事件管理システム」の説明では，通知アドレスの届出をした上でのアカウントの取得時期については，「原告であれば訴え提起時，被告であれば訴状を受領するため又は答弁書提出時が一般的に想定される」（傍点は筆者による）とされ，また，「利用者のアカウントが利用者の希望しないところで他の事件に紐付けられることはないことが想定されている」（傍点は筆者による）。これは，ある事件について事件管理システムのアカウントを取得したら，事後に生じる別の事件にもそのアカウントを「流用」することについての記述である）とされている。
52）中間試案第3の1注1，補足説明28頁〜29頁。
53）IT化に伴う国際送達及び国際証拠調べ検討会「IT化に伴う国際送達及び国際証拠調べ検討会に関する取りまとめ」（2021年4月）4頁。以下では，これを「取りまとめ」と呼ぶ。
54）取りまとめ6頁。
55）取りまとめ6頁〜8頁。

で外国における執行管轄権の行使に当たらないとする見解と，規範的に見れば通知という国家主権の行使が外国の領域に及んでいるとする考え方とで対立があった。③については，受送達者が自らの意思で事件管理システムにアクセスするので，我が国の国家機関の行為を観念できず，国際法上の問題が生じないとする整理があり得る一方で，電子書類を閲覧「させる」という行為を抽象的に観念できるのであれば，②と同様の議論が妥当するとの指摘がなされた[56]。

56）取りまとめ9頁。

NUMBER: 05

判決手続におけるウェブ会議の利用
——口頭弁論及び争点整理を中心に

内海博俊

I. はじめに——立法事実の交錯と変動

　本稿のテーマは判決手続におけるウェブ会議等[1)]の利用であるが，この
テーマに関わりの深い立法事実の急激[2)]かつ現在進行形[3)]の変化のため，数
週間先の状況を見通すことさえ困難な状況が続いている[4)]。その一方で，主
としてタイミングの問題により，「民事裁判のIT化に関する検討会」（以下
「検討会」という）から「民事裁判手続等IT化研究会」（以下「研究会」とい

---

1) ウェブ会議等の定義については，後記Ⅲ1を参照。また，証拠調べ段階については別稿が予定
されているため，本稿ではそれ以外の場面が念頭に置かれる。
2) いうまでもなく，新型コロナウイルス感染症の流行拡大と，その対応として各所（裁判所も例外
ではない）で採られている様々な措置を指す。例えば東京地方裁判所は，令和2年4月の緊急事
態宣言を受け，新型インフルエンザ等対策特別措置法に基づく「緊急事態宣言」の発令を受け，
民事保全・DV関連事件，人身保護事件，緊急性のある執行・倒産事件を除く全ての期日指定を
取り消す対応を採り（https://www.courts.go.jp/tokyo/about/osirase/l4/Vcms4_00000616.html），
この対応は同年5月31日まで延長された（https://www.courts.go.jp/tokyo/about/osirase/korona7-15/
index.html, https://www.courts.go.jp/tokyo/about/osirase/korona16-31/index.html）。
3) 緊急事態宣言の解除を受け，東京地方裁判所も令和2年6月1日以降，順次期日を再開した
（https://www.courts.go.jp/tokyo/about/osirase/korona/index.html）。令和3年1月8日から
は2度目，同年4月25日からは3度目の「緊急事態宣言」が出されたが，一律の期日指定取消し
のような措置は採られていないようである。
4) 脱稿から公表までの短い期間内にも目まぐるしく状況が変化する不透明感は，年をまたいでも
解消されていない。

う）に至る議論を含めて，民事裁判 IT 化をめぐる今般の動きは，この変化を前提として動き出したものではない[5]。このギャップの存在を認識しつつも，「新しい生活様式」[6]のもとでの判決手続がどのようなものであるべき／あらざるをえないか（あるいはそのような問題設定の要否）について論じる能力を欠く筆者には，「周回遅れ」という印象を読者に与える[7]ことを覚悟しつつ，これまでの動きについて確認した上で（Ⅱ・Ⅲ），浮上し得る論点について，網羅的ではないが，若干のコメントを試みる（Ⅳ）ほかない。

Ⅱ. 経緯と現状[8]

1. 現行法上可能なウェブ会議等

　現行民事訴訟法（民訴法）は，既にウェブ会議等の利用を限定的にではあるが認めている。口頭弁論期日につき当事者[9]は現実の出頭しか認められていないものの，弁論準備手続期日・進行協議期日については，裁判所が「当事者が遠隔の地に居住しているとき[10]その他相当と認めるときは，当事者の意見を聴いて」，「裁判所及び当事者双方が音声の送受信により同時に通話をすることができる方法」[11]による実施が認められている（民訴 170 条 3 項，民訴規 96 条 1 項）[12]。ただしそれぞれのただし書により，一方の当事者は現実に出頭することが必要とされている。対して，書面による準備手続においては，裁判長等が必要と認める場合に，いずれの当事者も現実に出頭するこ

---

5) 研究会による報告書（以下「研究会報告書」という）は，少なくとも日本においては「コロナ以前」である令和元年 12 月に公表されている。もっとも，令和 2 年 6 月に開始された法制審議会民事訴訟法（IT 化関係）部会における議論では，一連の経緯が，少なくとも事実上一定の影響を及ぼすことが予想される（とりわけ，メンバーの相当数を占める大学教員にとって，「本業」たる授業・講義がわずかな時間で「全面 IT 化」された経験がもつ意義は小さくない）。

6) https://www.mhlw.go.jp/stf/seisakunitsuite/bunya/0000121431_newlifestyle.html

7) （主として「コロナ以後」の）各国における動きについては，https://remotecourts.org 等を参照。

8) 一般的には，山本和彦「民事司法の IT 化の総論的検討」法時 91 巻 6 号（2019 年）4 頁，同「民事裁判の IT 化の経緯と課題」本書 No.01 等を参照。

9) 証人（民訴 204 条）・人証としての当事者本人（同 210 条），鑑定人（同 215 条の 3），専門委員（同 92 条の 3）のビデオ会議等による関与については省略する。

10) 以下，「遠隔地居住（の例示）」という。

11) このような文言の理解につき，後記Ⅲ 1 を参照。

12) 和解期日については直接的な規定がない。研究会報告書の提案につき，後掲注 37）。

となく，上記の方法により裁判所と当事者双方が「協議」することが認められている（民訴176条3項）。なお非訟手続については，いずれの当事者とも現実に出頭しなくとも，弁論準備手続におけるのと同様の要件・方法により，期日における証拠調べを除く手続を行うことが認められている（家事54条，非訟47条）。

2.「e法廷」の先行と謙抑性

　ところで，今回のIT化に向けた動きは，よく知られているように，我が国の民事裁判手続が，国際的にみて，IT化という観点において遅れているという認識[13]を1つの出発点としている。

　もっとも，そのような観点からすると，いわゆる「3つのe」のうち，ウェブ会議の利用が属する「e法廷」について，差し迫ったキャッチ・アップの必要性があったのかは必ずしも明らかとはいえない[14]。にもかかわらず，「e法廷」の実現は，予算措置・設備投資（システムの開発・整備）を要するe提出・e事件管理に比した実現の容易性から，検討会が示したIT化の手順において，先頭に押し出される格好となった[15][16]。すなわち，まず，現行法と調和する限りで，ウェブ会議等のより積極的な活用が図られること（フェーズ1）とされ，その後の法改正を経て，2022（令和4）年度にはウェブ会議がさらに利用しやすい手続へと移行すること（フェーズ2）が予定される一方，e提出・e事件管理の実現はさらに後（フェーズ3）に位置付けられたのである。この手順は，一見「e法廷」の実現に積極的であるが，他面において，想定される「e法廷」の実現がバーチャル空間におけるウェブ会議そのものが法廷となる（現実空間の法廷は消滅する）[17]ような，パラダイ

---

13)「世界銀行 Doing Business」におけるランキング（以下「世銀ランキング」という）において，「契約執行」の分野で下位にあり，その原因の1つはIT化の遅れにあることが指摘されている（例えば，川村尚永「裁判手続等のIT化に向けた検討」NBL 1113号〔2018年〕47頁）。
14) 世銀ランキングにおける低評価の原因は，「e提出」・「e事件管理」のほうにあり，「e法廷」にあるわけではないとの指摘として，弁護士知財ネット有志による提言（https://www.kantei.go.jp/jp/singi/keizaisaisei/saiban/dai10/sankou3.pdf）。
15) 裁判手続等のIT化検討会「裁判手続等のIT化に向けた取りまとめ」（2018年3月30日）18頁以下。
16) e法廷を先行させる方針に対する批判として，前掲注14)の提言も参照。

ム・シフトをもたらすものではないことを前提にしたものでもある[18]。

3. フェーズ 1 の開始

フェーズ 1 を具体化するものとして，裁判所のイニシアティブにより，令和 2 年 2 月から，特定庁・特定部において，Microsoft 社の Teams というサーヴィスを利用した争点整理手続のパイロット的実践が開始された[19][20]。そこでは，Teams の提供するテキスト・チャット，ファイル共有，ビデオ会議機能等を活用して争点整理を行うことが想定されているが，当事者双方ともが裁判所に出頭せずに行うビデオ会議は，前述の限界（一方当事者の現実の出頭を要求する規律・民訴 170 条 3 項等）から，「書面による準備手続」における「協議」（同 176 条 3 項）として行われることになる[21]。運用開始後約 1 カ月で 153 件のウェブ会議が開催されたとの情報[22]がある。その後，2020 年 6 月には 601 件，7 月には 1431 件の訴訟手続でウェブ会議が行われたと報告されている（法制審議会民事訴訟法(IT 化関係)部会第 3 回会議議事録 3 頁［富澤賢一郎幹事発言]）。

---

17)「ウェビナー」が普及・定着しつつある「コロナ以後」の感覚では，本文のようなバーチャルな法廷の実現もそれほど困難にはみえないかもしれないが，少なくとも，「コロナ以前」の文脈では，諸外国でも，通常の民事訴訟一般について法廷を現実空間から完全に切り離すような改革はほとんど実現していなかったと思われる。

18) 研究会第 4 回議事要旨 5 頁，また笠井正俊「e 法廷とその理論的課題」法時 91 巻 6 号（2019 年）18 頁も参照。なお，オンラインで完結する紛争解決手続は ODR (Online Dispute Resolution) と呼ばれる。この語を用いれば，今回の「全面 IT 化」は判決手続の ODR 化を意図するものではない。なお，ODR については，ODR 活性化検討会（内閣官房），引き続いて ODR 推進検討会（法務省）において，その活性化に向けた検討が進められている。

19) https://www.courts.go.jp/about/topics/webmeeting_2019/index.html

20) さらに先立って，裁判所と弁護士会により実施された模擬裁判については，髙梨滋雄「裁判手続の IT 化」LIBRA 19 巻 4 号（2019 年）30 頁，金子稔ほか「〔座談会〕民事裁判手続等の IT 化の検討状況」Ichiben bulletin 552 号（2019 年）7 頁，特に 13 頁以下等を参照。

21) 弁論準備手続の途中でビデオ会議を開催する場合，弁論準備手続に付する決定を取り消し（民訴 172 条），書面による準備手続に付す決定をした上でしなくてはならない。さらに，地方裁判所において弁論準備手続を陪席裁判官が受命裁判官として行っている（同 171 条 1 項）場合には，裁判長が代わって行う必要が生じる（同 176 条 1 項）。

22) 平岡敦「企業法務への影響は？民事裁判手続 IT 化の現状と民事訴訟法改正のゆくえ」ビジネス法務 20 巻 6 号（2020 年）108 頁。

Ⅲ. フェーズ２──報告書の提案

1. 前提：ウェブ会議の定義

　研究会報告書は，口頭弁論期日と争点整理のための会議[23]について，別個に[24]ウェブ会議の活用のための法改正に関する提言を行っている。内容に立ち入る前に，研究会報告書の用語法（基本的に本稿も従っている）について若干の確認をしておきたい。

　研究会報告書は，「ウェブ会議」を，「裁判所が任意の場所にいる当事者との間で，インターネット電話サービスなどを利用して，映像及び音声のほか，文字やデータ等を用いたやり取り[25]を行うこと」，「テレビ会議」を「裁判所が，他の裁判所にいる当事者との間で，裁判所のテレビ会議システムを利用して，映像及び音声のやり取りを行うこと」，「電話会議」を「電話会議システムを利用して音声のみのやり取りを行うこと」とし，三者を総称して「ウェブ会議等」と呼んでいる。さらに，これらの概念と法律上の用語との関係については，法律上の「音声の送受信により同時に通話をすることができる方法」は三者いずれをも指し，「映像と音声の送受信により相手の状態を相互に認識しながら通話をすることができる方法」は，ウェブ会議・テレビ会議を指すものとされている。なお民事訴訟法(IT化関係)等の改正に関する中間試案の補足説明（Ⅴ頁）では，以下のように，若干異なる定義がされている。すなわち，「ウェブ会議」は「インターネット接続環境下の任意の場所において，ウェブ会議用ソフトウェアを利用して，ビデオ通話を行う方法」，「テレビ会議」は「裁判所庁舎において，裁判所のテレビ会議システムを利用して，ビデオ通話を行う方法」，「電話会議」は「電話会議システム（トリオフォン）を利用して，音声通話を行う方法」とされ，また「ウェブ

---

23) 前述のとおり，現行法では，書面による準備手続におけるウェブ会議は「期日」に含まれない「協議」と位置付けられている（ただし，研究会報告書は後述のとおり，「期日」への一本化を提案している）。
24) 証拠調べ期日についても，口頭弁論期日に関する後記の規律を及ぼすことが想定されている（研究会報告書116頁）ため，当事者双方及び証人のいずれもがウェブ会議により参加することも排除されていない。
25) これらの位置付けについてはⅣ３で触れる。

会議等」は「ウェブ会議」「テレビ会議」のみを指すこととされている。「ウェブ会議」「テレビ会議」「電話会議」の総称としては「電話会議等」が用いられている。

2. 口頭弁論期日におけるウェブ会議の利用要件

　口頭弁論期日については[26]「(1)裁判所は，相当と認めるときは，当事者の意見を聴いて，最高裁規則（※）[27]で定めるところにより，裁判所及び当事者双方が映像と音声の送受信により相互に認識しながら通話をすることができる方法によって，口頭弁論の期日における手続を行うことができ」，「(2)上記(1)の期日に出頭しないで同手続に関与した当事者は，その期日に出頭したものとみなす」旨の規律を置くことが提案されている。

　内容を若干敷衍[28]すると，第1に，現行法では不可能とされているウェブ会議によって当事者の一方又は双方が参加する口頭弁論期日の実施を認め，その形態による当事者の参加を口頭弁論期日への出頭と擬制する規律を新設[29]するものとされている[30]。

　第2に，裁判所のウェブ会議による参加は念頭に置かれていない。換言すれば，裁判所（を構成する裁判官）は現実空間としての法廷に所在していなければならないことが前提となっている。このことにより，結果として，当事者が現実に出頭する可能性が残る[31]こと，また，公開主義との関係にお

26）研究会報告書59頁。
27）「最高裁規則では，ウェブ会議の接続先の条件のほか，ウェブ会議等を行うに当たり必要な細則を定めるものとする」との注釈が付されている。
28）もっとも，研究会報告書の提案によれば，運用に関する具体的な予測は，最高裁判所規則（前掲注27）参照）の内容が明らかになるのを待たなければ難しい面がある。同様のことは，争点整理手続についてもある程度妥当する（後掲注36）参照）。
29）類似の擬制を定める例として，家事事件手続法54条2項，非訟事件手続法47条2項，（一方当事者のみについてであるが）民訴法170条4項がある。もっとも，このようなみなし規定が理論的に必要であるかについては，議論がある。研究会第4回議事要旨8頁以下参照。
30）もっとも，口頭弁論期日については，現行法下でも，当事者いずれかの出頭が開催の論理的必要条件とみなされているわけではない（広義の口頭弁論期日とされる証拠調べ期日・判決言渡期日においては，当事者不出頭での実施が想定されている。民訴183条・251条2項）。提案は，主張の交換がなされる狭義の口頭弁論期日を念頭に，現実に出頭しなければ陳述ができない（双方当事者とも出頭しない場合，陳述擬制〔同158条〕も適用がない）という状況を乗り越えようとするものである。

ける「現状維持」（傍聴席における傍聴が改正後も可能であること）が可能になっている[32]ことは，見逃せない。

第3に，ウェブ会議によることにつき，現行法にみられる遠隔地居住等の要件は，例示としても採用されておらず[33]，裁判所の「相当性」判断に委ねるものとされている。この態度の前提には，いわゆる口頭弁論の諸原則（公開主義・口頭主義・直接主義・双方審尋主義）が前述のような方式でも常に満たされるとの判断があるものと思われる[34]。

3. 争点整理におけるウェブ会議の利用要件

一方，争点整理のためのウェブ会議の利用に関しては，以下のような提案がされている[35]。第1に，弁論準備手続期日につき，民訴法170条3項を改正し，遠隔地居住の例示を廃した上で，「裁判所は，相当と認めるときは，当事者の意見を聴いて，最高裁規則（※)[36]で定めるところにより，裁判所及び当事者双方が音声の送受信により同時に通話をすることができる方法によって，弁論準備手続の期日における手続を行うことができる」ものとすること。ここ（進行協議期日についても同様であるが)[37]では，口頭弁論期日と異なり，裁判所の現実空間における「在廷」は文言上前提とされていない[38]。第2に，書面による準備手続につき，手続の主宰者を裁判所に改め，また遠隔地居住の例示を廃した上でこれを存続させ，ウェブ会議等による「協議」を可能としている民訴法176条3項を削除すること。第3に，準備

31）もっとも，提案は，現実の出頭をする権利が当事者に保障されるとはいっていない。
32）現実空間に法廷が存在しなければ，公開（主義）の原則を満たすために，オンラインでの公開（ライブ・ストリーミング）等の措置を講ずる必要が出てくることになる。
33）証拠調べ期日についての提案（研究会報告書111頁）と比較されたい。
34）研究会報告書59頁（ただし，双方審尋主義への直接的言及はない）。笠井・前掲注18)19頁も参照。
35）研究会報告書83頁以下。提案のうち，ウェブ会議の利用容易化と密接にかかわらない部分については省略した。研究会報告書を参照されたい。
36）前掲注27)と同旨の注釈が付されている（研究会報告書83頁）。
37）和解期日についても同様の要件でウェブ会議による実施を可能にすることが提案されている（研究会報告書129頁）。
38）現行法上も弁論準備手続期日はいわゆる「法廷」で行われる必要はないが，提案は，特定の現実空間において期日が開かれるという前提も採っていないようにみえる。

的口頭弁論に関する規律は維持すること[39]。第4に，進行協議期日につき，民訴規則96条を改め「裁判所は，相当と認めるときは，当事者の意見を聴いて，裁判所及び当事者双方が音声の送受信により同時に通話をすることができる方法によって，進行協議期日における手続を行うことができる」ものとすること[40]。

これらの提案は，争点整理手続のために現在利用可能な複数の手続が併存する状況を維持しつつ，各手続における期日について，ウェブ会議の利用を裁判所の相当性判断に委ねることによって容易化させようとするものといえる。書面による準備手続における「協議」の廃止は，容易になったウェブ会議による弁論準備手続期日又は進行協議期日によってその需要を満たすことが可能となることを理由とする[41]。

4. 争点整理手続の一本化案

一方で研究会報告書は，争点整理手続の一本化を「引き続き検討を行っていくのが相当」な点として挙げている[42]。争点整理手続の一本化は，研究会の前半において，裁判所からの提案として示されたが[43]，コンセンサスを獲得するには至らず，このような位置付けに落ち着くこととなったものと思われる。民事訴訟法（IT化関係）等の改正に関する中間試案第7の4では，一本化案が甲案，複数手続の併存の維持が乙案とされている。

Ⅳ. 若干の論点とコメント

1. ウェブ会議化と口頭弁論の諸原則

残された紙幅を用いて，若干のあり得る論点についてコメントを試みたい。

まず，前述のとおり，研究会報告書は，当事者がウェブ会議で参加する方

---

39) ただし，口頭弁論期日一般に関する改正により，ウェブ会議による期日の開催が2で述べた限度で可能となることが前提とされている（研究会報告書92頁）。
40) 専門委員のウェブ会議等による手続関与（研究会報告書84頁）については，本稿では立ち入らない。
41) 補足説明（研究会報告書91頁）参照。
42) 研究会報告書95頁。
43) 研究会資料4-2，及び，第4回議事要旨2頁，4頁参照。

式による口頭弁論期日（やや不正確な表現となるが，以下では「ウェブ会議による口頭弁論期日」という）が，口頭弁論に関する諸原則を満たすという前提に立っているが，やや口うるさくいえば，若干の留保が必要となるように思われる。

　例えば，システムが良好に機能していなかった（単純な例でいえば，一時的な音声・映像不良や回線遮断が想定される）にもかかわらず期日が開催・続行されれば，当然に諸原則が満たされるとの評価は困難となる。そうした状況下での発言等を裁判所が弁論の全趣旨として斟酌することの当否，あるいは，回線状況に問題があったことを当事者が事後的に主張することをどこまで許容／遮断すべきか[44]といった論点が浮上する可能性はあるように思われる。

　また，ウェブ会議による口頭弁論期日が諸原則と調和し得ることは，そこに何らの後退も存在しないことを当然には意味しない。詳論する余裕はないが，当事者が現実に所在しないことは，例えば，公開性ないし傍聴人の権利保障[45]の一定の後退を意味するかもしれず，他方で，裁判所と物理的に対面できない当事者からすれば，それは，裁判所に傾聴を求める利益の一定の後退を意味している可能性も直ちには否定できない。ウェブ会議によるかどうかの判断において，憲法上の保障に直接にかかわるかは別として，一定の法的保護に値する権利・利益との比較考量が必要となる場面があり得るとすれば，それを全面的に裁判所の「相当」性判断に委ねることが適切かどうか[46]は，なお議論の余地が残るところではないかと思われる[47]。

2. 争点整理のウェブ会議化と一本化の関係

　他方，弁論準備手続期日等については，ボトル・ネックとなっている一方

---

44) 諸原則に対する違反があるとすれば，当然に責問権の喪失（民訴90条）の対象となし得るかは明らかではない（例えば，三木浩一ほか『民事訴訟法〔第3版〕』〔有斐閣，2018年〕176頁〔笠井正俊〕参照）。付言すると，裁判所から「きちんと見えているか」は，当事者にはリアルタイムでは確認できない（裁判所が「大丈夫」といえば信じるほかないが，裁判所としては，〔準備書面もあることなどから〕映像・音声に多少の乱れがあっても許容しがちになる可能性もないわけではないように思われる）。
45) 例えば，最大判平成元・3・8民集43巻2号89頁を参照。
46) ただし，研究会報告書の補足説明（研究会報告書63頁）は「出頭を希望する当事者の意向が無視されることはないものと考えられる」という。

当事者出頭要件を廃することに異論は少ないと思われる[48]が，それは，書面による準備手続の存在意義[49]，ひいては複数の争点整理手続[50]の併存という政策そのものを動揺させるに至っている。

　そもそも，争点整理の手続（トラック）と期日を含む手段（ツール）をほぼ1対1に対応させる現行法の構造に論理的必然性はなかったのであり，だとすれば，ある手続を選択すると特定のツールしか使えなくなるより，状況に応じて多様なツール（対面の期日，ウェブ会議，書面交換等）を使い分けられるほうが便利であるとも考え得る。なお複数手続の併存を支持する理由としては，トラックを指定することで争点整理手続の進行についてイメージの共有が図られやすいことなど[51]が考えられるが，それは事件ごとの裁判所と当事者のコミュニケーションによって図られることが望ましい（民訴147条の2参照）という再反論もありえよう。

3. リアルタイムのテキスト編集・共有と準備書面概念

　最後になるが，研究会報告書は，「ウェブ会議」の定義に，狭義の映像・音声通信だけでなく，付随する文字チャットやファイル共有の機能を含めている。これら付随機能の積極的活用はフェーズ1においても前提となっているから，少なくとも争点整理手続に関しては，研究会報告書は，こうした機

---

47) ウェブ会議か否かの選択を，部屋や開始時刻の選択と同じレベルのものと捉えられるなら，このような懸念は不要となり得る。問題は，現時点でそこまでいえるのかである。もう1点付け加えるならば，民事訴訟における口頭弁論が形骸化，セレモニー化していることは事実である。ただ，そのことを所与の前提として議論を進めることには，民事訴訟の口頭弁論にあらゆる裁判手続のプロトタイプという側面があることを踏まえると，若干の不安がないではない。そこでの手続保障の後退が，他の，実質的意義を失っていない手続における手続保障に関するベースラインの後退を，場合によっては無意識のうちにもたらしかねないようにも思われるからである。

48) ただし，口頭弁論期日に関する前述の問題は，争点整理のための期日についても（差分はあれど）存在し得る。

49) 刑事施設被収容者等についてニーズがあるという見解もあるとされている（研究会報告書88頁）。論評する余裕はないため，書面による準備手続の廃止は，書面交換のみによる争点整理の禁止を当然に意味するものではないことを指摘するにとどめる。

50) 準備的口頭弁論は，現在でもあまり使われていないとされる。

51) 争点整理は期日において行うことがより望ましい，という価値判断があれば，弁論準備手続等を原則とし，書面による準備手続を補充的なものと位置付けるという選択肢もあるが，書面による準備手続についても遠隔地居住の例示を廃して裁判所の相当性判断に委ねるべきとする研究会報告書は，そのような立場を採っていないようにみえる。

能の活用を予定している可能性が高い。その一方で研究会報告書は，準備書面について，事件管理システム上での提出を予定しており[52]，準備書面制度が基本的に存続することを前提としている。この両者の関係は，今後整理が必要となるかもしれない。

　もっとも，口頭弁論期日については，ウェブ会議で行うからといって，テキスト・チャット等を用いることには口頭主義等の観点から問題がある上，民訴法 161 条の規律が引き続き及ぶと考えられる以上，準備書面は，一定時期（民訴規 79 条 1 項参照）に内容が固定され提出されるものであり続けることが予想される。その限りでは，従来の紙による準備書面の提出・直送が事件管理システム上での提出・共有に置き換わる以上の変化はないとも予測され得る。しかし，民訴法 161 条の規律が及ばない弁論準備手続（及び，存続するとすれば書面による準備手続）においては，前記のような付随機能を用いて，いつでも文書ファイルの共有・編集・修正が可能となるほか，チャット機能を用いた文字情報の高頻度かつきめ細かいやり取りが期日の前・中・後を問わず行われることになるかもしれない。そこでなお準備書面（民訴 170 条 1 項・175 条）概念が果たすべき役割があるか[53]については，再検討が求められる可能性もあるように思われる。

52）研究会報告書 59 頁。
53）現在のところ，弁論準備手続・書面による準備手続における準備書面についても，民訴規則 79 条の適用は排除されていないものと思われる。

NUMBER: 06

特別訴訟手続

笠井正俊

Ⅰ. 総論的事項

1. 経緯

　特別訴訟手続は，民事裁判手続等 IT 化研究会（以下「研究会」という）が，「民事裁判手続等 IT 化研究会報告書——民事裁判手続の IT 化の実現に向けて」（以下「研究会報告書」という）[1]において「特別な訴訟手続」という表題の下に「IT ツールを十分に活用して計画的かつ適正迅速に紛争を解決するため，次のような訴訟手続の特則を設けることについて，引き続き検討することとしては，どうか」[2]として，検討課題とすることを提案したものである[3]。法制審議会民事訴訟法(IT 化関係)部会（以下「法制審部会」という）でも，「IT ツールを十分に活用することを前提とし，裁判が公正かつ適正で充実した手続の下でより迅速に行われるようにするため，新たな訴訟手続の

---

1) 公益社団法人商事法務研究会，2019 年 12 月。研究会報告書を含めて，https://www.shojihomu.or.jp/kenkyuu/saiban-it 参照。この研究会は，民事裁判の IT 化に向けて課題を整理し，規律の在り方を検討したものである。筆者も研究会メンバーの 1 人であった。また，IT 化に関する経緯や研究会報告書の骨子について，山本和彦「民事裁判の IT 化の経緯と課題」本書 No.01 参照。
2) 研究会報告書の第 6（70 頁〜 82 頁）。研究会においては，第 9 回（2019 年 4 月 17 日），第 12 回（同年 7 月 26 日），第 13 回（同年 9 月 19 日），第 14 回（同年 11 月 20 日），第 15 回（同年 12 月 13 日）に検討対象となった。

特則を設けることについて，どのように考えるか」という形で，審議の対象
として取り上げられている[4]。

1998年に現行民事訴訟法が施行されてから約20年間の民事訴訟事件数は，
いわゆる過払金返還請求事件の増減を除くと横ばいかやや減少する傾向にあ
り，民事訴訟が紛争解決手段として十分に活用されていない状況をうかがわ
せる。また，民事訴訟手続に要する期間は，その前半10年間にやや短くな
ったものの，その後の10年間には少し長くなる傾向にある[5]。民事訴訟を
実際に利用した当事者に対する調査の結果[6]によると，裁判に躊躇を感じた
理由として最も多かったのは時間（78.4%），次いで費用（75.3%）であり，
また，裁判開始時点で裁判に要する期間について全く予想がつかなかったと
する回答者が56.4%にのぼっていたことからすると，訴訟が活用されないこ
との理由の1つとして，訴訟に要する時間の長さや予想のしにくさがあるこ
とは否定できない[7]。これらが上記の検討提案の背景にある。

---

3) また，民事司法制度改革推進に関する関係府省庁連絡会議（https://www.cas.go.jp/jp/seisaku/
minjikaikaku/）が2020年3月に取りまとめた「民事司法制度改革の推進について」は，民事裁
判手続等のIT化に関連して，その機会に，システムのIT化にとどまらない計画的かつ適正迅速
な裁判の実現に向け，法務省は，特別な訴訟手続の創設も含めて検討するとしている（8頁）。
4) 法制審部会については，http://www.moj.go.jp/shingi1/housei02_003005.html 参照。筆者は
同部会の委員である。特別な訴訟手続は，同部会の第3回会議（2020年9月11日）で取り上げ
られた。本文で挙げたのは，公表されている部会資料5の15頁からの引用である。本稿のⅠから
Ⅴまでの部分は，ジュリスト1551号（2020年）68頁以下に掲載されたものであって，同部会の第
3回会議までの議論を前提にした記述である（本書No.13の座談会のⅤの部分の前提も基本的に
同様であると理解できる）。ところで，その後の同部会での議論を踏まえて，2021年2月に「民事
訴訟法（IT化関係）等の改正に関する中間試案」（本書巻末に資料として掲載）が公表され，その
「第6　新たな訴訟手続」が本稿の対象となる特別訴訟手続の提案である。そこで，本稿のⅥで，
その内容について若干のコメントを加える。なお，Ⅱ1の部分で前提とする甲案と乙案というのは研
究会報告書でのそれらであり（Ⅱ2，Ⅲ2での引用も同様），専ら特別訴訟手続を用いるための手
続的な要件に関して，原告の申述があり，被告の通常移行の申述がないこととする（甲案）か原告
と被告の共同申立てがあることとする（乙案）かの違いを表す（研究会報告書ではその他の事項に
ついては基本的に1本の案である）。これに対し，Ⅵの部分の甲案・乙案は同中間試案におけるそ
れらであって，同じ呼称でも，内容が異なるので，ご留意いただきたい。
5) 以上の統計について，最高裁判所事務総局『裁判の迅速化に係る検証に関する報告書（第8
回）』（2019年7月19日）17頁～28頁参照。同報告書は，https://www.courts.go.jp/toukei_
siryou/siryo/hokoku_08_hokokusyo/index.html にも掲示されている。
6) 民事訴訟制度研究会編『2016年民事訴訟利用者調査』（商事法務，2018年）86頁，100頁参
照。

2. 本稿の考え方

　法制審部会の前記検討事項で示されているように，裁判が公正かつ適正で充実した手続の下でより迅速に行われるのが望ましいことには，あまり異論がないものと思われる。しかし，そういった抽象的な要請を実現するために特別な訴訟手続を具体的に制度化しようとすると，特則による規律の内容について，それで実益があるのか（実際に活用されるなど，実効性があるのか），そこに弊害がないのか（特に，迅速さとの関係で，公正かつ適正で充実した手続の保障が損なわれないか）等の観点から，慎重に検討が加えられなければならない。研究会報告書は，そういった観点からも一定の検討を経た上で，当事者の意思を基礎として，第1回口頭弁論期日から6カ月以内に審理を終結しなければならないとする手続を示し，このような訴訟手続の特則を設けることについて引き続き検討してはどうかと提案している。

　筆者は，民事訴訟に要する時間やそれに対する当事者の受け止めを巡る上記のような状況に鑑み，当事者の合意を基礎として迅速な審理を進める特別訴訟手続を法律が選択肢として示すこと[8]には，当事者による手続選択の幅を広げるという意味で賛意を覚えている。もっとも，研究会報告書が掲げる具体的な手続は，いわば1つの叩き台ともいえるものであり，筆者も個別に異論を持つ部分がある。特別訴訟手続を法定することの当否は，そこで定められる特則の内容によるところが大きいと考えられるので，本稿は，研究会報告書が示した特則の内容を踏まえつつ，それを素材にして若干の検討をするものである。

　ところで，このような特別訴訟手続の検討は，今回の民事訴訟手続のIT化とは無関係ではないかとの指摘もあり得るところである。しかし，IT化はIT化それ自体が目的なのではなく，民事訴訟制度を国民に利用しやすく

---

7) 研究会報告書73頁参照。なお，労働審判（期日が原則として3回以内とされている。労審15条2項）に関する利用者調査である東京大学社会科学研究所編「労働審判制度についての意識調査 基本報告書」（2011年10月）(http://jww.iss.u-tokyo.ac.jp/roudou/pdf/report.pdf) 51頁によると，時間の予想が全くつかなかったという回答は，労働者側31.8%，使用者側28.1%であった。
8) レディーメイドの迅速訴訟手続（いわゆる迅速トラック）について権利救済手続の多様化の観点から述べるものとして，山本和彦『民事訴訟法の現代的課題』（有斐閣，2016年）73頁，同・本書9頁参照。

するためのものであるので，IT 化そのものを実現する制度以外は検討できないとまではいえない。そして，IT 化による審理の迅速・充実化（期日間の短縮化，攻撃防御方法の提出や釈明権行使等のやりとりの即時化・円滑化）と相まって民事訴訟制度を利用しやすくする効果を生む制度であれば，この機会に創設することには意味がある。このような制度を作ることにより，IT ツールを活用した活発な口頭議論も期待したいところである[9]。

　なお，研究会報告書では，地方裁判所での手続を主に取り上げており，本稿もそれを前提にするが，簡易裁判所での導入可能性を否定する趣旨ではない[10]。

II. 要件等

1. 双方当事者の意思の合致

　まず，研究会報告書は，要件等として，甲案と乙案を示している[11]。甲案は，原告が訴えの提起の際に特別な訴訟手続による審理及び裁判を求め，被告が第 1 回口頭弁論期日[12]の終了までに異議を述べた場合には通常の手続に移行するというものである。乙案は，双方当事者が，第 1 回口頭弁論期日までに共同の申立てをした場合には，特別な訴訟手続による審理及び裁判をするというものである。

　甲案では，原告がそのイニシアティブで特別訴訟手続を開始することができ，被告が通常手続へ移行させる旨の申述をしない場合には特別訴訟手続が進められることになるが，被告は当該申述をするかしないかの自由を有する。したがって，両当事者の意思の合致が特別訴訟手続の要件であって，またそれが当事者の訴訟行為に特別の制限のある手続を正当化する根拠となると考えることができる（少額訴訟についての民事訴訟法 373 条 1 項に例がある）。

---

9) 争点整理手続での口頭議論活性化の必要性について，例えば，笠井正俊ほか「〔シンポジウム〕民事訴訟法施行 20 年を迎えて――争点整理等における現状と課題，あるべき姿」判タ 1447 号（2018 年）5 頁参照。
10) 研究会報告書 75 頁参照。
11) 研究会報告書 70 頁，74 頁参照。
12) 第 1 回口頭弁論期日の前に，弁論準備手続に付された場合は第 1 回弁論準備手続期日，書面による準備手続に付された場合は第 1 回目の書面の提出期限までとすることが考えられるとされている。本稿でも「第 1 回口頭弁論期日」にはそれらを含む。

もっとも，筆者は，両当事者が積極的に共同の申立てをすることを要件とする乙案のほうが望ましいと考えている。その理由は，規範的な違いというよりも（双方の意思の合致を要するという意味では両案に実質的に違いはない)，両当事者がともに，紛争解決のために特別な手続を使って迅速な審理と裁判を実現したいという積極的なニーズを有する場合に，これに応ずるものとして制度を創設するほうが，民事訴訟を利用しやすくして，その活性化を図るという目的によりよく合致すると考えるからである。後述（**V**）するような，この手続が使われると期待できる事案との関係でも，そのように制度を組むのが適切である。

　なお，研究会報告書は，通常の手続により審理を行っている場合においても，裁判所が審理の現状等に鑑み相当と認め，かつ，当事者双方が特別な訴訟手続によることに同意したときは，特別な訴訟手続により審理を行うことができるとの仕組み（通常手続から特別手続への移行）にも言及している[13]。

2. 双方当事者の訴訟代理人の存在

　研究会報告書は，当事者の一方又は双方に訴訟代理人がいないときは，裁判所は，訴訟を通常の手続により審理及び裁判をする旨の決定をしなければならないものとする[14]。すなわち，この特別訴訟手続は，両当事者に訴訟代理人がいる場合に限って用いることができる。ここでいう訴訟代理人は，訴訟委任を受けた弁護士のみを意味するが，簡易裁判所でも制度が取り入れられる場合には資格のある司法書士を含むことになる。なお，研究会報告書では，甲案を採用した場合の規律であるように書かれているが，乙案の場合でも同様に考えられる。

　この特別訴訟手続は，当事者の意思の合致を基礎として，当事者の訴訟行為に特別の制限を設けるものであることなどからして，資格のある法律専門家である訴訟代理人の存在が，手続の正統性や実効性の確保のために不可欠であると考えられる。裏を返すと，このような訴訟代理人が代理して当事者が共同の申立てをしたのであれば（乙案の場合。甲案で，被告が通常手続に移

---

13) 研究会報告書72頁，80頁参照。
14) 研究会報告書71頁，78頁参照。

行させる申述をしなかった場合も基本的に同様），手続選択に関して，当事者間の情報や能力における非対称性の問題はそれ以上考慮しなくてよいであろう。

3. 裁判所又は当事者の意思による通常の手続への移行

（1）裁判所の職権による通常移行

研究会報告書は，裁判所が，特別な訴訟手続により審理及び裁判をするのを相当でないと認めるときには，通常の手続により審理及び裁判をする旨の決定をしなければならないとの規律を設けることを提案している[15]。これは，審理の状況によって，予定された期間を超えても判決に熟さない場合があることや，和解の機運などの理由で期間内に審理を終結するのが望ましくない場合があることなどを考慮したものである。

当事者の意思を基礎として規律される特別の訴訟手続を裁判所が裁量により職権で通常手続に移行させることの当否は問題となり得るが，こういった規律を設ける必要性は高いので，裁判所の合理的な裁量権行使に委ねるこの提案の方向が妥当であろう。

（2）当事者の意思による通常移行

それでは，当事者双方の合意があれば，特別手続から通常手続に移行するものとすべきであろうか[16]。当事者の意思に基礎を置く手続であるし，両当事者が通常移行を望んでいるのであれば，特別訴訟手続で判決が出ても異議申立て（後記Ⅳ）がされる可能性が高いので，このような規律を置くことには理由がある。他方，上記の裁判所の合理的な裁量には当事者の意思を尊重することをも含むと解されるので，裁判所の職権による通常移行が定められれば足り，当事者双方の合意による移行という規律は置かないという選択肢も採り得るところである。この当事者双方の合意による通常移行については，更に考えたい。

なお，これとは異なり，一方当事者のみの意思で通常手続に移行するものとする制度は，不利だと考えた当事者の引き延ばしの手段として使われるな

15）研究会報告書71頁，78頁。甲案を採用した場合の規律であるように書かれているが，乙案の場合でも同様に考えるべきであろう。
16）研究会報告書（71頁，79頁）は，その提案はせず，引き続き検討を要するものとしている。

ど，他方当事者の予測可能性を害し，特別訴訟手続の実効性を損なうと思われるので，そのような規律は相当でない（なお，仮にそのような定めとする場合には，不服申立ては異議申立てではなく，控訴とすることが考えられる。後記Ⅳ参照）。

Ⅲ. 手続の特則

特別訴訟手続について，研究会報告書が検討を提案している特則は，反訴の制限，審理期間，主張の提出の方法等，証拠調べの制限である。

1. 反訴の制限

研究会報告書は，特別な訴訟手続においては反訴を提起することができないが，第1回口頭弁論期日までの間は，特別な訴訟手続による反訴については，適法な反訴として提起できる旨の規律を提案している[17]。

反訴が提起されることによる審理の長期化等を避けるためには，審理の最初の段階から本訴と反訴がともに特別な訴訟手続によって審理される場合に限って反訴を認めるという規律の仕方には合理性があるものと考えられる。

なお，請求の拡張等の訴えの変更や裁判所の裁量による弁論の併合（別に特別訴訟手続で審理されている事件の弁論を併合するもの）[18]は禁じなくてもよいように思われる。

2. 審理期間

研究会報告書は，特別な訴訟手続においては，特別の事情がある場合を除き，第1回口頭弁論期日から6カ月以内に審理を終結しなければならないとしている[19]。

審理期間を法定することは，前記Ⅰ1で述べた訴訟に要する期間に対する当事者の見通しを良くするために重要なことである。ただし，その趣旨からすると，口頭弁論終結の日から判決言渡しまでの期間についても，2カ月

17）研究会報告書70頁，75頁。
18）法制審部会資料5（前掲注4））20頁では弁論の併合について言及がある。
19）研究会報告書70頁，76頁。

とする民事訴訟法251条1項よりも短い期間（例えば，2週間，1カ月）を，特段の事情がない限りという留保を付した上で，法定するのが適切である。前記Ⅱの要件等からして迅速な審理になじむ事件が対象となるので，判決言渡しまでの期間も通常の定めよりも短いものであるべきであろう。

　なお，訴えの提起から第1回口頭弁論期日までの期間について定めはなく，これは，特別訴訟手続となるかどうかが第1回口頭弁論期日の指定時点では判明しないからであるが（乙案では判明することはある），民事訴訟手続一般について，IT化によって，この期間が短縮化されることが期待される。

3. 主張の提出の方法等

　研究会報告書は，特別な訴訟手続において当事者が提出することができる主張書面の通数を原則として3通までとするとの規律を示している（裁判所と当事者双方との協議により，それよりも増やすことは可能であるとする）20)。また，このように主張書面の通数を限定することから，主張書面の文字数，行数及び頁数も統一する必要があるとされる。

　しかし，審理期間を法定することに加えて，このように主張書面の通数や体裁の制限をする合理的な理由はないように思われる。特別訴訟手続が用いられる事件といっても，その紛争の内容や当事者の状況は多種多様であり，主張をする必要が生ずる時期や頻度にも様々なものがあると考えられる。それにもかかわらず，原則として3回（それを超える場合には協議を要する）との制限を設けると，当事者が適時適切に主張をすることを妨げることになるし，主張を提出するのに慎重になってしまい，協議の時間等も含め，かえって審理が遅延するおそれもある。このように，手続保障との関係で問題があり，実際上も得策だとは思えないのである。もちろん，手続がIT化したからといって，当事者があまりに気楽に主張を提出して，その過剰により手続が煩雑化することは避けるべきであるが，IT化は，口頭議論以外の方法も含めて，主張のしやすさを増すためのものでもあると考えられるので，口頭議論を活発にするために主張書面の通数を制限するのは行き過ぎである。

---

20) 研究会報告書71頁，76頁。

4. 証拠調べの制限

研究会報告書は，証拠調べは，即時に取り調べることができる証拠に限りすることができるとの規律を提案している[21]。証拠調べの対象は，当事者が提出する文書のほか，文書送付嘱託，調査嘱託，証人及び当事者本人の尋問並びに検証であって6カ月以内の審理期間での取調べになじむものということになる。

実施される証拠調べの種類という意味では，通常の民事訴訟手続の多くにおいてもこれらにとどまると思われるので，当事者の意思に基礎を置く特別訴訟手続についてこういった制限を設けることには合理性があろう。なお，研究会報告書は呼出証人が除外されるとしているが[22]，当事者が証人に出頭を促す便宜上，念のため呼出しの手続をとることもあるであろうし，一律に除外することはないと考える。

Ⅳ. 不服申立ての方法

研究会報告書は，特別な訴訟手続の終局判決に対して，控訴をすることはできず，その判決をした裁判所に異議を申し立てることができ，その場合，訴訟は口頭弁論の終結前の程度に復し，通常の手続により審理及び裁判がされるとする規律を示している[23]。特別訴訟手続では，当事者の訴訟行為に一定の制限があることを考慮し，当事者に対し，第一審において通常の手続による審理と判決を受ける機会を保障する趣旨である。異議後の通常手続の裁判官は，特別訴訟手続と同じ裁判官であることもあり得る。手形訴訟と同様の規律である。この規律には合理性があると思われる。

不服申立て方法は，特別訴訟手続において当事者の意思による通常手続への移行を認めるか否か（前記Ⅱ3(2)）とも関連するところであり，当事者に通常手続への移行についてイニシアティブを与えた上で不服申立て方法を控訴とすべきとの意見もある[24]。しかし，双方当事者の意思が合致しないと

---

21) 研究会報告書71頁，77頁。なお，これとともに，「証拠調べの請求は証明すべき事実の立証に必要な証拠を厳選して，これをしなければならない」との定めも挙げられているが，当たり前のことであり，意味は大きくないように思われる。
22) 研究会報告書78頁。
23) 研究会報告書72頁，80頁。

通常手続に移行できないという制度だとすると，通常手続への移行を望んだがそれが叶わなかった当事者が第一審で攻撃防御方法を提出する利益を害するし，一方当事者の意思のみで通常手続に移行できるとすることには，前記Ⅱ3(2)で述べたように問題がある。

Ⅴ. 想定される事件等

特別訴訟手続になじむ事件として研究会報告書が挙げるのは，①企業間の紛争の一部で見られるように，事前交渉が十分にされており，争点が明確で証拠も十分に収集されている事件や，②原告が早期の被害回復を望んでおり，被告も速やかに裁判所から一定の判断がされることに異議がない事件（交通損害賠償請求事件や発信者情報開示請求事件）である[25]。

特に，①のような事件は，交渉では紛争が解決しなかったので裁判所から迅速に判断を得たいとする当事者企業のニーズに応ずるものとして，今後，民事訴訟が更に活用されるべき類型である。また，前記Ⅰ1で挙げた民事訴訟利用者調査の結果によると，訴訟に要する期間について全く予想がつかなかったと回答した者の割合は，自然人のほうが法人よりもかなり高い[26]。そこで，自然人の予想可能性を高めるというニーズにも応じられることが望ましい。

事件類型を明確に挙げることはできないが，当事者が法人であるか自然人であるかを問わず，当該紛争について，相対交渉がされたもののほか，民事調停手続その他の ADR 手続が先行しているものや民事保全手続が先行していてそこで審尋や和解勧試がされたものなど，当事者間で争点や証拠について相当程度共通認識がある事件の中には，当事者が特別訴訟手続を用いることを望むものがあろう。

なお，第1回口頭弁論期日までに弁護士が代理して特別訴訟手続を用いる意思決定をすることができるのは，訴えの提起前から弁護士が関与している

---

24) 研究会報告書81頁参照。
25) 研究会報告書73頁。
26) 民事訴訟制度研究会編・前掲注6)101頁，302頁参照。全く予想がつかなかったと回答した者は自然人原告のうち58.5%，自然人被告のうち77.1%，法人原告のうち31.3%，法人被告のうち39.4%であった。

紛争が多いであろうが，それに限られるわけではない。

最後になるが重要な検討課題として，2003年の民事訴訟法改正によって明文化された計画審理の規定（民訴147条の2・147条の3）をうまく活用するか，そこに一定の改正をすれば，特別訴訟手続のニーズは吸収できるのではないかとの指摘[27]を挙げる必要がある。難しい問題であるが，民事訴訟法147条の2は一種の訓示規定であり，同法147条の3は複雑事件を対象としたオーダーメイドの手続を作るための規定であって，訴訟の期間に対する訴訟開始時における予想の確保という特別訴訟手続の目的とはやや趣旨が異なるところがある。そのため，筆者は，これらとは別に，両当事者の意思で一定のレディーメイドの手続を用いる選択ができるものとする特別訴訟手続を設けることには意義があるものと考えている。

VI. 中間試案の「新たな訴訟手続」について

2021年2月に「民事訴訟法（IT化関係）等の改正に関する中間試案」（以下「中間試案」という。本書巻末〔197頁以下〕に資料として掲載）が公表され，その「第6　新たな訴訟手続」の部分（本書206頁参照）で，本稿が対象とする特別訴訟手続に関する具体的な提案が示された。以下では，その内容について概観し，若干のコメントを加える（中間試案でいう「新たな訴訟手続」について，ここでは「特別訴訟手続」という。また，「通常の手続」というのは，特則がない通常の民事訴訟手続のことである）。

1. 中間試案での提案の概要

中間試案では，規律を設けないものとする丙案のほか，甲案と乙案の2案が示されている（なお，前掲注4)に記載したとおり，研究会報告書にいう甲案・乙案〔前記Ⅱ1参照〕とは内容が異なる）。中間試案の甲案と乙案はいずれも排斥し合うものではなく，例えば，甲案と乙案を併存させ，又はいずれか一方の規律に他方の一部を導入することもあり得るとされている。

---

27) 研究会報告書82頁，法制審部会第2回会議（2020年7月10日）に阿多博文委員から提出された日本弁護士連合会「『民事裁判手続等IT化研究会報告書——民事裁判手続のIT化の実現に向けて』に対する意見書」（2020年6月18日）16頁参照。同部会第3回会議でも指摘があった。

(1)　甲案の概要

甲案の概要は次のとおりである。

通知アドレス[28]の届出をした原告は，第1回口頭弁論期日等の終了時までに特別訴訟手続による審理及び裁判を求めることができる。特別訴訟手続では，特別の事情がある場合を除き，第1回口頭弁論期日から6カ月以内に審理を終結しなければならず，証拠調べは即時に取り調べることができる証拠に限りすることができる。

被告は，第1回の口頭弁論の期日の終了時までに訴訟を通常の手続に移行させる旨の申述をすることができ，この申述があった時に訴訟は通常の手続に移行する。裁判所は，一定の場合（公示送達によらなければ第1回口頭弁論期日の被告の呼出しができないとき，被告が一定期間内に通知アドレスの届出をしないとき，特別訴訟手続での審理及び裁判をするのが相当でないとき）には，通常の手続で審理及び裁判をする旨の決定をしなければならない。

特別訴訟手続の終局判決に対しては，控訴をすることができず，判決書の送達を受けた日から2週間の不変期間内に，その判決をした裁判所に異議を申し立てることができる。適法な異議があったときは，訴訟は，口頭弁論の終結前の程度に復し，通常の手続により審理及び裁判がされる。

(2)　乙案の概要

乙案の概要は次のとおりである。

通知アドレスの届出をした当事者は，第1回口頭弁論期日の終了時までに共同の申立てをすることにより，特別訴訟手続による審理及び裁判を求めることができる。

裁判所は，共同の申立てがあったときは，答弁書の提出後速やかに当事者双方と審理計画について協議をするための日時を指定し，その結果を踏まえて審理計画を定めなければならない。審理計画においては，①争点証拠整理を行う期間（審理計画を定めた日から5カ月以内），②証人及び当事者本人の尋問を行う時期（争点証拠整理期間の終了日から1カ月以内），③口頭弁論終結の予定時期（最後に証人又は当事者本人尋問を行う日。これらの尋問を行わない

28）「通知アドレス」は，中間試案の第3・1(1)（本書201頁）に定義されており，当事者等の電子メールアドレス等である。

ときは争点証拠整理期間の終了日から1カ月以内）及び④判決言渡しの予定時期（口頭弁論終結日から1カ月以内）その他の必要な事項を定め，審理計画を定めた日から審理の終結までの期間を6カ月以内とするものとする。

　裁判所は，審理の現状及び当事者の訴訟追行の状況その他の事情を考慮して必要があると認めるときは，当事者双方と協議をし，その結果を踏まえて審理計画を変更することができる。また，裁判所は，当事者のいずれかから通常の手続に移行させる旨の申述がされたとき，又は特別訴訟手続で審理及び裁判をするのを相当でないと認めるときには，訴訟を通常の手続により審理及び裁判をする旨の決定をしなければならない。

　この特別訴訟手続を経てされた終局判決に対する不服申立て方法は，通常の手続の終局判決に対するものと同様に，控訴である。

2. 若干のコメント

　本稿のⅤまでで述べたように，筆者は，このような特別訴訟手続を導入することに賛意を覚えているので，規律を設けないとする丙案ではなく，甲案や乙案のような方向で考えたい。その際，消費者と事業者間の紛争や個別労働関係紛争を除くかどうか（中間試案の第6の（注1）），訴訟代理人が選任されていることを必要的とするかどうか（中間試案の第6の（注5））も検討を要する。

（1）　甲案について

　甲案は，特別訴訟手続を用いるための要件や不服申立て方法等において，研究会報告書の案（特にその甲案）がベースになっているとはいえるが，訴訟手続上の特則として，不服申立て方法を除くと，第1回口頭弁論期日から6カ月以内に審理を終結することと証拠調べを即時に取り調べることができる証拠に限ることのみが定められており，研究会報告書からは主張回数の制限等が削除され，特則としての性格がやや薄まってシンプルになっている。中間試案の提案では，甲案においても，乙案の規律は入り得ることが前提となっているところ（前記1），甲案で，当事者間の共同の申立てによること（研究会報告書の乙案。前記Ⅱ1参照）や，判決言渡しの予定時期（前記Ⅲ2参照）は，乙案（前記1(2)）と同様に定めることも考えられる。また，甲案において，被告側からの特別訴訟手続の申述を認めること（中間試案の第6

の（注2））も検討に値する。ただ，甲案と乙案とは併存し得るものの，乙案が実現するのであれば，甲案をも重ねて制度化する必要があるかどうかには疑問も残る。

甲案では，消費者と事業者間の紛争や個別労働関係紛争を除くかどうか，及び，訴訟代理人が選任されていることを必要的とするかどうかが特に問題となると思われる。第1回口頭弁論期日の終了時までに特別訴訟手続によるか否かを選択する必要があり（ただし，被告はその後も通知アドレスを届け出なければ通常の手続に移行することになるが），その後は特別訴訟手続によって原則として6カ月以内の審理となることなどからは，甲案を制度化するのであれば，訴訟代理人の選任を必要的なものとすることが考えられる。他方，訴訟代理人の選任を必要的なものとすれば，消費者と事業者間の紛争や個別労働関係紛争を一律に除外する必要性は大きくないと思われる（前記Ⅱ2参照）。

（2）　乙案について

乙案は，双方当事者の共同の申立てを基礎として，一定の枠内のいわばレディーメイドの審理計画を立てて迅速な訴訟手続を実現しようとするものである。現行の民事訴訟法147条の2（訴訟手続の計画的進行）や147条の3（複雑な事件における審理の計画）との制度的な連続性や整合性を保ちつつ，同条とは異なり，手続開始段階で第一審手続の終了時期を予測するというニーズに応えようとするものであるので，乙案のような特則を置く意義はあるものと考える（前記Ⅴ参照）。また，乙案では，通常の訴訟手続を前提として，審理計画の具体的な内容に枠がはめられているのみであるともいえるので（あえて「新たな訴訟手続」，「特別訴訟手続」といった位置付けをする必要性はないかもしれない），現行民事訴訟法147条の3との平仄を考えても，消費者と事業者の紛争や個別労働関係紛争を除くとか，訴訟代理人を必須のものとするとかの規律までは必要ないように思われる。

乙案の手続が有するそのような性質（通常の訴訟手続を前提とする審理計画のみの規律）を考えると，審理計画の変更と通常手続への移行との双方が定められているのは，やや過剰な感がある[29]。特に当事者の一方からの通常移行の申述によって通常の訴訟手続に移行することについては引き延ばしへの懸念もある（前記Ⅱ3(2)参照）。不服申立て方法を控訴とすることとの関

係で（前記 **II 3**(2)，**IV**参照），裁判所が審理計画に不相当なこだわりをもつ場合への対処（当事者の攻撃防御権の保障の必要性）をどう考えるかは問題となり得るが，主張や証拠の採否に関する訴訟指揮一般の問題として，控訴審で是正されれば足りるともいえよう。

---

29) 中間試案第6の（注6）は通常移行の規律を設けない考え方に言及している。また，法務省民事局参事官室『民事訴訟法(IT 化関係)等の改正に関する中間試案の補足説明』（http://www.moj.go.jp/content/001342958.pdf）52 頁も参照。

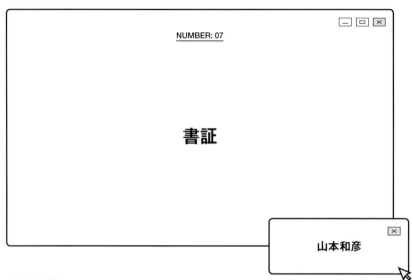

書証

山本和彦

I. はじめに

　本章においては，IT 化された民事訴訟手続における書証に関する論点について取り扱う。大きくは 2 点に分かれる。

　第 1 点は，電子データの証拠調べの方法である。従来の民事訴訟法においては，証拠調べの対象は基本的に有体物ないし人に限定されていた。しかし，社会のデジタル化は，重要な証拠方法として，有体物に化体されない電子データというものを産み出した。しかるに，従来，その点の証拠調べの方法についての明文規定はなく，電子データを可読化して紙に印刷したものを書証として取り調べるか，電子データを収納した記憶媒体（フロッピーディスク，USB メモリ等）を準文書として取り調べるか[1]，いずれかによるものとされていた。しかし，現在，訴訟で問題となる文書の多くは実際には電子データとして作成されていることに鑑みれば，それを直接取り調べる方法が正面から問題にされるべきことになる。そこで，その点の検討がされることとなった。

　第 2 点は，書証の準備としての文書の写しのオンラインによる提出の可能

---

1) その取調べの方法については，後述のように様々な議論がある（後掲注 3）参照）。

性である。民訴法 132 条の 10 は，申立書等のオンラインによる提出を認めているが，そこには文書の写しは含まれていない。ただ，訴状や準備書面，証拠説明書等が全てオンラインによって提出され，訴訟記録も電子化されることになれば，書証の準備としての文書の写しの提出も，インターネットを用いてオンラインで行うことが十分に考えられる。そこで，その点の検討がされることとなった。

　なお，以上の検討の前提として，用語法を確認しておく。中間試案において「電磁的記録」とは，「電子的方式，磁気的方式その他人の知覚によっては認識することができない方式で作られる記録であって，電子計算機による情報処理の用に供されるもの」を指す（中間試案第 1 の 2 参照）。そして，「電磁的記録であって情報[2]を表すために作成されたもの」（中間試案第 8 の 1 など）のことを，以下では分かりやすさのため，「電子データ」と呼ぶことにする。

Ⅱ. 電子データの証拠調べ

1. 電子データの証拠調べの手続（中間試案第 8 の 1）

　現行民訴法制定時（平成 8 年改正）においても，既に電子データによる文書の作成は一般化しており，その証拠調べのあり方は議論の対象となっていた。ただ，当時既にフロッピーディスクや CD など多様な記憶媒体が存在していたことや，さらに将来の技術発展によってどのような媒体が出現するか分からなかったこともあり，結局，それらが準文書に含まれることを前提に，準文書の規律（民訴 231 条）に委ねることとされ，電子データに特化した明文化は見送られた[3]。

　ただ，現状においては，以下のような理由により，規律の必要があるとす

---

2) ここに言う「情報」とは，「書証の目的により表示される人の思想内容であって，書証の手続により心証形成の材料となるべきもの」を指すとされる（補足説明 71 頁参照。電子署名認証 3 条も参照）。
3) 立法の経緯については，竹下守夫ほか編『研究会新民事訴訟法』（有斐閣，1999 年）312 頁以下など参照。また，書証説，検証説，新書証説などその後の議論の展開の詳細については，門口正人編集代表『民事証拠法大系(4)』（青林書院，2003 年）257 頁以下［難波孝一］，秋山幹男ほか『コンメンタール民事訴訟法Ⅳ［第 2 版］』（日本評論社，2019 年）571 頁以下，菱田雄郷「書証と電子データの取調べ」ジュリ 1549 号（2020 年）64 頁以下など参照。

るのが中間試案の立場である。すなわち，①証拠調べの内容について言えば，（電子データを可読化して閲覧する方法により）人の思想内容が証拠資料となるものであり，文書・準文書と共通性がある。その意味で，検証よりは書証による規律が妥当であると解される。②他方，準文書としての証拠調べによることは，（法廷でその内容をパソコン等により可読化する方法は相当であるとしても）その媒体自体には大きな意味はなく，データそれ自体を証拠方法と考える方が実質に適っているし，ハードディスクなどそもそも可動性がない媒体も少なくないため，相当とは言い難い4)。③その一方で，出力書面によるとする考え方（新書証説）は，改変の有無等の判断について重要なメタデータが捨象されてしまう結果になり，最適な方法とは言い難い5)。以上から，電子データ自体を証拠方法と考えることが現段階では相当なものと解されている。

　さらに，事件記録が電子化されることにより，媒体を介さずに直接電子データを証拠として取り調べる必要がある点も指摘される。この点は，通常の書証でも記録が電子化される点では同じであるが，既に電子データとなっているものをあえていったん書面化する必要はなく，直接電子的に記録化できる点で，より便宜という趣旨かと思われる。以上のような観点から，この点について明文規定を設けるものとする提案がされている。民事裁判手続等IT化研究会（以下「研究会」）段階でも同様の提案が既にされており（研究会報告書第8の1参照），大きな異論なく推移している。

　また，規律の内容も「書証に準ずる規律」とされ，法制審議会民事訴訟法（IT化関係）部会（以下「部会」）において，この点にも大きな異論はみられない。研究会の時点では，検証に準ずる規定も必要ではないかという問題提起もされていたが，その場合は人の思想等を内容としない電磁的記録を想定しているものと解され，それは本来の検証の規定による対応で十分なものと整理されている6)。けだし，検証の規定は裁判官の五感の作用によるあらゆ

---

4) 最近ではクラウド・サービスなどによって保存されているデータも考えられようか。
5) 従来はその点は実質的証拠力の問題として検証による取調べが想定されていたとみられるが，その部分のみを実質的証拠力の問題として検証と考えることには違和感も否めない。
6) 研究会報告書100頁，菱田・前掲注3)64頁参照。

る感得を含むものであり，そもそも広範な対象を包含し得るものだからである。

2. 電子データの証拠調べへの申出（中間試案第8の2）

　電子データを書証として取り調べるとして，次にその申出方法の規律が問題となるが，それは有体物ではないので，法廷に物理的に持参し，顕出することは必然的なものではない。そこで，書証とは異なる独自の規律が考えられる。

(1) 電子データ又は複製の提出（第8の2本文）

　中間試案は，電子データそのもの（原本に相当するもの。以下単に「原本」と呼ぶ）と，それを電磁的方法により複製したもの（写しに相当するものの一形態）のいずれによる申出でもよいとする規律を提案している。このような規律は，電子データに関しては技術的観点から完全な「写し」も容易に作成可能であり，その場合には原本を取り調べる場合との差がないという認識を前提にするものと思われる。そして，電子データの原本が可動性の高い媒体に保存されている場合には，その原本を裁判所に持参することも論理的には可能であるが，そもそもハードディスク等可動性の低い媒体については，それは困難であるし，また可動性の高い媒体であっても，あえて裁判所への持参等を前提とする規律を設けることは，期日のウェブ会議化などとの関係で問題がある。そこで，書証の原本主義に対する例外を許容し，電磁的方法により複製したもので，情報について改変が行われていないものに限って，原本と同様の扱いをすることを提案するものである。これによって，オンラインで提出された電子データの複製も，場合によっては原本と同様に扱い得ることになる。

　なお，インターネットを用いて裁判所のシステムに複製をアップロードして提出する場合，中間試案第1（総論）の2により，原則として「解読方法が標準化されているもの」（PDFファイル等）によることになる（同(1)）。この点，当該電子データの原本が標準的ファイル形式ではない場合の取扱いが問題となるが，考えられる方法として，①原本を裁判所に持参等する，②データを標準化された形式に変換してオンラインで提出する，③紙に打ち出して提出するといった方途があり得よう。①によることができる場合は問題

ないが，②や③の方法は結局写しによる提出ということになり[7]，原本との同一性が争われる場合には，写しを原本として元データ（本来の原本）自体の検証や鑑定によらざるを得ないことになろう[8]（同(2)も参照）。

(2) 電子データにおける原本及び成立の真正の概念

以上のような規律は，電子データの証拠調べにおける原本・写しの概念をどのように理解するかによって左右される。この点は，研究会以来多くの議論のあるところで，その整理は必ずしも容易ではない。

上記の規律は，電子データが電子的に複製された場合，電子データの「写し」の成立の真正（つまり複製行為者が誰か）は通常問題にならず，問題はその元となる電子データ（原本）の存在及び成立になることから，その点を形式的証拠力の問題として直截に理解するものと考えられる[9]。そして，電子署名及び認証業務に関する法律もそのような理解を前提としているように読める（同法3条）[10]。そこで，この場合には，元の電子データの作成者のみを形式的証拠力との関係で問題とする旨の考え方（換言すれば，そのような複製については原本と同様の扱いをすること）が可能と整理したものとみられる。

この点，研究会においては，電子データにおける原本や成立の真正の概念が詳細に検討されている[11]。そこでは，「生まれながらに電子データとして存在するもの」（電子契約書等）においては，最初に完成された電子契約書等が原本となり，その完成の時期については文書作成者が完成した（確定的なものになった）と考えた時とされる[12]。それ以外は写しであり，オンライン

---

7) ②によりファイル形式が変換されれば，たとえ可読化した場合の文字列が同一であっても，データ自体は改変されており，上記提案の意味での原本と同視される写しにはならないものと解されよう。

8) 研究会報告書101頁参照。

9) これは現在も実務上存在する理解とされる。補足説明72頁は「この場合における作成者に関する実務上の取扱いは，必ずしも確立していないが，出力した書面や記録媒体が原本とされるにもかかわらず……，その成立の真正の判断における作成者を（当該書面や記録媒体の作成者ではなく）元となる電磁的記録の作成者とすることもあるようである」とする。

10) 証拠調べの対象が電磁的方法により複製したものであっても，元データについて電子署名があれば，真正な成立を推定するものとして規定しているが，これは真正な成立の対象が原本となる電子データであることを前提にしているように読める。

11) 研究会報告書106頁以下参照。

12) 文書についても，最初にかつ確定的に作成されたものを原本とするのが一般的な理解であり（秋山ほか・前掲注3)376頁など参照），それに倣う趣旨と解される。

で裁判所のサーバに提出されたものも（データとしては完全に複製されたものであっても），写しであることに変わりはない[13]。他方，成立の真正については，原本に代えた写しの提出の場合，証拠調べの対象は原本であり，争いがなければ原本の真正が認められるが，争いがあれば原本の取調べが必須となる。他方，写しを原本として提出する場合は，一般に，①手続上の原本の成立，②真の原本の存在・成立が問題となるが，実際上は，①は技術上問題なく，②が問題になるものと整理していた。

以上のような整理を前提にすれば，中間試案の立場は，電子データについても原本概念を維持しながら，写しである電子的複製にも一定の範囲で（改変されていないとの前提で）原本と同様の扱いを認めるものと言うことができよう。よりラジカルな立場としては，電子データについては，完全な複製が容易かつ通常であり，原本概念にそもそも意味はないとして全く異なる観点から概念を整理する考え方もあり得たが，そこまでは踏み切らず，従来の概念は維持しながら，実質的な扱いの同一性（換言すれば，実践的な観点）からアプローチしたものと評価できようか[14]。

(3) 原本に代えた写しの提出（第8の2注）

書証でも，当事者の異議がないことを要件として，写しをもって原本の代用とする扱いが存在すること（大判昭和5・6・18民集9巻609頁など参照）を前提に，その旨の明文規定を設け，電子データについてもこれに準じた規定を設ける提案が中間試案第8の2の注に記載されている[15]（なお，書証本体の規律との関係では，Ⅲ2参照）。

裁判所のシステムにアップロードされた電子データ（写し）の取調べの意義については，中間試案第8の2本文の規律（(1)参照）が採用されるかどうかで，この注の規律の意味が異なってくる。まず，本文の規律が採用された場合には，当該データが改変されていないことの立証により，原本と同様

---

13) また，文書内容が同一であっても，ファイル形式を変換したものはやはり写しとされる。
14) 菱田・前掲注3)66頁も，研究会報告書との関係で，「電子データの原本性は承認することができるものの，原本としての電子データとその複製との関係は文書とは異なり，複製がメタデータを伴う限りは，複製を原本たる電子データの代用とすることが広く許容される，と考えることができそうである」と総括する。
15) 研究会報告書では，第8の2(1)の準用として本文（102頁以下）で提案されていた。

の扱いがされることになるので，注の規律はそれ以外の場合を対象とすることになる。例えば，ファイル形式を変更した電子データが提出された場合や書面化された写しが文書で提出された場合等において，相手方の異議の有無が問題になることになる。他方，本文の規律が採用されない場合には，データの改変の有無にかかわらず，相手方の異議がなければ，写しを原本の代用とした取調べが可能になり，逆に異議があれば，その取調べは認められないことになる。その結果，異議が出された場合は原本の取調べが必要であることになり，原本となる電子データに可動性がない場合等には，写しを原本とするほかはないことになろう[16]。

3. 電子データの提出命令・送付嘱託（中間試案第8の3）

　この点は部会の審議において新たに提示された項目である。提出命令や送付嘱託の場合，当事者以外の第三者が電子データを提出することがある点や必ず原本の提出が求められる点に，当事者による通常の書証の提出とは異なる部分があるので，別個の項目として提示されたものと思われる。

　(1)　オンラインによる提出の可能性（第8の3(1)）

　民訴法132条の10は申立て等を対象としており，第三者が提出する電子データの提出，すなわち提出命令や送付嘱託に基づくその提出や送付は含まれていない。他方，電子データを証拠調べの対象とできるとすれば，それを直接裁判所に提出・送付させるのが相当であると考えられる。そこで，これらもオンラインで提出することができることを明文化する旨の提案がされている。この点は部会でも基本的に異論はみられない。なお，この場合，当該第三者は，一時的なアカウント・パスワードの交付を受けて，裁判所の事件管理システムにアクセスが認められることになるものと考えられる。

16）なお，成立の真正が争われた場合の立証は困難な問題である。この点の条文化は難しく，実務上の解決に期待するほかなく，中間試案ではふれられていない。研究会の段階では，電子署名があれば成立の真正が推定されるほか（電子署名認証3条），立証の方法として，原本のメタデータ等を解析した報告書の提出，メタデータの検証，デジタル・フォレンジック技術の活用等が論じられていたところである（研究会報告書109頁以下参照）。この点は，技術の進展に応じた立法後の議論や運用に委ねられよう（なお，研究会では，当事者が故意に電子データを偽造した場合に係る制裁規定を設けるべき旨の意見もあったとされている。研究会報告書110頁注3参照）。

(2) オンラインによる提出の方法 (第8の3(2))

提出命令や送付嘱託に基づく電子データの提出・送付の方法に関しても，当事者が書証のために電子データを提出する場合と基本的に同旨が妥当する。すなわち，オンライン提出の方法は民訴法132条の10第3項と同じである。

そして，提出の対象は電子データを複製したもの（改変が行われていないもの）によることになる。前述のように，申出当事者による電子データの提出は原本又はその複製によるが，オンラインによる場合は，裁判所の使用するコンピュータに記録されるものは常に複製であるため，このような規律となっているものと考えられる。

ただ，この場合，ファイル形式が裁判所のサーバにアップロードできるもの[17]に限られるところ，提出命令や送付嘱託の対象となっている電子データが常にそのような形式によって作成されているとは限らない。そこで，そのような標準的ファイル形式によらない場合の取扱いについては，引き続き検討するものとされている。考えられる方法としては，書証の提出一般と同様に（2(1)参照），①原本を裁判所に持参等すること，②標準化された形式に変換してオンラインで提出すること，③紙に打ち出して提出すること等が考えられるが，①はハードディスクに保存されている場合など困難な場合があるし，②や③による場合，元の電子データと論理的には同一のものとは言えないので，特に提出命令の場合に，義務者がその義務を果たしたと言えるのか，なお問題は残るように思われる[18]。どのような対応策が可能か，難しい検討課題となろう。

Ⅲ. 書証における文書の写しの提出方法

研究会の議論ではこの点が中心的なものになっていたが，中間試案では，その一部が他の項目（総論〔第1〕や送付〔第4〕の部分）にまとめられており，ここでは文書の写しに特有の事項のみが取り上げられる形になって，そ

---

17) 中間試案第1の2(1)により「解読方法が標準化されているもの」である。
18) ただ，現行法上も，電子データに関して準文書としての提出命令が発令され，そのデータを紙面に印字して提出することを認める運用があるようである。山本和彦ほか編『文書提出命令の理論と実務〔第2版〕』（民事法研究会，2016年）148頁［須藤典明］参照。

の内容が限定されている。

1. オンラインによる写しの提出（中間試案第8の4）

(1) オンラインによる提出の可能性（第8の4(1)）

　文書，準文書については，証拠調べの事前の準備としてそれらの写しの提出が求められる（民訴規137条1項）[19]。この規定は，事前に文書等の写しが提出されることにより（証拠説明書の提出と相俟って）裁判所及び相手方当事者が事前にその内容を検討し，取調べの必要性等を吟味できるし，証拠開示の機能も期待できるため，審理の充実も図ることができるという趣旨による[20]。訴訟のIT化によれば，このような書証の事前準備としての写しの提出もオンラインで行うことが便宜に適うことは明らかであろう。ただ，民訴法132条の10はそのような可能性を認めていない。同条制定当時は，正確な電子化の手続的担保が十分にできなかったことによりこのような規律になったとも言われるが，その後の技術発展に鑑みれば，写しの正確性は紙の複写でも電子的複製でも有意な差はなく，問題にする必要はないと考えられる。そこで，写しのオンライン提出を認める提案がされている。

　この点，オンラインで提出された写しと原本の同一性については，証拠調べの際には原則として原本の提出を要するものとすれば，相手方の争う機会は保障されるので，問題はないものと解される。なお，研究会では，事件管理システムに登録している者については，オンラインにより「提出しなければならない」とされていたが（研究会報告書第8の2(2)ア参照），この点は，オンライン利用の義務化の問題に関連するので，その点の議論に委ねられている[21]。

(2) オンラインによる提出の方法（第8の4(2)）

　オンライン提出の方法は，民訴法132条の10と同じである（同条3項参

---

19) 電子データの証拠調べを認める場合は，それについても同様の規律が妥当することが想定される。
20) 秋山ほか・前掲注3)389頁など参照。なお，現行規則ではファックスによる写しの提出も可能とされている（民訴規3条）。
21) 中間試案第1の1甲案は，義務化の対象となる「申立てその他の申述」の中に「証拠となるべきものの写しの提出」が含まれることを明示している。

照）。文書である場合は，それをスキャンして電子データの形態にして，それを裁判所のサーバにアップロードすることになるものと想定される。また，電子データの場合（準文書である磁気データ等の場合も同様），同一のデータをオンライン経由で裁判所のサーバに複製すれば，写しの提出義務も果たしたことになると解される[22]。なお，研究会提案では，相手方が事件管理システムに登録しているかどうかで物理的な（紙の）写しの提出の必要性を分ける規定等もここで提案されていたが，中間試案では，この点は送付の部分（第4の1・2）にまとめて検討がされている。

2. 原本に代えた写しの提出（中間試案第8の2注）

原本に代えた写しの提出については，研究会では本文で提案されていたが（研究会報告書第8の2(1)参照），中間試案では注に落ちている。原本を証拠調べの対象とすることの基本的な理由として，文書の成立の真正（形式的証拠力）やその信用性（実質的証拠力）を判断するにおいては，文書の原本を取り調べることが最適の方法であるからと説明される[23]。ただ，それには一定の例外が認められており，前記大審院判例（Ⅱ2(3)参照）の考え方によれば，①相手方に異議がないこと，②原本の存在・成立に争いがないことを前提に，写しについて証拠調べをしても，その対象は（実際には裁判所に提出されていない）原本であるものとする考え方が浸透している[24]。これは，上記のような証拠の最適性の観点からは，上記2つの要件を満たす場合には，写しを原本に代えても問題はないという理解に基づくものと解されよう[25]。

これを一般の書証についても明文化するかは1つの問題である。研究会で

---

22) この場合，あくまでもそれは写しの提出であるため，仮にファイル形式が変更されていても問題はないとも思われるが（その趣旨に鑑みれば，当該データの裁判所・相手方にとっての可能性がより重要である），この点については，中間試案第1の2注2において，引き続き検討されるものとされている。

23) 菱田・前掲注3)60頁参照。なお，書証の申出自体を（期日ではなく）オンラインで行う旨の提案（研究会報告書104頁注2にいわゆる別案。菱田・前掲注3)63頁も参照）は，現行法の原本提出主義を根本的に転換するものであり，中間試案では検討対象にはなっていない（ただし，電子データについては，Ⅱ2(1)参照）。中間試案における「証拠となるべきものの事前の準備としての写しの提出」（第8の4）という表現ぶりはその趣旨を表しているものと解される。

24) なお，写しを原本とする場合は，証拠調べの対象はあくまでも当該写しであるのとは異なる。

は以下のような規律が提案されていた。すなわち，民事訴訟規則143条1項ただし書として「書証の申出に当たり，次に掲げる場合を除き，事件管理システムにアップロードされた書証の電子データをもって原本等に代えることができる」と規定し，その除外事由として「原本の存在又は成立に争いがある場合」と「相手方に異議がある場合」を挙げるものである[26]。ただ，電子データ以外の局面では，これは既に実務上確立した理解であり[27]，あえて立法を要しないという考え方も十分あり得る。他方，電子データについてのみ規定を設けることはやや不整合であり，まずは書証一般の規定として設けてそれを電子データにも準用するのが筋という考え方もあり得る[28]。そこで，この点は注に落としながら，引き続き検討することとされたものとみられる[29]。

---

25) ただし，学説上は，判例の要件に加えて，原本を提出できない相当な事情をも疎明させ，相当な理由が認められない場合には原本の証拠価値を消極的に評価すべき旨の見解も存在する。高田裕成ほか編『注釈民事訴訟法(4)』(有斐閣，2017年) 460頁 [名津井吉裕] など参照。

26) これが積極要件ではなく，消極要件 (除外事由) という規定ぶりとされているのは，複写精度の向上に鑑み，写しの閲読により原本の内容の正確な把握が容易になったことの反映であるとの見方がある。菱田・前掲注3)62頁参照。

27) 判例が出された (コピー等が十分普及していなかった) 戦前と比較しても，現在の複製技術の進歩に鑑みれば，この規律の妥当性はより強まっているとも言えよう。

28) また，前述のように (前掲注25)参照)，学説上この考え方に対する異論が残っているとすれば，明文規定を設ける意義は否定できないとも言える。

29) このような規律を前提にするとき，相手方の期日における異議の申述や争いによって原本の提出が必要になる可能性が残ることになるが，それはウェブ会議方式の期日においては困難になる可能性がある。その点で，事前の異議申述等を義務付ける規律も考えられるところである (この点が研究会で議論されたことにつき，菱田・前掲注3)63頁参照)。この問題は (この点の明文化と並んで) 引き続き議論の対象となり得るものと思われる。

証人尋問等におけるウェブ会議等の利用

青木哲

I. はじめに

　本稿は，民事裁判の IT 化に関する課題や論点のうち，ウェブ会議やテレビ会議システムといった映像及び音声の送受信による通話の方法（以下，「ウェブ会議等」ということがある）[1]を利用した証人尋問及び当事者尋問（以下，「証人尋問等」という）に関するものを対象とする。ただし，外国に所在する証人については扱わない。

　現行法において，証人尋問等は，受訴裁判所の面前で行われるのが原則であるが，証人等（証人及び尋問の対象である当事者）が遠隔地に居住する場合と証人が圧迫を受け精神の平穏を著しく害されるおそれがある場合に，映像等の送受信による通話の方法を利用した尋問が認められている（民訴 204 条）。映像等の送受信の技術の向上を前提に，ウェブ会議等を利用した証人尋問等の範囲を拡大することができれば，証人等が受訴裁判所に出頭する負担を軽減することができるが，他方で，裁判所や当事者が証人等と直接対面して尋問をすることの意義も主張されている。

　本稿では，まず，現行法上，証人尋問等が映像等の送受信による通話の方

---

1) 本稿ではウェブ会議とテレビ会議システムを厳密には区別しない。

法を利用して行われる場合の規律をまとめ（Ⅱ），内閣官房に設置された
「裁判手続等のIT化検討会」（以下，「IT化検討会」という）とそれに続く
「民事裁判手続等IT化研究会」（商事法務研究会）（以下，「IT化研究会」とい
う）において[2]，ウェブ会議等を利用した証人尋問等についてなされた議論
と提案を紹介する（Ⅲ）。次に，民事訴訟の審理原則と証人尋問の機能の観
点から，ウェブ会議等を利用した尋問の問題点を探る（Ⅳ・Ⅴ）。最後に，
証人尋問等の実施方法を誰が選択するのかについて述べる（Ⅵ）。

Ⅱ. 現行法[3]

1. 証人尋問等

（1） 遠隔地に居住する場合

　平成8年民事訴訟法により，証人が遠隔地に居住する場合に，テレビ会議
システムを利用した証人尋問をすることが認められた（制定時の民訴204条
〔現行204条1号〕）。この場合には，証人が健康上の理由等で遠方まで出かけ
ることが困難なことがあり，しかも，証人の重要性，出頭に要する費用等を
考慮すると，受訴裁判所に出頭させるまでもないことがある。他方で，映像
と音声により相手の表情等を認識しながら隔地者が通話をすることができ，
このような通話の方法を利用することで，遠隔地に居住する証人の負担を軽
減することができる，というのが趣旨である[4]。この規定は，当事者尋問に
も準用されている（民訴210条）。

　この方法による証人尋問等において，証人等は，尋問に必要な装置の設置
された他の裁判所に出頭する（民訴規123条1項・127条）。これは，テレビ
会議の装置が一般的に普及していない当時の現状を踏まえたものであり，証
人等が所在する場所にテレビ会議の装置がある必要があることから，装置の
ある裁判所への出頭が求められたとされる[5]。

　この方法による尋問の対象でない当事者及び当事者の訴訟代理人は，受訴

2）　山本和彦「民事裁判のIT化の経緯と課題」本書No.01〔3頁以下，6頁以下〕を参照。
3）　現行民事訴訟法の規定と法改正の経緯について，福田剛久『民事訴訟のIT化』（法曹会，
2019年）98頁～113頁，136頁～138頁を参照。
4）　法務省民事局参事官室編『一問一答新民事訴訟法』（商事法務研究会，1996年）234頁。

裁判所に出頭する（民訴規123条1項・127条）。当事者等（当事者及び訴訟代理人）が証人等の所在する裁判所において尋問を行うことは想定されていない。その理由は，この方法による尋問は証人等の出頭の負担を軽減することを目的とすること，当事者の公平を欠くことになるおそれがあること，裁判長の訴訟指揮権の行使に支障を及ぼすおそれがあること等が考慮されたためであるとされる[6]。また，一方の当事者等のみが同席する場所で証人尋問を行うと，証言がその当事者等に影響されてしまうおそれがあるとの指摘がされている[7]。

(2)　精神の平穏を著しく害されるおそれがある場合

平成19年法律第95号（犯罪被害者等の権利利益の保護を図るための刑事訴訟法等の一部を改正する法律）により，証人が圧迫を受け精神の平穏を著しく害されるおそれがあると認める場合であって，相当と認めるときは，証人の精神的不安等を軽減するために，映像等の送受信による通話の方法による尋問をすることが認められた（民訴204条2号）。この規定は，当事者尋問にも準用されている（民訴210条）。

この場合の証人等の所在場所は，受訴裁判所又は尋問に必要な装置の設置された他の裁判所である（民訴規123条2項）。証人等が受訴裁判所に出頭する場合には，証人等を法廷外の別の場所に在席させ，その別の場所と法廷とを回線で接続して，テレビモニターを介して尋問が行われる（ビデオリンク方式）[8]。

---

5) 福田剛久「証人尋問①——OA機器を用いた証人尋問」三宅省三ほか編集代表『新民事訴訟法大系——理論と実務(3)』（青林書院，1997年）30頁，34頁，竹下守夫ほか編集代表『研究会新民事訴訟法』（有斐閣，1999年）259頁以下［福田剛久発言］。なお，テレビ会議システムとして裁判所間のみの閉域的なシステムが利用されてきたことについて，IT化研究会の「第6回議事要旨」11頁［最高裁発言］，笠井正俊「e法廷とその理論的課題」法時91巻6号（2019年）16頁，17頁を参照。
6) 長野勝也「裁判手続における情報機器の活用」塚原朋一ほか編『新民事訴訟法の理論と実務（下）』（ぎょうせい，1997年）79頁，98頁。
7) 竹下ほか編集代表・前掲注5)261頁［福田発言］。
8) 小野瀬厚「犯罪被害者等の保護に関する民事訴訟法の改正について」民事月報62巻8号（2007年）7頁，8頁。

2. 鑑定人の口頭意見陳述

　関連して，鑑定人の口頭意見陳述は，鑑定人が遠隔地に居住している場合（平成8年民事訴訟法制定時には204条〔現行204条1号〕が準用されていた）だけでなく，鑑定人が多忙であるなど，裁判所が相当と認める場合にも，テレビ会議システムを利用してすることができる（民訴215条の3）。その趣旨は，鑑定人は多忙な者が多いこと，直接対面して尋問を実施すべき必要性が低いことにある[9]。

　この方法により鑑定人が意見を陳述する場合，当事者の出頭場所は受訴裁判所であるが，鑑定人の出頭場所は裁判所に限定されず（民訴規132条の5第1項），例えば，医師が必要な装置の設置された病院で陳述することが認められる[10]。

3. 少額訴訟における証人尋問

　関連して，簡易裁判所の少額訴訟では，裁判所が相当と認める場合に，音声の送受信による通話の方法（電話会議システム）を利用して証人尋問をすることが認められている（民訴372条3項）。

　当事者等の出頭場所は受訴裁判所であるが，証人の所在場所は裁判所に限定されていない[11]。当事者が証人の所在場所を明らかにして電話会議の方法による尋問の申出をする（民訴規226条1項・2項）。裁判所はその場所が相当でないと認める場合にはその変更を命ずることができる（同条3項）。

III. IT 化検討会と IT 化研究会における議論

　立法に向けた検討として，IT 化検討会と IT 化研究会における議論と提案を紹介する。

9）小野瀬厚＝武智克典編著『一問一答平成15年改正民事訴訟法』（商事法務，2004年）61頁。
10）舘内比佐志「改正民事訴訟規則等の概要」判タ1136号（2004年）4頁，12頁参照。
11）受訴裁判所に電話会議装置が設置されていれば，証人は，普通の電話機で証言できるので，別の裁判所に出頭する必要がなく，自宅や勤務先から証言できる。福田・前掲注5）36頁。

1. 裁判手続等の IT 化検討会

IT 化検討会の「裁判手続等の IT 化に向けた取りまとめ」(2018 年 3 月)(以下,「検討会取りまとめ」という)12) においては,裁判の公開原則等に留意しつつ,ウェブ会議等による人証調べの利用を,必要な範囲で拡大していくこと,裁判所が必要かつ相当と判断する事案では,当事者や証人等の関係者が,裁判所以外の場所(弁護士事務所や企業の会議室等)に所在してウェブ会議等で証人尋問等を実施することを提案している。その際には,出頭を要する関係者の負担軽減のニーズを考慮する必要がある一方,人証調べ手続は,裁判所が争点に対する心証を形成して適正な判断を行うための核心的手続であることから,適正な手続の確保,審理の充実度といった点も踏まえた実務的検討が必要であるとされた(検討会取りまとめ 14 頁)。

2. 民事裁判手続等 IT 化研究会

(1) ウェブ会議等を利用した証人尋問の要件

IT 化研究会においては,ウェブ会議等を利用した証人尋問が認められる場合を限定すべきとする意見がみられた。例えば,「実際に代理人として尋問を行う立場に立つと,現実に相対して証人尋問を行う際には,当該証人との間でさまざまな駆け引きをします。あえて一定の雰囲気を醸し出しながら尋問をしたり,さまざまな事情から法廷には出ていない事柄を,尋問者が知っていることを暗示して尋問を行うといった技を使うことは,現実に相対しているからこそできることであると思っています」という発言がされた(「第 6 回議事要旨」4 頁[委員等発言])。

検討の結果,「民事裁判手続等 IT 化研究会報告書」13)(2019 年 12 月)(以下,「研究会報告書」という)は,ウェブ会議等を利用した証人尋問が認められる場合を,現行の民事訴訟法 204 条各号の場合に加えて,証人が受訴裁判所に出頭することが困難な場合であって相当と認めるとき,及び,当事者に異議

---

12) 首相官邸の「裁判手続等の IT 化検討会」のウェブページ(https://www.kantei.go.jp/jp/singi/keizaisaisei/saiban)に掲載されている(2021 年 6 月 3 日閲覧)。
13) 公益社団法人商事法務研究会の「民事裁判手続等 IT 化研究会」のウェブページ(https://www.shojihomu.or.jp/kenkyuu/saiban-it)に掲載されている(2021 年 6 月 3 日閲覧)。

がない場合であって相当と認めるときとすることを提案している（研究会報告書第9・1(1)，112頁以下）。このうち証人の出頭が困難な場合については，基本的には客観的な事情（年齢，心身の状態など）による場合に限るとされるが，IT化研究会においては，証人が多忙であることを疎明し，相当と認める場合も含まれるという意見もみられた（研究会報告書116頁注2）。

(2)　証人及び当事者等の所在場所

研究会報告書は，証人の所在場所について，裁判所である必要はなく，場所的な限定を設ける必要はないが，通信環境が整備され，また，不当な第三者による影響の排除が担保されている必要があるとしている（研究会報告書第9・1(2)，114頁以下）。

当事者等の所在場所について，当事者の一方のみが証人と同じ場所に所在して尋問を行うことは，証人に対して一定の影響を与えるおそれがあることから，他の当事者が同意した場合に限る旨の意見が指摘されたが（「第14回議事要旨」29頁［委員等発言］），研究会報告書は，問題点を指摘しつつ，裁判所の裁量的判断に委ねることとしている（研究会報告書116頁注3）[14]。

(3)　当事者尋問

研究会報告書は，当事者尋問について，証人尋問との差異を強調することは相当でないことから，証人尋問と同じ規律とすることとしている（研究会報告書第9・2，117頁以下）。

Ⅳ. 審理原則との関係

ウェブ会議等による証人尋問等の利用範囲を拡大する際には，公開主義や直接主義などの審理原則により実現されるべき利益や価値との関係を改めて確認する必要がある。

[14) IT化研究会の「報告書」に対する日本弁護士連合会「『民事裁判手続等IT化研究会報告書——民事裁判手続のIT化の実現に向けて』に対する意見書」（2020年6月18日）22頁以下も参照。同意見書は，日本弁護士連合会のウェブページ（https://www.nichibenren.or.jp/document/opinion/year/2020/200618.html）に掲載されている（2021年6月3日閲覧）。

1. 公開主義

　公開主義とは，訴訟の審理及び裁判を一般公衆が傍聴し得る状態でする原則をいう[15]。憲法 82 条 1 項が定める原則であり，その趣旨は，「裁判を一般に公開して裁判が公正に行われることを制度として保障し，ひいては裁判に対する国民の信頼を確保しようとすることにある」とされる（最大判平成元・3・8 民集 43 巻 2 号 89 頁〔レペタ法廷メモ訴訟〕）。

　テレビ会議システムによる証人尋問について，受訴裁判所の法廷において傍聴人が映像と音声により証人等の証言を傍聴できれば公開の要請を満たし，証人等が証言する場所を公開する必要はないとされている[16]。刑事訴訟について，最高裁平成 17 年 4 月 14 日判決（刑集 59 巻 3 号 259 頁）は，証人の精神的圧迫を回避するためにビデオリンク方式（現行刑訴 157 条の 6 第 1 項）によることとされ，証人と傍聴人の間に遮へい措置（現行刑訴 157 条の 5 第 2 項）が採られた場合であっても，審理が公開されていることに変わりはないと判示している。裁判の公開は，一般公衆の傍聴により裁判が公正に行われることを確保できるような状態にあれば足り，遮へい措置により傍聴人から証人の姿が見えず，ビデオリンク方式により証人が傍聴人と同じ部屋にいないという場合であっても，審理の状況は十分把握できるから，その要請を満たすとされている[17]。

　もっとも，ウェブ会議等を利用した証人尋問等について，傍聴人が尋問の音声を聴くことのできる状態にあれば公開主義に反しない[18]といえるのかは検討を要する。傍聴人が審理の状況を把握できるようにするために，原則として，傍聴人が映像と音声により証言を視聴し得る状態にあることが要請されているというべきであろう[19]。

15）新堂幸司『新民事訴訟法〔第 6 版〕』（弘文堂，2019 年）509 頁。

16）福田・前掲注 5）35 頁。

17）山口裕之・最判解刑事篇平成 17 年度 89 頁。

18）笠井・前掲注 5）19 頁は，映像が映し出されなければ違憲であるとまではいえないとする。

19）少額訴訟における電話会議システムによる証人尋問（民訴 372 条 3 項）は，音声の送受信による通話の方法により行われるので，法廷の傍聴人がその音声を聴くことのできる状態にあれば公開主義の要請を満たすと考える。

2. 双方審尋主義（双方対席主義）

双方審尋主義とは，裁判所は必ず当事者の双方から弁論を聴き，証拠調べの申出を受けなければならないという原則をいう。双方対席主義ともいい，当事者には，互いに相手方の弁論の場に立ち会うこと，すなわち，口頭弁論期日に立ち会う機会が保障される[20]。証拠調べにおいても，当事者は，それに立ち会う権利が認められる[21]。ウェブ会議等を利用した尋問においては，受訴裁判所における（又は，ウェブ会議等を利用した）立会いが保障されれば十分であり，証人の所在場所での立会いが保障される必要はない。ただし，一方当事者が証人の所在場所で尋問をする場合には，相手方当事者にもその場所での立会いが認められるべきではないかが問題になる。

3. 直接主義

直接主義とは，弁論の聴取や証拠調べを，判決をする受訴裁判所が自ら行う原則をいい，他の者の審理の結果の報告に基づいて裁判をする間接主義に対する。直接主義の長所は，判決をする裁判所が審理をすることで，事案の真相を把握するのに優れていることにある[22]。受命裁判官又は受託裁判官による裁判所外の証人尋問等（民訴195条・210条）が直接主義の例外であるのに対して，受訴裁判所が行うウェブ会議等を利用した尋問は，証拠方法である証人等との間に介在する者がいるわけではない。この方法による尋問においては，受訴裁判所の裁判官は，映像と音声の送受信を通じて画面越しに証人等と対面することになるが，自ら，リアルタイムに尋問をし，証言を聴取し，その態度を観察するのであるから，直接主義の要請を満たしている[23]。

他方で，従来，受命裁判官等による裁判所外の尋問や書面尋問（民訴205条）が行われた場面においては，ウェブ会議等を利用して受訴裁判所が尋問を行うようになることで，直接主義が実効化されるという側面もある[24]。

---

20) 高橋宏志『民事訴訟法概論』（有斐閣，2016年）135頁。
21) 石川明「証拠に関する当事者権」新堂幸司編集代表『講座民事訴訟(5)証拠』（弘文堂，1983年）1頁，20頁以下。
22) 新堂・前掲注15)519頁。
23) 竹下ほか編集代表・前掲注5)262頁［青山善充発言，竹下発言］。

4. 口頭主義

　口頭主義とは，書面主義に対して，弁論及び証拠調べを口頭で行う原則をいう。口頭主義の長所として，陳述から受ける印象が鮮明で，事案の真相を把握しやすいこと，証人と直接対面しているので，曖昧な陳述をその場で確かめ，無駄な陳述を制止できるなど，臨機応変に対応できること，公開主義や直接主義と組み合わせやすいことが挙げられる[25]。また，証人尋問等において，証人等は，書面に基づく陳述が禁止され（民訴 203 条），口頭で記憶に基づく生き生きとした陳述をすることが要請される[26]。ウェブ会議等を利用した尋問においても，質問や供述が口頭で行われることに変わりないが，裁判官が証人等と画面越しで対面することになるので，証人等の口頭での陳述から受ける印象が不鮮明になるおそれがある。

V. 証人尋問の機能への影響

　ウェブ会議等により証人尋問等を行うことは，その機能にどのような影響を与えるだろうか。平成 8 年民事訴訟法が施行された頃に公表された菅原郁夫「証人尋問（その二）」早稲田法学 74 巻 2 号（1999 年）498 頁が参考になるので，ここで紹介する。

　同論文によると，証人尋問には，それが証人を対象として尋問によってその記憶から証言を引き出すものであることから，証言の内容の正確性に疑問があるという質的正確性の問題と，証言の内容に不足する点や不明な点があるという量的正確性の問題がある。このため，証人を直接観察することで表情や態度も含めてその証言の正確性を確認し，証言の不足や不明確さをその場で質すことによって，質的正確性と量的正確性の両側面から証言内容の信憑性が検討，評価される必要がある（同論文 497 頁以下）。

　テレビ会議システムを利用することが証人尋問の機能に与える影響には，①裁判官の心証形成への影響，②尋問者の反対尋問の行使への影響，③証人

24）杉山悦子「民事訴訟法の視点——『裁判の IT 化』を考える」法教 475 号（2020 年）32 頁，36 頁。
25）新堂・前掲注 15）516 頁。
26）杉山悦子『民事訴訟法　重要問題とその解法』（日本評論社，2014 年）15 頁。

の証言への影響がある。①裁判官の心証形成への影響として，質的正確性評価について，表情や態度の観察は可能であるが，画面を通じて尋問を行うことで，信憑性の評価の基礎となっていた情報が欠落してしまう可能性がある（同論文 500 頁）。②尋問者の反対尋問の行使への影響として，証言の質的正確性のチェックのために，矢継ぎ早の質問や目を見据えての質問など，迫力や緊張感を伴う尋問が必要な場面があるが，距離感がなく臨場感に欠けるテレビ会議システムではそれが難しい可能性がある（同論文 500 頁以下）。③証人の証言への影響として，直接対面して行う尋問に比べ，証人の緊張感が緩み，正確性を欠く供述や偽証が容易になる可能性があるが，他方で，緊張によりうまく質問に答えられない証人から証言を引き出すのには有効な面もある（同論文 501 頁），という。

　同論文が示すように，映像等の送受信による通話の方法による尋問は，間の取り方，視線の交錯，距離感，迫力や緊張感，臨場感といった点で，直接対面して行う尋問とは異なり，証言の質的正確性の検討，評価に難点がある。もっとも，このような難点は，ウェブ会議等の技術の進展やその利用の普及によって，ある程度解消される可能性はある。

VI. 証人尋問の実施方法の選択

　当事者から証拠調べの申出（民訴 180 条）がされた証拠方法のみが証拠調べの対象となるのが原則である（職権証拠調べの禁止）が，申出に対して証拠調べをするかどうかは裁判所の判断に委ねられている（民訴 181 条 1 項）。特定の証人等に対する尋問の申出がされ，証拠調べが実施される場合，誰の判断によりウェブ会議等による尋問が選択されることになるのだろうか。

　現行法においては，民事訴訟法 204 条各号の要件の下で，証人尋問をテレビ会議システムにより実施することは，証拠調べの実施方法についての判断として裁判所の裁量に委ねられるが，当事者の利害に関わる面があることから，当事者の意見を聴取しなければならず[27]，同条 2 号の場合（精神の平穏を著しく害されるおそれがある場合）には，証人の意見も聴取しなければなら

---

27) 最高裁判所事務総局民事局監修『条解民事訴訟規則』（司法協会，1997 年）（以下『条解民事訴訟規則』として引用する）267 頁。

ない（民訴規123条1項・2項）。少額訴訟において電話会議システムによる証人尋問を行うには当事者の申出を要する（民訴規226条1項）[28]のに対して、民事訴訟法204条に基づくテレビ会議システムによる尋問には当事者の申出は必要ない。他の証人尋問等の実施方法のうち、受命裁判官等による裁判所外の尋問は、同法195条1号から3号の場合のほかは、直接主義の要請に配慮して[29]裁判所が相当と認めることに加え、当事者の異議がないことが要件とされている（民訴195条4号）。同法205条の書面尋問は、裁判所が相当と認めることに加え、反対尋問の機会を失う当事者の利益に配慮して[30]、当事者の異議がないことが要件とされている。

　前述したように、検討会取りまとめでは、ウェブ会議等を利用することで、証人等の負担軽減のニーズを考慮する必要があるとされた。研究会報告書は、ウェブ会議等を利用した証人尋問等について、証人の出頭困難の場合と、証人の精神の平穏が著しく害されるおそれがある場合に、裁判所の判断により行うことを認め、それ以外の場合は、裁判所が相当と認め、当事者の異議がないことを要件とすることを提案している。

　ウェブ会議等を利用した尋問には前述のような難点があるが、証人の客観的な信頼性が高く、証言の質的正確性の検討、評価が重要ではない証人については、この方法による尋問により証人等の裁判所への出頭の負担を軽減することができる。しかし、証言の質的正確性の検討の重要性を裁判所が事前に判断することには限界がある[31]ので、この方法による尋問の実施を裁判所の裁量に委ねることはできない。この方法による尋問では当事者の反対尋問の行使が制約され得ることから、原則として、当事者の異議がないことが要件とされるべきであろう。

　これに対して、証人等の出頭困難の場合のように、証人等の事情により、

---

28) 電話会議システムによる証人尋問は、証人の顔や様子を見ることなく音声の送受信のみを通じて尋問が実施されるため、当事者の訴訟活動に影響を与え、一般市民である少額訴訟の利用者が不安を覚えることもあることから、当事者の申出があるときのみ実施することとされた。『条解民事訴訟規則』464頁。

29) 法務省民事局参事官室編・前掲注4)230頁。

30) 法務省民事局参事官室編・前掲注4)235頁以下。

31) 本間学「ドイツにおける民事訴訟のIT化とその訴訟原則に与える影響」金沢法学61巻2号（2019年）197頁、229頁参照。

当事者の異議があるとしても，ウェブ会議等を利用すべき場合もある。どのような場合（例えば，証人等が高齢，病気の場合のほか，業務や家族の養育・介護などで多忙な場合）にこの方法による尋問を実施するのかは，法律で一般的に定めた上で，裁判所が具体的な証人等の事情とウェブ会議等を利用することの相当性を考慮して判断することになる。

Ⅶ. おわりに

　本稿では，主として，受訴裁判所の法廷に裁判官と当事者等が出頭することを想定したが，当事者等がウェブ会議等により尋問を行うことも考えられる（研究会報告書116頁注3）。また，双方の当事者等は証人等の所在場所において尋問を行うが，受訴裁判所はウェブ会議等を利用して尋問に関与すること（IT化研究会「第6回議事要旨」7頁以下参照）や，受命裁判官等による裁判所外の尋問に，受訴裁判所の他の裁判官がウェブ会議等を利用して関与すること（IT化研究会「第14回議事要旨」24頁以下参照）も考えられ，これらの方法によれば，当事者等は証人等に直接対面して，尋問が行われることになる。

【追記】

　民事訴訟法(IT化関係)等の改正に関する中間試案（以下，「中間試案」という）は，ウェブ会議等を利用した証人尋問等について，現行民訴法204条1号の「証人が遠隔の地に居住するとき」という要件を，「証人の住所，年齢又は心身の状態その他の事情により，証人が受訴裁判所に出頭することが困難であると認める場合であって，相当と認めるとき」に広げるとともに，裁判所が「相当と認める場合において，当事者に異議がないとき」にも，行うことができることを提案している（中間試案第9の1(1)）。これは，ウェブ会議等により証人尋問を行う場合に，現実に相対して行う場合と同様の心証形成が可能であるのかについて慎重な検討が必要であることなどから，ウェブ会議等により証人尋問を行うことができる場合を限定した現行民訴法204条の考え方は基本的に維持することが相当であるとしつつ，ウェブ会議等における音声や映像の品質が飛躍的に向上していることから，ウェブ会議等による証人尋問を行うことができる場面を拡大することを提案するものである

（民事訴訟法（IT 化関係）等の改正に関する中間試案の補足説明〔以下，「補足説明」という〕78 頁以下）。

　次に，ウェブ会議等を利用した証人尋問を実施する場合における証人の所在場所について，証人が一方当事者やその関係者と同じ場所に所在する場合には，証人に対する不当な影響が生ずるおそれがあることから，他方当事者又はその代理人の在席する場合，他方当事者に異議がない場合，裁判所が相当と認める場合を除き，一方当事者又はその代理人，親族若しくは従業者の在席する場所でないことを要件とし，また，通信環境やプライバシーの確保などの考慮をする必要があることから，適正な尋問を行うことができる場所として最高裁判所規則で定める要件を具備する場所であることを要件とすることを提案している（中間試案第 9 の 1(2)，補足説明 79 頁以下）。

　さらに，裁判所が相当と認める場合には，当事者の意見を聴いて，ウェブ会議等を利用して裁判所外における証拠調べを行うことができること，及び，合議体の裁判所が裁判所外における証拠調べをする場合において，相当と認めるときは，合議体の構成員の一部が他の場所（裁判所内が想定されている）においてウェブ会議により手続を行うこと（ハイブリッド方式）ができることを提案している（中間試案第 10 の 3）。補足説明によると，ハイブリッド方式による手続は，合議体の構成員の一部が証拠方法を直接確認することができることから，ウェブ会議等により証拠調べを行う場合の要件（民訴 204 条等）を具備する必要はなく，合議体の構成員の全員が証拠調べの手続に関与することができる点で，直接主義の観点からより望ましいことから，受命裁判官により証人尋問を行う場合の要件（民訴 195 条）を別途具備する必要はない。また，ハイブリッド方式の手続の法的性質については証拠調べの期日における手続であるとの位置付けと口頭弁論の期日における手続であるとの位置付けがあり得るところであり，引き続き検討を要する，とされている（補足説明 86 頁以下）。

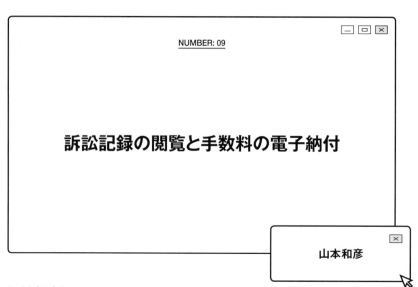

I. はじめに

　本章では，理論的にはやや付随的な問題であるが，実際上は重要な意義を有するものとして，訴訟記録の閲覧等の問題と手数料の電子納付等の問題を取り上げる。いずれも e 事件管理（e-Case Management）の延長線上にある問題と言える。

II. 訴訟記録の閲覧・謄写

1. 問題の所在

　訴訟記録の閲覧に関する現行法の規律は，物理的に裁判所に存在する訴訟記録（紙の記録）につき，何人でもその閲覧が可能とされる（民訴 91 条 1 項）。訴訟記録の一般公開であり，裁判の公開主義（憲 82 条）の 1 つの系と理解されている[1]。他方，訴訟記録の謄写については，当事者のほか，利害関係を疎明した第三者にその対象を限定する（民訴 91 条 3 項）。さらに，現行法（平成 8 年改正）で導入された制度として，訴訟記録の閲覧等制限決定がある（民訴 92 条）。これは，プライバシーや営業秘密を保護するため，第三者に

---

1) したがって，公開が禁止された口頭弁論に係る記録については，当事者のほか，利害関係を疎明した第三者に閲覧対象を限定している（民訴 91 条 2 項）。

対する訴訟記録の閲覧を制限する制度である。ただ，当事者に対してはそのような制限の制度は存しない。当事者は，訴訟における手続権の保障のため，全ての訴訟記録にアクセス可能であることが前提となっている。ただ，第三者への閲覧等が制限された部分については，解釈上，当事者にも私法上の秘密保持義務が課されるものと解されている[2]。

　以上を前提に，今回のIT化で訴訟記録の閲覧・謄写をどのように考えるかが問題となる。今次改正により，訴訟記録の全面電子化が前提となるところ，訴訟記録の物理的所在を前提とした裁判所における閲覧謄写の仕組みは必然的なものではなくなる。技術的にはインターネット等を経由した閲覧や記録のダウンロードという形での複写も可能になるからである。そして，それが実現すれば，関係者の利便性は極めて大きなものになろう。他方，逆に当事者の立場からみれば，プライバシーや企業秘密の開示のおそれが拡大することになり，どこまでそのような方法を認めるかが大きな課題となる。加えて，電子的な形で記録が開示されると，情報拡散のおそれも高まることになり，何らかの対処が必要になるとの問題意識が生じることになる。

2. 研究会報告書の提案

　以上のような訴訟手続のIT化に伴う訴訟記録の閲覧制度等のあり方に関する課題について，民事裁判手続等IT化研究会（以下「研究会」という）の提案は，以下のようなものである。

(1) 当事者による閲覧等

　まず，事件管理システムの利用の登録をした当事者については，いつでもインターネット経由での訴訟記録の閲覧及び複製（ダウンロード）を可能とする（研究会報告書第12の1(1)）。これにより，当事者は記録の閲覧謄写のため裁判所に一々行く必要はなくなり，いつでもどこからでもアクセスが可能となり，当事者の利便性は大きく高まることになる。また，当事者のみを

---

2)「訴訟追行以外の目的に無断で使用してはならないという私法上の義務を負うものと考えられ」，その秘密を第三者に漏らしたり，無断で使用したりした場合は「民法第709条の不法行為が成立し，損害賠償義務を負うことになると考えられ」るとされる（法務省民事局参事官室編『一問一答新民事訴訟法』〔商事法務，1996年〕98頁参照）。同旨の見解として，兼子一原著＝松浦馨ほか『条解民事訴訟法〔第2版〕』（弘文堂，2011年）380頁以下［高田裕成］など参照。

対象とするのであれば、それによる弊害も小さいと考えられる[3]。なお、訴訟終結後の閲覧等をいつまでも可能とすると、システムの容量の点から問題があるので、一定期間経過後は裁判所書記官への請求を求めるものとする考え方が提示されている（研究会報告書第12の1(6)）[4]。

他方で、IT に習熟しない当事者への配慮も当然必要となる。したがって、オンラインに一本化するのではなく、裁判所における閲覧・謄写等という現在の方法についてもなお維持するものとされる（研究会報告書第12の1(4)）。ただ、訴訟記録自体は電子化されているので、裁判所に所在する端末で（裁判所職員等の援助を得ながら）閲覧し、記録媒体にダウンロードすることが想定されている。

(2) 当事者以外の第三者による閲覧等

次に、当事者以外の第三者の閲覧・謄写については、基本的に現行法と同様の規律が提案されていた（研究会報告書第12の1(2)）。すなわち、全ての者について裁判所書記官に請求した上で裁判所のパソコンにおける閲覧を認め、利害関係の疎明がある場合には謄写を書面で行うものとする。これに対し、第三者にも一般にオンライン閲覧を認める意見もあったが、訴訟記録にはプライバシー情報等が多く含まれており、国民意識として抵抗が少なくないとして研究会は否定的であり、またダウンロードまで認めることは情報拡散のおそれから相当でないとされた。

(3) 閲覧等制限決定があった場合の当事者の秘密保持制度

訴訟記録の当事者によるダウンロードが可能となると、当事者が閲覧等制限決定のある秘密記載部分をも含めてオンライン上にアップロードしてしまうおそれが生じる。その意味で、記録が電子化されているため、現行法よりも容易に情報拡散のリスクがある。そして、情報が一般に拡散してしまうと、第三者の閲覧等を制限した制度の意味が失われる。もともと閲覧等制限決定の制度創設時にも、当事者から第三者への拡散を懸念し、刑事罰等で担保さ

---

3) なお、当事者の秘密保持義務の問題については、本文(3)参照。また、利害関係を疎明した第三者も同様の扱いとするかについては、引き続き検討するものとされた。
4) ただし、この点は今後開発される事件管理システムの内容等を踏まえて引き続き検討するものとされた。

れた秘密保持義務の創設の議論があった[5]。しかし，最終的にはこの点の規律は断念された[6]。また，仮に制度を設けるとしても，企業内での情報共有の必要性等に鑑み，制限の人的範囲等についても議論があり得るところである。

　以上のような点を考慮して，研究会の提案は，「当事者は，秘密記載部分をみだりに開示してはならない」という一般的条項を設けるとした（研究会報告書第12の2）。反対の強い刑事罰までは設けない一方，私法上の義務を負う旨の解釈を明文化して抑止的効果に期待するとともに，正当な理由がある場合には義務違反にはならない点を明らかにするものである。そして，それ以上の具体的適用の問題は引き続き解釈に委ねる趣旨とされた。

3. 部会における議論と中間試案の概要

　以上のような研究会の提案について，法制審議会民事訴訟法(IT化関係)部会（以下「部会」という）でも引き続き議論されている。基本的には研究会と同方向の議論であるが，ただ大きく変わった部分として，第三者のオンライン閲覧を認めるかどうか等の点がある。以下で簡単にその議論の状況を紹介する。

(1)　当事者による閲覧等

　当事者については，いつでも[7]オンラインでの閲覧及びダウンロードを認めるとの研究会提案を基本的に維持している（中間試案第12の2(1)）[8]。ただ，当事者に類似するものとして，補助参加人については若干の議論があり，

---

5) 現行法制定時の「民事訴訟手続の改正検討事項」においては，裁判所による秘密保持命令とその違反に対する刑事罰を含む制裁規定を設ける旨の考え方が示されていた。法務省民事局参事官室編『民事訴訟手続の検討課題』別冊NBL 23号（1991年）25頁参照。

6) ただし，その後，個別分野において，特許法上の秘密保持命令の制度が導入されている（特許105条の4など参照）。これについては，一般法化の議論はあるものの（山本和彦『民事訴訟法の現代的課題』〔有斐閣，2016年〕392頁以下など参照），依然として異論は強い。

7) ただ，事件完結後一定期間を経過したときは，オンライン閲覧等を制限するものとされるが（中間試案第12の3），その具体的な在り方は裁判所の構築するシステムと密接に関連することになろう。

8) なお，裁判所における閲覧に関しては，当事者・第三者を問わず，現行法の規律が維持される方向である。中間試案第12の1参照。ただ，第三者による和解調書等の閲覧等の制限（同注3参照）などに関しては，引き続き検討されることになる。

補助参加申出を濫用して，第三者が訴訟記録を閲覧等する場合に係る対応の必要性が論じられている。そこで，補助参加人が確定的に訴訟行為をすることが可能となるまでの間，当事者の資格での閲覧等を制限する措置等が検討されている（中間試案12の1注2参照）。

(2) 当事者以外の者による閲覧等

まず，利害関係を疎明した第三者については当事者と同等の扱いとすることに異論は少なく，インターネット閲覧・ダウンロードを認める方向である（中間試案第12の2(2)）。これに対して，利害関係のない第三者については激しい議論があり，中間試案は，結局，両論併記の形となっている（同(3)参照）。すなわち，閲覧できる訴訟記録の範囲を限定（具体的には，訴状，準備書面，期日調書，判決書等に限定）しながら，インターネット閲覧を認める甲案に対し，インターネット閲覧は一切認めない乙案の提示という形となっている。

一方では，公開主義の徹底と第三者の利便性（例えば，自己の事件と類似した事件での当事者の訴訟戦略や裁判所の判断傾向等の分析などに活用するためインターネット閲覧するなど），他方では，インターネット公開による弊害，すなわち閲覧制限の範囲外ではあるが，当事者が第三者に知られたくない情報（交渉過程，社内発言，プライバシー等）が第三者に広く開示されるおそれがあると，提訴そのものを躊躇するおそれ等が指摘されている。甲案は，可及的に公開のニーズに適合しながら，それによる弊害を防止するため，対象となる記録の範囲を限定するものであるが，これで弊害防止に十分かはなお議論があり得，弊害の点を重視すれば，乙案となる。パブリック・コメントを踏まえた議論が更に必要と考えられよう[9]。

---

9) なお，この問題は民事判決のオープンデータ化の議論とも密接に関係する。これは，民事判決を匿名化して，検索機能等を付加して広く一般にその利用を可能にするプロジェクトである。民事司法制度改革推進に関する関係府省庁連絡会議の取りまとめ「民事司法制度改革の推進について」（2020年3月）やODR活性化検討会の取りまとめ「ODR活性化に向けた取りまとめ」（2020年3月）を受けて，現在，日弁連法務研究財団のプロジェクトとして現実化が検討中とされる。仮にこれが実現すれば，判決については上記のニーズに応えることが可能となり，ここでの問題は，訴状・準備書面等まで含めてオンラインでアクセスするニーズとそれによる弊害の対比ということになろう。

(3) 閲覧等制限決定に伴う当事者の義務

　この点も基本的には研究会提案と同旨である（中間試案第12の4）[10]。当該訴訟の追行以外の利用目的で正当なものの範囲や，列挙されている者以外の者で開示が正当とされる者の範囲等については更に検討が必要とされるが，そもそもどこまで条文で明らかにするかも問題であろう[11]。

Ⅲ. 手数料の電子納付

1. 問題の所在

　現行法の規律として，訴訟手数料の納付については，原則として印紙によるものとされる（民訴費8条本文）。例外的に現金納付が可能であるが（同条ただし書），それは納付額が100万円を超える場合とされている（民訴規4条の2）。また，送達費用については，郵券による納付が可能とされ（民訴費13条），実務上はこれが原則化されている。ただ，従前からその合理性には疑義も呈されてきた[12]。

　今回のIT化を前提にすると，印紙や郵券は時代遅れの感を否めないことは明らかであろう。訴状等が電子データになったときにはそもそも印紙を貼付することはできないし，送達についてもシステム送達が可能になるとすると，郵券は不要となる。そこで，手数料のオンライン納付や手数料の一本化（郵送費用別建ての廃止）等の可能性が検討されるべきことになる。

---

10) この義務の性質について，部会での審議の過程では「公法上の義務」とする旨の提案もあったが，それにどのような意味があるのかは必ずしも明らかではない旨の指摘もあり，中間試案では特にその点に言及していない。

11) なお，特定の情報については相手方当事者であっても閲覧等をできないようにする可能性も示唆されている（中間試案第12の4注2参照）。例えば，DV被害等のおそれのある場合の当事者の住所情報等の秘匿の問題である。この点は，実務上は重要な問題であり，部会でも議論されたが，具体的な成案には至らず，引き続き検討するものとされている。

12) 従来の改正論については，民訴費用制度等研究会の議論が重要である。これについては，「民訴費用制度等研究会報告書」ジュリ1112号（1997年）57頁（特に送達費用については，同63頁以下）参照。

2. 研究会報告書の提案

(1) 電子納付一本化

研究会では，オンラインによる訴え提起の場合には，提訴手数料やそれ以外の費用（保管金）について，現金の電子納付等オンラインを利用する方法に一本化する旨が提案された（研究会報告書第 17 の 1）。それがオンライン申立てをする当事者の意思に適うこと，また夜間休日等でも納付が可能になるという当事者の利便性を重視したものであり，異論は少なかった。この場合，具体的な電子納付の方法としては，現在も既に保管金で利用可能とされているペイジーの利用が想定されている。これによれば，インターネットバンキングのほか，郵便局や金融機関の ATM も利用でき，口座を持っている必要もないとされるため，利便性が高い。他方で，クレジットカードによる支払は検討課題とされる。その利便性は高いと思われるが，実際のニーズの程度，システム導入の費用対効果，付加される手数料の問題等の課題もあるからである。

また，例外的に書面提訴がされる場合にも，費用については電子納付に一本化する旨が提案された（研究会報告書第 17 の 3）。紙の訴状を提出する場合は印紙によることも可能ではあるが，当事者の負担や裁判事務の合理化の観点から納付方法を完全に一本化する方向が望ましいとの政策判断による。上述のようなペイジーの利便性からすれば，それによって当事者の便宜や裁判を受ける権利を特に害するものではないと考えられるからである。ただ，「原則として」とするのは，刑事施設被収容者等ペイジーのシステムにアクセスできないような者も少数ながら存在し，その者に係る例外を認める趣旨である。

なお，オンライン申立てと書面申立てが併存する場合，前者に手数料額でインセンティブを付与する可能性も提案された。オンライン申立てを促進する政策的配慮とともに，実際にオンライン申立てによって訴訟手続に要する費用が減少するとすれば，一定の合理性のある提案であるが，どの程度の金額の格差を設けるかは問題となろう。

(2) 送達費用の手数料への一本化

次に，送達費用につき郵券納付の規律も廃止し，これに相当する費用額を提訴手数料に組み込む旨が提案された（研究会報告書第 17 の 2）。郵券の取扱

いは，当事者にとっても裁判所にとっても煩雑であり，この提案によって，郵券の購入，持参，保管，還付等の負担から当事者及び裁判所を解放する趣旨である。また，IT化（システム送達・直送等）によって書面のやりとりをする機会が大きく減少する見込みである点もその理由とされる。その場合の問題はやはり，郵送費用を組み込んだ場合の手数料の水準の点である。現行の郵券相当額をそのまま手数料に上乗せすることは，前記のような理由から相当でないとすれば，送達すべき場合がどの程度減少するかを見通しながら，当事者間に不公平が生じないような負担額を検討していく必要があろう。

3. 部会における議論と中間試案の概要

　部会の審議においても，基本的に研究会の提案を維持する方向で，制度の細部が詰められているが，中間試案においては，新たな提案として訴訟費用の範囲を整理する旨も示されている。

(1) 電子納付一本化

　手数料の電子納付への一本化については，研究会提案が維持されている（中間試案第16の1）。そこでは，やはりペイジーによる納付方法に一本化する旨が提案されている。書面申立ての場合も同じであり（同第16の3），「やむを得ない事情があると認めるとき」にはその例外が認められるが，その趣旨はやはり在監者等を想定したものとされる。

(2) 郵便費用の手数料への一本化

　郵送費用の手数料への一本化についても，やはり研究会の提言が維持されている（中間試案第16の2）。各申立ての手数料に郵便費用をどのように組み込むかについては，郵便利用の変化の見通し等を踏まえて，引き続き検討するものとされる（同注前段）。また，オンライン申立てと書面申立ての手数料に差異を設け，オンライン申立てに経済的インセンティブを付与して促進する可能性についても引き続き検討するものとされる（同注後段）。

(3) 訴訟費用の範囲の整理

　法制審議会段階での新たな提案として，訴訟費用の範囲の整理の問題がある（中間試案第16の4）。これは，手続のIT化を契機として，訴訟費用の種類や裁判権限に関して一定の整理を図るものである。

　まず，出頭費用（旅費，日当及び宿泊料。民訴費2条4号・5号）の訴訟費用

からの除外の提案がされる（中間試案第 16 の 4(1)。そもそも改正するかどうかにつき両論が提示されている）。口頭弁論も含んで，ウェブ会議システムによる出席が可能になれば，当事者の現実の出頭は必然的なものではなくなるため，訴訟費用から除外する可能性があるとの問題意識である（一方がオンライン出席，他方が現実出頭を選択する場合，後者のみが費用償還を求めることができるのはバランスを欠くとの配慮もある）。しかし，これに対しては，ウェブ会議が可能になってもやはり現実の出頭が原則である（当事者には出頭の権利がある）こと，少なくとも裁判所が当事者の出頭を求める場合があること等からすると，訴訟費用から除外することには反対の意見も示されている。

　次に，訴状その他の申立書の作成・提出の費用（民訴費 2 条 6 号）の訴訟費用からの除外の提案がされる（中間試案第 16 の 4(2)。そもそも改正するかどうかにつき両論が提示されている）。申立書の電子作成及びオンライン提出が原則になるとすれば，このような費用は必然的なものではなくなるため，訴訟費用から除外する可能性があるとの問題意識である（一方がオンライン提出，他方が書面提出を選択する場合，後者のみが費用償還を求めることができるのはバランスを欠くとの配慮もある）。しかし，これに対しては，電子的なものであっても作成費用は同等にかかるなどとして反対の意見も示されている。

　最後に，過納手数料の還付等（民訴費 9 条 1 項・3 項・4 項）や証人等の旅費・日当・宿泊料の支給（民訴費 21 条〜24 条）の書記官権限化の提案がされる（中間試案第 16 の 4(3)）。IT 化に伴う裁判官と裁判所書記官の役割分担見直しの一環であり，これらの判断は形式的なものであり，実質的な判断の要素が小さいことに基づく[13]。

---

13) なお，訴訟費用額確定の申立て（民訴 71 条）に一定の期限を設けることについて，引き続き検討するものとされる（中間試案第 16 の 4 注）。現状は訴訟終了後いつまでも申立てが可能であるが，その合理性には疑問もあるとの問題意識による。これまでは確定申立て自体が少なく問題が顕在化しなかったが，今後当事者の権利意識の高まりで申立てが増加すると，現実に問題が生じるとの懸念に基づく。

民事訴訟のIT化を実現する
システムとセキュリティ

湯浅墾道

I. はじめに

　法制審議会第 186 回会議（2020 年 2 月 21 日開催）において，「民事裁判手続の IT 化に関する諮問第 111 号」が諮問され，民事訴訟法（IT 化関係）部会を新設して同部会に付託して審議することとされた。同部会は 2020 年 6 月 19 日に第 1 回会議を開催し，以後 1 ～ 2 カ月に 1 回というペースで民事訴訟 IT 化の実現に向けた審議を進めている。ここに至る経緯については既に多くの文献があるので本稿では割愛するが，民事訴訟の IT 化の必要性とその実現にあたっての具体的課題は，既に 20 年前から指摘され[1]，裁判所自らも電子化を試みたほか，研究者による実証実験も行われていた[2]。

　研究者による実証実験としては，司法制度改革と先端テクノロジィ研究会による「サイバーコート」，法のライフライン・コンソーシアムによる「法律サービスにおける ICT 利活用推進に向けた調査研究」が行われている。前者は電子的に進行する民事訴訟をサイバーコートと名付けてその実現に向けた研究を行い，桐蔭横浜大学にある旧・横浜地方裁判所陪審法廷において

---

[1] 笠原毅彦「ネットワークと法の中心課題(19) 民事訴訟の IT 化とその課題」判タ 1127 号（2003 年）82 頁などを参照。
[2] 町村泰貴「IT の発展と民事手続」情報法制研究 2 号（2017 年）38 頁参照。

実証実験を行った。後者は，前述のサイバーコートの研究成果を継承しつつ，当時九州大学箱崎キャンパスにあった法科大学院の模擬法廷教室と福岡県糸島市にある前原公民館をインターネット経由で接続し，遠隔審理を実現する際の課題や訴訟の諸手続に関する書面の提出・受理の電子化や訴訟進行管理の電子化について検証する実証実験を行うものであった。

　筆者はどちらの実証実験も実見する機会を得たが，当時の通信環境や技術では，動画を安定的に送受信することに課題があり，通信状態によっては音声のハウリングやこだまも発生することがあった。スマートフォンで簡単にテレビ会議に参加することができ，大人数の学生に対するリアルタイムの遠隔講義すらタブレットやパソコンで行うことができる今日とは，隔世の感がある。

　しかし，当時の実証実験を取り巻いていた環境と今日のそれとの間で最も異なるのは，セキュリティの問題であろう。当時の実証実験でもセキュリティについての検討は行われているが，外部からの攻撃や不正アクセスの可能性については多く触れられていない。

　また民事訴訟の IT 化におけるセキュリティの検討にあたっては，IT 化を実現するシステム側のセキュリティとともに，IT 化されたシステムを利用する当事者側のセキュリティの両面の検討も必要となる。後者については，訴訟代理人のパソコンやシステム等がサイバー攻撃を受けて当時者の情報が漏洩・流出した場合の責任の所在が問題となり，クラウドサービスを利用して保存していたデータが障害によって滅失した場合やパソコンがマルウェアに感染して個人情報や機密情報が漏洩・流出した場合にはどうするか，どのようなセキュリティ対策を行っていれば免責されるのか等の課題が山積している。

　本稿では，後者の問題については別の機会に譲り，前者の民事訴訟の IT 化を実現するシステムに関するセキュリティ上の問題について検討することにしたい。

Ⅱ. 裁判手続等の IT 化におけるセキュリティの検討

1. アメリカの訴訟システムに対するセキュリティの検討

　諸外国の訴訟システムにおいては，様々なインシデントが実際に発生し，

訴訟手続がストップしたという例もある[3]。他方で海外では，訴訟手続の電子化によって訴訟に関するセキュリティが向上したという指摘もある[4]。訴訟システムへのサイバー攻撃を受けて，2016 年，アメリカの州裁判所管理者会議（Conference of State Court Administrators, COSCA），全国裁判所管理協会（National Association for Court Management, NACM）及び全米州裁判所センター（National Center for State Courts, NCSC）の合同技術委員会は「サイバー攻撃への対処」と題する提言を採択している[5]。同提言の特色は，サイバー攻撃による被害の発生を防止するとともに，サイバー攻撃を受けて被害が発生することを前提とした事前の対処計画の重要性を指摘していることである[6]。

　同提言がサイバー攻撃を受ける前の段階で必要であるとするのは，裁判所のデータ資産の確定，ログ取得及びモニタリング体制の整備，データ収集及びプライバシー保護に関する法令の遵守，予想される攻撃の可視化，システムのベンダーとの契約の確認である。またサイバー攻撃を受けた場合の対処計画を立てる必要があるとし，裁判所特有の組織の性質や法律上の制約・義務を勘案して裁判所独自のインシデント対処計画である「ABCD 対処」[7]を策定すべきであるとする。さらに実際にインシデントが発生する場合に備えて，最高裁判所長官，裁判所事務局 CEO，CIO（最高情報責任者），IT セキュリティ専門家，弁護士らによるサイバーセキュリティ・インシデント・レスポンスチームをあらかじめ編成し，インシデント発生時にはこのチームが対応を主導することを提言している。

3）詳細については，湯淺墾道「民事訴訟の IT 化とセキュリティ」市民と法 119 号（2019 年）60 頁を参照。
4）*Improving Court Efficiency: The Republic of Korea's E-court Experience*, 2014 DOING BUSINESS（2013）68.
5）https://www.ncsc.org/__data/assets/pdf_file/0034/18898/responding-to-cyber-attack-2-26-2016-final.pdf
6）Ibid, at 2.
7）ABCD 対処は，A　Assess the situation（インシデントの性質，範囲等についての確定），B　Block further damage（被害拡大の防止），C　Collect evidence（フォレンジック・イメージ作成，メディアの保護，アクセスの一時的制限，被害の連鎖の確定），D　Disseminate information（裁判官への通知，職員への通知，警察への連絡と捜査要請，当事者への通知，メディア対応）からなる。

2. 裁判手続等の IT 化検討会における検討

　2017 年 10 月に日本経済再生本部に設置された裁判手続等の IT 化検討会（以下,「検討会」と略）[8]では，第 6 回の検討会（2018 年 2 月 22 日開催）でセキュリティに関する集中的な討議が行われた。その検討結果を受けて 2018 年 3 月 30 日に公開された「裁判手続等の IT 化に向けた取りまとめ」（以下,「検討会とりまとめ」と略）[9]では，情報セキュリティ対策について次のような課題を挙げている。

●情報セキュリティ水準と情報セキュリティ対策（本人確認，改ざん・漏洩防止等）は，訴訟の各手続段階や訴訟記録等である情報の内容，性格等により異なるので，適切な水準と対策が必要
●証拠の電子化に対応し，改ざん防止のためのデジタル・フォレンジック技術（電磁的記録の調査・解析等を通じ，その調査・分析を行う技術・手法）の活用等
●経済社会一般で通用している IT 技術や電子情報に対する信頼性等を前提とする制度設計
● API 連携（複数システム間の連携や外部サービスの機能活用・共有等），クラウド化，データ形式のオープン化等の様々な可能性を検討

　もっとも，これまでの議論では民事訴訟の IT 化に必要なセキュリティのレベルは，国防や金融等に求められるようなきわめて高度な水準のセキュリティが要求されるわけではないという点が確認され[10]，民事裁判手続等 IT 化研究会報告書においても，IT を利用した送達手続についてメール送達にはセキュリティ上の問題があること，訴訟記録の複製や閲覧に関してはセキュリティ上の検討が必要であることを指摘するにとどまっている[11]。
　このため，まず民事訴訟において必要となる手続・フローを整理し，民事

8）https://www.kantei.go.jp/jp/singi/keizaisaisei/saiban/index.html
9）http://www.kantei.go.jp/jp/singi/keizaisaisei/saiban/pdf/report.pdf
10）例えば山本和彦「民事司法の IT 化の総論的な検討」法時 91 巻 6 号（2019 年）6 頁。
11）「民事裁判手続等 IT 化研究会報告書」（2019 年 12 月）46 頁注 4, 150 頁注 1。

訴訟法等により要求される手続内容を明確化した上で，それぞれについて具体的に電子化する方法や手段を検討し，それによって生じ得るリスクと対策，セキュリティインシデントが発生した場合の対応策を次表のようにあらかじめ検討しておくことが有用ではないかと思われる。その上で，多種多様なセキュリティ対策，技術，サービスの導入を検討すべきであろう。

検討項目	検討内容
法令の要求	民事訴訟法等により要求される手続内容の明確化。
実現手段	民事訴訟法等の要求を遵守しつつ，電子的に代替する手段の技術的検討。
関係者の確定	当該手続に関わる関係者の確定と，それに基づくアクセス権限の設定。
リスク・脅威	当該手続に関わるリスクや脅威の分析。サイバー攻撃，システムの脆弱性，内部要因（人的要因）等を総合的に分析する必要がある。
対応策	リスクや脅威への対応策の事前策定。
被害発生時の対応	文書が滅失した，秘密とすべき情報が漏洩した等の被害が実際に発生した場合の対応手続の明確化。

Ⅲ. 民事訴訟の IT 化を実現するシステムのセキュリティ対策

1. セキュリティ水準

　検討会とりまとめが「訴訟の各手続段階や訴訟記録等である情報の内容，性格等により異なる」としているように，情報セキュリティ水準は，民事訴訟の種類や，訴訟に関する様々な段階・場面で異なる。

　知的財産や営業秘密が関わるような訴訟では，訴訟に関する記録類が漏洩・流出した場合には当事者等にきわめて大きな被害を生じさせる。その他の訴訟でも，記録類が改ざんされたり滅失したりした場合には，その後の訴訟の進行が困難になるおそれがある。個人情報やプライバシーに関する情報の漏洩・流出についても，精神的な被害だけではなく，DV 訴訟等に関係している場合には人身の危害を生じさせる危険性がある。また，裁判官が判決文執筆のために作成するメモのようなものが流出した場合，判決の前に裁判の結果を知ることができることとなるので公正な裁判の実現を阻害するおそれがある。民事訴訟法 92 条 1 項の規定は，訴訟記録中に当事者の私生活上の重大な秘密，当事者が保有する営業秘密等が記載又は記録されている場合は，閲覧若しくは謄写，その正本・謄本若しくは抄本の交付又は複製の請求

をすることができる者を，訴訟の当事者に限ることを求めることができると
しているが，閲覧等制限は，申立てがあってからその裁判が確定するまでの
間においても暫定的に発生するとされているため，訴訟の進行中であっても
訴訟記録の流出・漏洩を防止する必要があろう。

　他方で，このような情報の漏洩・流出を防止するため民事訴訟のIT化に
関係する全ての情報についてきわめて高度なレベルのセキュリティ対策を実
施すると，コストの増加と利便性の低下を招くことになる。前述の検討会に
おける「経済社会一般で通用しているIT技術や電子情報に対する信頼性等
を前提とする制度設計」は，それを踏まえた上での指摘と考えられる。そこ
で，民事訴訟に関係して機密性を有する情報とそのレベルについては，作成
途中の裁判官の判決文やメモ等，裁判官同士の評議の秘密のように高度の機
密性を有するもの，証拠や知的財産，営業秘密等に係る情報，原告・被告の
利益に係る情報，個人情報，プライバシー情報（戸籍や住民票，送達関係書
類）のように機密性を有するもの，非公開で行われた審理に係る情報や訴訟
記録（閲覧等制限ありの情報）のように一定の機密性を有するもの，謄写は
当事者と利害関係人のみが可とされた情報や訴訟記録（閲覧等の制限がない
情報）のように機密性が限定的であるものというように，レベルを整理して，
セキュリティ水準を適切に設定することが有用であろう。

2. プライバシー保護

　民事訴訟のIT化に伴い，証人尋問等がインターネットを利用した遠隔テ
レビ会議システム等を用いて行われることになる。その際に問題となるのが，
プライバシーの保護であり，遠隔テレビ会議システム上での動画像や音声が
無断で録画，録音され，インターネット上で公開されるのではないかという
懸念がある。

　これについて，ストリーミング等によって録画できないようにする技術的
対策のほか，民事訴訟規則では録音や撮影は裁判所の許可を得なければ行う
ことができないとしているのでそれが抑止になるという考え方もあるが，イ
ンターネット上に一度動画像等が公開されるとたちまち拡散してしまうため，
プライバシー侵害の懸念がある。違法な動画像が拡散した場合については，
特定電気通信役務提供者の損害賠償責任の制限及び発信者情報の開示に関す

る法律（プロバイダ責任制限法）による対応が可能ではあるが，権利侵害を受けた者以外に裁判所にも請求を認めるかどうか，選挙運動期間中に情報の流通を防止したことによって発生した発信者の損害や，私事性的画像記録の情報の流通を防止したことによって発生した発信者の損害の場合と同様に，プロバイダ責任制限法の手続に特例を設けるべきかどうかも，検討すべきであろう。

3. 本人確認とアクセス権限

　なりすましを防止することは，電子的な手続においては非常に重要であり，本人確認を行うとともに権限のない者がアクセスできないようにアクセス権限を適切に設定する必要がある。他方で，なりすましを防ぐために本人確認を厳格に行えば行うほど，利便性は低くなる。全く対面による手続が行われないのであれば，最初の利用登録において，なりすましや虚偽の登録を防ぐために厳格な本人確認が必要となるが，比較として，現在の金融機関の本人確認の方法が最も厳格なものと考えられる。

　なお本人確認については，原告，被告の本人確認のほか，代理人（弁護士，司法書士）の本人確認と有資格者であることの確認のほか，代理関係が成立していること（原告又は被告から受任していること）の確認も必要となると考えられる。また，代理人が訴訟の途中で変わることもあると考えられるが，この場合の資料類の引継ぎやアクセス権限の設定についても検討する必要がある。

　他方でアクセス権限については，原告及び被告が法人である場合と，代理人や第三者のアクセス権限が問題となる。前者については法人単位でアクセス権限を設定するか，法人の訴訟担当者に限定するかという問題がある。後者についても，弁護士・司法書士個人にアクセス権限を与えるか，事務所単位でアクセス権を管理するかという問題がある。近年は大規模な法律事務所が増加するとともに弁護士が所属事務所を異動する例も増えており，この場合のアクセス権限の管理のあり方も課題となろう。法人にアクセス権限を付与する場合には，法人ユーザーのアクセス権限を制限し，システムにログインしてドキュメント類を閲覧することはできるが，アップロード・消去はできないようにする等の権限を設定することが考えられる。また法人にアクセ

ス権を付与する場合，アクセスするのはその法人に勤務する自然人であるから，その法人内の誰にアクセス権を付与するのかを誰がどのように管理するかという問題が残る。アクセス権管理についてそれぞれの法人に委ねるのか，一定の規律を行うのかの検討が必要である。誰でも法人の ID からアクセスできるということになると，個人単位で ID を発行する意味がなくなってしまう。さらに法人ユーザーであれば当該法人に所属する個人が関与している事件の全てにアクセスできるように設定した場合，法人ユーザーの ID やパスワードの流出が発生すると被害や影響が甚大となることにも留意すべきであろう。

第三者（親族や弁護士事務所の職員など）のアクセスについては，不正アクセス行為の禁止等に関する法律 2 条 4 項 1 号の「当該識別符号に係る利用権者の承諾を得てするもの」であることを明確にする必要があり，本人の承諾を得てアクセスしていることを明確にする必要がある。

4. 電子データの受付と改ざんの防止

本稿執筆時点では，書面類の提出については，郵送やファックス送信に代えてシステムに当事者等が電子データをアップロードすることが想定されているが，その際，電子データがマルウェアに感染しているものも受け付けるのか，特殊なフォーマットで記録されているものや古いソフトウェアで作成されているために今日，一般的に通用している環境では可読性がないものをどうするか，暗号化されたファイルやパスワード付きのファイルを受理するかという技術的な課題がある。

裁判所に提出された後の電子的記録の改ざんの防止や，改ざんされたおそれのあるものの検証，改ざんされたものの復元という課題もある。改ざんの防止についてはメタデータの付与やタイムスタンプ等の技術を活用することで対応できると思われるが，検証や復元に最も有効であるのは，デジタル・フォレンジック技術の活用である[12]。既に刑事訴訟ではデジタル・フォレ

---

12) 湯淺墾道「民事訴訟手続の IT 化にデジタル・フォレンジックはどう活かされるか」安冨潔＝上原哲太郎編著『基礎から学ぶデジタル・フォレンジック』（日科技連出版社，2019 年）171 頁以下参照。

ンジック技術が利活用されるようになっており，その成果や経験を民事訴訟に活かすことができよう。

5. 海外からのアクセス

本稿執筆時点では新型コロナウィルス感染症の影響により海外との往来が大幅に減少しているが，グローバル化の進展に伴い，当事者が海外に出張したりするケースは増えており，民事訴訟の IT 化が実現する利便性の向上の1つとして原告や被告が海外に滞在していても訴訟手続に参加できることが挙げられる。

しかし近年，各国においてサイト・ブロッキング（特定のサイトやサービスにアクセスできないように遮断すること）が頻繁に行われるようになってきた。各国政府において裁判手続システムへのアクセスが遮断されてしまうと，訴訟手続に参加することができなくなるという問題がある。現時点では，Twitter や Facebook などの SNS を遮断する例が多いが，特定の事業者によって提供される電子メールサービス（Gmail など）が遮断されると手続に関する通知類を参照することもできなくなるという問題が残されている。

Ⅳ. サイバーセキュリティ基本法との関係

国全体のサイバーセキュリティに関しては，2014 年にサイバーセキュリティ基本法が制定されている。しかし，同法の諸規定は，原則として行政機関等を対象とした構造となっている。例えば 11 条では国の責務として行政組織の整備等を規定するが，「国は，サイバーセキュリティに関する施策を講ずるにつき，行政組織の整備及び行政運営の改善に努めるものとする」とされており，この中には司法は含まれないと解するのが自然である。また12 条では国はサイバーセキュリティ戦略を策定しなければならないとしているが，戦略に定める事項として「国の行政機関等におけるサイバーセキュリティの確保に関する事項」（同条 2 項 2 号）が列挙されており，ここでは立法府及び司法府は対象外とされている。同法 26 条 1 項 2 号は，サイバーセキュリティ戦略本部に対して，国の行政機関等のサイバーセキュリティに関する対策の基準を作成するように求めており，2018 年 7 月 25 日，サイバーセキュリティ戦略本部は「政府機関等の情報セキュリティ対策のための統一

基準群（平成 30 年度版）」を決定しているが，同基準群は，明確に適用対象を「国の行政機関，独立行政法人及び指定法人」に限定している。同法を改正して司法も適用対象とすることも考えられるが，この場合は司法権の独立との兼ね合いの問題が生ずる。

このようなサイバーセキュリティ基本法とそれに基づく施策を前提にすると，司法府に属する民事訴訟の IT 化システムは独自にサイバーセキュリティ対策を行わなければならないということになる。この点で問題となるのが，内閣官房に設置された内閣サイバーセキュリティセンター（NISC）において運用されている政府機関情報セキュリティ横断監視・即応調整チーム（GSOC）との関係である。GSOC は，政府機関の情報セキュリティを常時監視する体制を整備するために設けられているが，GSOC の監視対象は国の行政機関と独立行政法人，政府機関と一体となって公的業務を行う特殊法人等に限定されている。このため，民事訴訟の IT 化を実現するシステムを GSOC の監視下に入れることが可能かの検討が必要であり，それができない場合には独自にそれに代わる監視体制を整備する必要があるのではないかと考えられる。

Ⅴ. おわりに

電子情報は，一度漏洩・流出した場合には回収が困難であること，漏洩・流出した情報がインターネット上において短期間で広範囲に拡散すること，漏洩・流出した情報が新たな犯罪や不正行為に利用されかねないことという特色がある。このため，前述の情報の種類に応じて適切に情報セキュリティ水準を設定して漏洩・流出の防止を図るだけではなく，漏洩・流出が発生したときに可及的速やかにそれを検知して漏洩・流出を止めることが重要となる。

情報通信技術の進歩は「ドッグイヤー」と呼ばれるほどに速く，現在の技術や利用できるツール類を前提として法制度の検討を行い，ようやくそれが施行できるようになる頃には，既に技術は先行してしまっているという例は，あらゆる場面で看取される。最新の技術やサービス，動向を常に意識しながら，民事訴訟の IT 化を実現するシステムのセキュリティ対策を検討・実施することが求められているといえよう。

ウェブ会議等のITツールを活用した 争点整理の運用（フェーズ1）の現状と課題

| 富澤賢一郎 | 水木淳 | 武見敬太郎 |

I. 背景

　平成29年6月に閣議決定された「未来投資戦略2017」において，裁判手続等のIT化が取り上げられたことを受け，同年10月に内閣官房に「裁判手続等のIT化検討会」が設置され，平成30年3月にその検討結果が取りまとめられた[1]。この検討会取りまとめでは，まずは民事訴訟手続についてe提出，e法廷及びe事件管理という「3つのe」を実現し，訴訟記録の全面的な電子化を前提とする全面IT化を目指すとともに，「3つのe」の実現に向けたプロセスについては，実現段階に応じて3つのフェーズに分け，順次，新たな運用を開始していくことが相当であるとされた。そして，その第1段階である「フェーズ1」では，現行法の下で，電話会議に加えてウェブ会議等のITツールを積極的に利用した，より効果的・効率的な争点整理の試行・運用を開始し，その拡大・定着を図っていくことが考えられるとし，令和元年度からにも特定庁での試行等による目に見える成果が期待されるとしていた（検討会取りまとめ21頁）。

---

[1] 裁判手続等のIT化検討会「裁判手続等のIT化に向けた取りまとめ」（2018年3月30日）（以下「検討会取りまとめ」という）（https://www.kantei.go.jp/jp/singi/keizaisaisei/saiban/pdf/report.pdf）。

裁判所においては，支払督促の手続をオンライン化する「督促手続オンラインシステム」の運用を平成18年に開始するなど裁判手続のIT化の取組を進めてきたが，社会の情報通信技術の飛躍的な発展に対応するべく，上記検討会取りまとめも踏まえて，民事訴訟手続のIT化の検討を進めているところである。そして，まずは上記検討会取りまとめの「フェーズ1」に対応するものとして，令和2年2月3日から，知的財産高等裁判所と高等裁判所所在地にある地方裁判所本庁8庁（東京，大阪，名古屋，広島，福岡，仙台，札幌及び高松）の合計9庁で，同年5月11日から，横浜，さいたま，千葉，京都及び神戸の各地方裁判所本庁の5庁で，同年12月14日から，その他の地方裁判所本庁37庁でウェブ会議等のITツールを活用した争点整理の運用（以下「フェーズ1の運用」という）を開始した[2)3)]。

　さらに，令和2年7月に閣議決定された「成長戦略フォローアップ」（以下「フォローアップ」という）において，司法府には，「現行民事訴訟法の下でのウェブ会議等を活用した非対面での運用について，……2021年度から地裁支部での順次開始，これら状況を見ながら高裁等での順次拡大の検討」（フォローアップ68頁）を期待し，行政府は必要な措置を講ずるとされたことを受けて，令和3年度から，地方裁判所の支部においてフェーズ1の運用を順次開始することを予定している。

　そこで，本稿では，フェーズ1の運用について紹介しつつ，その現状と課題を整理することとしたい。

2）当初の運用開始庁として，高等裁判所所在地の各地方裁判所に加えて知的財産高等裁判所が含まれているのは，知財事件は当事者双方に代理人が選任されることが多く，また，審決取消訴訟など，知的財産高等裁判所が第一審となる類型の事件もあり，フェーズ1の運用になじみやすいと考えられたためである。
3）令和2年6月からは労働審判手続の期日においてもウェブ会議等のITツールを活用した運用を開始した。これは，同年3月頃からの新型コロナウイルス感染症の感染拡大を背景とした解雇や雇止め等の事件が多数係属することが予想され，これらの事件について，可能な限り裁判所への現実の出頭を要することなく迅速に手続を進めていくことを可能とするために，例外的にウェブ会議の方法の利用を可能としたものである。

Ⅱ. フェーズ 1 の運用の内容

1. ビデオ通話機能の活用

　フェーズ 1 の運用は，一般のインターネット回線を介したウェブ会議等の IT ツールを活用して争点及び証拠の整理手続（争点整理手続）を行うというものである。平成 10 年 1 月 1 日に施行された現行民事訴訟法は，「裁判所及び当事者双方が音声の送受信により同時に通話をすることができる方法」によって争点整理手続を行うことを可能としており，これを根拠として，現在の実務では，当事者が遠隔地に居住しているなどの理由がある場合に，一方当事者が裁判所に出頭しないときは弁論準備手続として（民訴 170 条 3 項），双方当事者が裁判所に出頭しないときは書面による準備手続における協議（同 176 条 3 項）4) として電話会議の方法が利用されてきたところである。もっとも，この電話会議では音声のみが通じるだけであることから，裁判所と双方当事者が互いに表情を見ながら協議をすることはできない。これに対して，ウェブ会議を活用すれば，裁判所と双方当事者とが互いに表情等を見ながら協議を行うことができるため，電話会議と比べてより充実した審理を行うことができるものと考えられる。また，互いの顔を見ながら協議をしたいという場合であっても，当事者の一方又は双方が現実に裁判所に出頭する必要がなくなるため，代理人等の出頭の負担が軽減され，利便性が向上するだけでなく，期日等の指定を柔軟に行うことができるようになると考えられる。
　なお，現行民事訴訟法の下では，テレビ会議システムを利用して争点整理手続が行われることもある。もっとも，テレビ会議システムは，現状では裁判所間でのみ接続することができる仕組みとなっているため，受訴裁判所に出頭しない当事者においても，最寄りの裁判所までは出頭しなければならない。これに対して，フェーズ 1 の運用では，上記のとおり，一般のインター

---

4) これらの手続のほか，進行協議期日（民訴規 96 条 1 項）や事実上の打合せにおいてウェブ会議を活用することも考えられる。
　なお，ウェブ会議は，映像と音声の送受信により相手の状態を相互に認識しながら通話をすることができる機能を有しており，「裁判所及び当事者双方が音声の送受信により同時に通話をすることができる方法」（民訴 92 条の 3・170 条 3 項・176 条 3 項，民訴規 96 条 1 項）に当たると解される。

ネット回線を介してウェブ会議を行うことになるため，裁判所に出頭することなく，例えば，弁護士事務所から争点整理手続に関与することが可能となる。

2. その他の機能の活用

フェーズ1の運用においては，裁判所と双方当事者との間でパソコン上に表示された画面を全員で共有することができる機能（画面共有機能）を活用することもできる。例えば，交通損害賠償請求訴訟においては事故現場の図面や写真を見ながら，裁判所と当事者との間で争点の整理を行うことがあるが，電話会議では，現実に出頭していない当事者が同じ図面等の同じ部分を見ているかの確認が容易ではない場合がある。これに対して，ウェブ会議では，画面共有機能を活用することにより，裁判所と双方当事者が画面上に表示された同一の図面等を見ながら協議をすることができるため，裁判所と当事者の認識共有を円滑に進めることができると考えられる。

また，フェーズ1の運用においては，裁判所と双方当事者との間でクラウドサービスを利用して電子データを共有することのできる機能（ファイル共有機能）を活用することもできる。このファイル共有機能では，期日間に各当事者が同一のファイルに加筆等を行うことにより争点整理案を作成したり，医療訴訟や建築訴訟における診療経過一覧表や瑕疵一覧表を作成したりするなどの活用方法が考えられるところである[5]。

さらに，フェーズ1の運用においては，裁判所と双方当事者との間でクラウドサービスを利用して相互に閲覧することができる共有スペースにメッセージを送信する機能（メッセージ機能）を活用することもできる。例えば，当事者の主張等に不明瞭な事項がある場合には，裁判所が期日外に釈明権を行使することがあるが，その釈明内容が攻撃又は防御の方法に重要な変更を生じ得る事項に関するものである場合には，その釈明内容を相手方当事者にも通知しなければならないとされている（民訴149条4項，民訴規63条2項）。

5）裁判所に提出した書面に記載した情報の内容を記録した電磁的記録の提供を裁判所から求められた場合の提供方法の1つとしてファイル共有機能を活用することも可能である（民訴規3条の2）。

イメージ図1│一方当事者不出頭型（弁論準備手続等）

その方法としては，これまでは，ファクシミリによって釈明事項を記載した書面を双方当事者に送付するなどして通知し，その書面を訴訟記録に編てつするといった方法が一般的に行われていたが，フェーズ1の運用では，必要に応じてメッセージ機能を活用することにより，より簡便な方法でかつ機動的に釈明事項を双方当事者に同時に伝達し，当事者も即時に内容を了知することができるようになると考えられる。また，必要に応じてメッセージ機能を活用して次回期日等で口頭議論する事項や次回期日等までに準備すべき事項などを確認したりするといった活用方法も考えられるところである。

このように，フェーズ1の運用ではITツールを活用した様々な工夫が考えられるところであるが，単にこれらの機能を現在の争点整理のプラクティスの中に導入するだけでは十分ではなく，フェーズ1の運用を契機として，これまでの争点整理のプラクティスを見直し，その中でこれらの機能も使用しながらより良いプラクティスを実現することを期待したい。

Ⅲ. フェーズ1の運用のイメージ

フェーズ1の運用のイメージは，**イメージ図1**及び**イメージ図2**のとおりである。

イメージ図1は，一方当事者のみがウェブ会議の方法により手続に関与

イメージ図２│双方当事者不出頭型（書面による準備手続における協議）

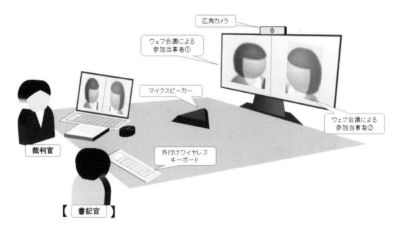

する場合，すなわち，主として弁論準備手続においてウェブ会議を利用する場合のイメージである。一方当事者が出頭している場合には，出頭している当事者にも，ウェブ会議で関与している相手方当事者の顔が見えている必要があるため，準備手続室等に設置したディスプレイに相手方当事者を映すことになる。また，ウェブ会議の方法により手続に関与する当事者にも，裁判官だけでなく，裁判所に出頭している当事者の顔が見えている必要があるため，ディスプレイの上部に取り付けた広角カメラを利用して，出頭当事者を含む裁判所側の映像を広角で映すことを想定している。

　イメージ図２は，双方当事者がウェブ会議の方法により手続に関与する場合，すなわち，主として書面による準備手続における協議においてウェブ会議を利用する場合のイメージである。双方当事者は，裁判官の手元のパソコン及びディスプレイに表示されており，裁判官はこの画面を見ながら当事者と協議をすることとなり，裁判所側の映像は，パソコンの内蔵カメラ又は広角カメラを通じて双方当事者の手元の端末に表示される。なお，双方当事者の顔をディスプレイに映し，裁判官の手元のパソコンにはファイルのデータを表示することも可能である。

Ⅳ. フェーズ 1 の運用の現状

1. フェーズ 1 の利用実績

　令和 2 年にフェーズ 1 の運用を開始した当初は，2 月に合計 133 件，3 月に合計 348 件の事件でウェブ会議が活用された[6]。4 月及び 5 月は，新型コロナウイルス感染症を理由とする緊急事態宣言の影響により一時的に利用件数が落ち込んだが，5 月下旬に緊急事態宣言が解除されてからは，ウェブ会議の利用が同感染症の感染防止対策としても有用であるとの認識が高まったこともあり，12 月に合計 5631 件，令和 3 年 1 月に合計 6205 件，2 月に合計 8088 件，3 月に合計 1 万 1992 件の訴訟手続で利用されるなど[7]，順調に利用件数が増えている。このように，フェーズ 1 の運用が開始されて以降，特に大きなトラブル等もなく，代理人等の協力を得ながら，手続の円滑な実施に向けた工夫が重ねられており，フェーズ 1 の運用が徐々に広く浸透し，その利用の裾野が広がりつつあるといえよう。

2. 手続別で見た利用実績

　利用実績を手続別で見てみると，令和 2 年にフェーズ 1 の運用を開始した当初は，弁論準備手続（一方当事者不出頭）での利用割合が多く，2 月及び 3 月の合計 481 件のうち，弁論準備手続で 332 件，書面による準備手続で 131 件の利用があった。これに対し，最近では，書面による準備手続での利用割合が増加傾向にあり，令和 3 年 3 月の合計 1 万 1992 件のうち，弁論準備手続で 2073 件，書面による準備手続で 9479 件の利用があり，全体の約 8 割程度の事件で双方当事者が不出頭の手続が行われている。

　このような傾向は，新型コロナウイルス感染症の感染防止対策として，双方当事者が裁判所に出頭することなく弁護士事務所から手続に参加することを希望するケースの増加によるところが大きいと考えられるが，一方当事者

6）知的財産高等裁判所と高等裁判所所在地にある地方裁判所本庁 8 庁（東京，大阪，名古屋，広島，福岡，仙台，札幌及び高松）の合計 9 庁の合計件数である。なお，件数は令和 3 年 4 月 12 日時点で報告された速報値に基づくものである。

7）上記の 9 庁にその他の各地方裁判所本庁の 42 庁を加えた 51 庁の合計件数である。

のみが裁判所に出頭するよりも双方当事者ともに出頭せずに手続を行ったほうが，公平であると考える当事者が増えていることや，ファイル共有機能やメッセージ機能などを利用して手続を行うに当たって，それぞれの当事者が自分の端末からアクセスするために弁護士事務所から手続に参加することを希望するケースが増えていることも一因と考えられる。

V. フェーズ1の運用に関する課題

1. フェーズ1の運用の留意点

　既に述べたとおり，フェーズ1の運用は，現行法の下で争点整理手続を行う方法の選択肢の1つとして位置付けられるものである。したがって，全ての事案の全ての局面でウェブ会議を活用するというものではなく，当事者の意向や手続の内容等を踏まえて，ウェブ会議により手続を行うことがふさわしいと考えられる局面で活用されることになる（特に，本人訴訟の当事者本人についてウェブ会議を実施しようとする場合には，接続先の環境がウェブ会議を実施するのに適した場所であるか否か，裁判所が傍聴を許可していない第三者がウェブ会議に不当に関与していないかといった点などについて慎重な検討を要するものと思われる）。

　また，ウェブ会議を活用するに当たり，画面共有機能やファイル共有機能，メッセージ機能の活用が必須であるというものではなく，事案の内容等に照らし，これらの機能の利用に適する局面が想定される場合に，当事者の意向等も踏まえて利用の要否を検討することになる。

　なお，当然のことではあるが，ファイル共有は，期日等において充実した争点整理を行うために事実上のものとしてデータをクラウド上にアップロードするものにすぎず，アップロードされたデータ自体が訴訟記録になるわけではない。訴訟記録とする書面については，従前どおり，当事者が紙媒体で裁判所に提出をする必要がある。したがって，クラウド上にアップロードされるデータは，充実した争点整理を行うために真に必要なものに限られることになるものと思われる。メッセージ機能についても，クラウド上に送信したメッセージは裁判所と当事者間で充実した争点整理を行うためのコミュニケーションツールの1つとして事実上利用されるものにすぎず，そのメッセージが直ちに訴訟法上の効果を生じさせるものにはならないことに留意す

る必要がある。

2. フェーズ 1 の運用の課題

ウェブ会議特有の問題として，通信の接続不良などが原因で映像や音声が途切れたりする場合があるという課題が指摘されている。インターネット回線を利用する以上，避けて通れない課題といえようが，裁判所では，通信の支障等により手続が滞ることとならないように接続テストを行うなど，慎重に運用しているところであり，これまでのところ大きなトラブルは生じていない。

さらに，ウェブ会議特有の問題ではないが，接続先においてプライバシーや秘匿性が保たれるのかという課題が指摘されることがある。この問題は，電話会議を用いて手続を行う場合も同様であって，民事訴訟規則 88 条 2 項において，「通話者及び通話先の場所の確認をしなければならない」と定められているところであるが，ウェブ会議を用いる場合であっても，第三者による手続への不当な関与がないか，接続先においてプライバシー情報や秘匿情報などが第三者にも認識することが可能な環境となっていないかといった点を確認することが必要となる。もっとも，現状では，不当な第三者がウェブ会議に関与したという事例は生じていない。

VI. おわりに

I で述べたとおり，令和 2 年中に全ての地方裁判所本庁においてフェーズ 1 の運用が開始されており，今後は，地方裁判所の支部においても順次運用を開始することを目指して，準備を進めることになる。

フェーズ 1 の運用は，民事訴訟手続の利用者の利便性の向上や，より充実した争点整理の実現に資するものである。また，検討会取りまとめでは，フェーズ 1 の次の段階である「フェーズ 2」として，「民事訴訟法等の見直しを行い，……双方当事者の出頭を要しない第 1 回期日や弁論準備手続期日等の新たな運用を制度的に位置付け，その運用を開始する」とされており（検討会取りまとめ 21 頁），さらにフォローアップでも，司法府には，「フェーズ 2」として「2022 年中の民事訴訟法等の改正を前提に，1) 早ければ 2022 年度中に，非対面での争点整理手続の運用拡大，非対面での和解期日等の運用

開始，2）早ければ2023年度からの非対面での口頭弁論期日の運用開始」を期待し（フォローアップ68頁），行政府は必要な措置を講ずるとされている[8]。IT化の実現段階をフェーズ1からフェーズ2へと円滑かつシームレスに移行するためにも，フェーズ1の運用の拡大，定着を図ることが不可欠となる。

　今後も，代理人等の協力を得ながら無理のない形で利用の裾野を広げていくことにより，フェーズ1の運用が実務に着実に定着し，争点整理のプラクティスがより良いものになっていくことを期待したい。

8）なお，法制審議会民事訴訟法（IT化関係）部会における審議状況は，法務省のウェブサイト（http://www.moj.go.jp/shingi1/housei02_003005.html）を参照されたい。

NUMBER: 12

座談会①

民事裁判のIT化
――フェーズ1の現状と課題

司会

山本和彦　｜　笠井正俊　｜　最所義一　｜　富澤賢一郎　｜　松尾吉洋

I. 座談会の趣旨と自己紹介

山本　それでは，座談会「民事裁判の IT 化――フェーズ 1 の現状と課題」
を始めたいと思います。最初に私のほうから，この座談会の趣旨について簡
単にお話をしておきたいと思います。

　この民事裁判の IT 化について，本書では 11 本の個別の論稿を収録いた
しました。本日は，このフェーズ 1 の現状と課題についてご議論をいただき，
次回はフェーズ 2，フェーズ 3，つまり，立法化に向けての論点についてご
議論をいただくという 2 回の座談会を予定しているところです。

　本日は，いわゆるフェーズ 1 について，これが令和 2 年 2 月から開始され
ているということですので，その現状と課題，さらに将来に向けた展望とい

うものについてご議論いただくことを予定しております。そこで，裁判所，弁護士，研究者で，実際のフェーズ1を担当されている方，経験された方，さらにこれまでIT化の議論に携わってきた方にご出席いただき，それぞれの観点からご議論いただくこととしました。

　それでは，最初にIT化の問題との関連を中心に，簡単な自己紹介をお願いしたいと思います。まず，富澤さんからお願いいたします。

富澤　最高裁判所事務総局民事局総括参事官の富澤でございます。

　私は平成30年7月から民事局で民事訴訟手続のIT化に取り組んでおります。ご紹介いただきましたとおり，裁判所では，令和2年2月からフェーズ1の運用を開始しています。本日はこの運用の現状をご報告させていただくとともに，研究者の先生方，弁護士の先生方と意見交換させていただくことを楽しみにしております。本日はどうぞよろしくお願いいたします。

山本　続きまして，最所さん，お願いいたします。

最所　神奈川県弁護士会に所属しております最所でございます。本日は，このような会にお呼びいただき，誠にありがとうございます。私は，神奈川県弁護士会のIT化PT（プロジェクトチーム）のメンバーでもありましたので，今回IT化が始まった際，各裁判所に対して，私自身が弁護士会内での研修担当をしており，機器の使い方にも慣れておりますとご説明して，私のほうから，積極的に，是非IT化をやらせていただきたいと「売り込み」をいたしました。もちろん，新型コロナウイルス感染症の関係もあったのですが，裁判所には，私の希望をかなり聞いていただき，そのお陰で，かなり多くのIT化裁判を経験させていただきました。

　実際，相当多くの件数をこなしておりまして，今の段階だけでも，裁判所で言うと東京，横浜，あと大阪，千葉でのIT化裁判を経験しています。それから，横浜地裁の場合は労働審判を既に2回経験しています。本日も労働審判が1件あったのですが，労働審判でも機器の使用に慣れているということで，IT化での手続を経験させていただきました。その意味で，私自身，割と多くのIT化裁判を経験していると思いますので，その辺りのことを踏まえて，率直な意見を出させていただければと思っています。よろしくお願いいたします。

山本　それでは松尾さん，お願いいたします。

松尾 大阪弁護士会の松尾吉洋と申します。民事裁判のIT化との関連では，日弁連と大阪弁護士会において，民事裁判のIT化関連の委員会や部会に所属させていただいております。その関係で，令和元年の5月には韓国の大法院の電算情報センターや法院行政処地方法院，ソウル地方弁護士会を訪問し，韓国の民事裁判のIT化の実情調査も行いました。

　今般のフェーズ1開始に向けて，大阪弁護士会と大阪地裁，あるいは東京地裁と，何度か模擬裁判や研修を実施しましたが，それらにも関与させていただきました。

　令和2年2月のフェーズ1開始後，現時点で，大阪地裁で4事件，東京地裁で1事件，それぞれ1回から複数回ウェブ会議による手続を経験しております。

　また，フェーズ1開始後も，大阪地裁とは定期的にフェーズ1の実施状況，工夫点や課題等について意見交換会を開催させていただいております。その辺りも，今日は可能な範囲でご報告できればと考えております。どうぞよろしくお願いします。

山本 それでは笠井さん，お願いいたします。

笠井 京都大学の笠井でございます。よろしくお願いいたします。私自身は，IT化について何か特に知見があったわけでもないのですが，内閣官房に設置された「裁判手続等のIT化検討会」及び公益社団法人商事法務研究会に設置された「民事裁判手続等IT化研究会」，いずれも山本さんが座長を務められたものですけれども，これらに委員として関与いたしまして，今までの検討に加わってまいりました。現在，法制審議会の関係の部会の委員として，立案作業の一端を担っているという状況でございます。

　実務的なことについて，フェーズ1はどのようになっているのかというのは，外にいると全然分かりませんので，今日はそれを伺いまして，勉強をする機会になると思いますし，フェーズ1で実践が行われている様子を見ながら，法律案に関する作業がされることも非常に意義があると考えておりますので，そういう意味でも，今日は楽しみにしております。

山本 最後になりましたが，私は一橋大学の山本と申します。恐らく，この中ではITとか，オンラインとか，そういうものに最も疎い人間だろうと思いますけれども，いろいろな事情から，笠井さんと同じように，今回の検討

の当初から携わってきたところです。その観点で，フェーズ1が実施された状況がどのようになっているのかということについては，大変興味を持っているところですので，本日は勉強をさせていただければと思います。

Ⅱ. フェーズ1の導入と利用状況

1. 導入の経緯

山本　それでは，座談会の中身のほうに入っていきたいと思います。まず，フェーズ1が導入された経緯，そして，現在の利用状況，統計的なところを含めて前提となるところを確認しておきたいと思います。私のほうから，まず簡単に今回の検討の過程についてお話をしたいと思います。

　ご承知のように，現行民事訴訟法，平成10年から施行されているものでありますが，その中に，既に争点整理において，電話会議システムを用いることができるということが規定されていました。弁論準備手続，あるいは書面による準備手続において，電話会議システムというものが利用できる。さらに証人尋問については，テレビ会議システムという形で，これは証人が最寄りの裁判所に出頭してくるということを前提としているものですが，裁判所間を結ぶテレビ会議システムによって，証人尋問を行うことができるという規定も設けられていたところです。さらにその後，平成15年の民事訴訟法改正では，鑑定人についても，テレビ会議システムが明文で規定されたということがありました。

　実際にも，争点整理手続においては，この電話会議システムというものはかなり活用されてきたということが言え，そして，当事者にとっても大きな利便をもたらすということがあったと承知しております。

　ただ，現在，この令和の時代に，電話会議システムを「IT化」と呼ぶのかということもあろうかと思いますが，その後，技術が様々な形で進展してきているわけです。ただ，裁判については必ずしもテレビ電話，あるいは，いわゆるオンライン会議のシステムに移行するということではなく，電話会議というものが裁判所では用いられてきたということかと思います。また，証人尋問あるいは鑑定人質問におけるテレビ会議システムの利用というのは，必ずしも，少なくとも立法時に想定されていたほど，活発に用いられてきたものではないものと理解しているところです。

そのようなこともあって，平成 29 年以降，先ほど笠井さんからご紹介いただいたような内閣官房の検討会等で議論が行われ，そこで民事裁判の全面的な IT 化を目指すということが提言されたところです。その実施のスケジュールについて，3 段階で行っていくということが提言されています。フェーズ 2，フェーズ 3 というのは，立法を必要とする場面で，これは民事訴訟法の改正となりますので，法制審議会を経なければならず，それほどすぐにできるわけではないということが分かっていたわけです。しかし，現行法でもできることはあるのではないか，立法に時間がかかるとしても，そちらに引きずられるのではなく，できるものはすぐにでも実施すべきではないかということは，その検討会でも言われたところです。

　その結果として，フェーズ 2，フェーズ 3 という立法化の過程を待たずに，フェーズ 1 として，現行法で対応可能なものについては，すぐにということは難しいわけですが，できるだけ早く実施するということで，その報告書（裁判手続等の IT 化検討会「裁判手続等の IT 化に向けた取りまとめ」）では平成 31 年度以降特定庁で実施をしていくということが提言されました。報告書自体は平成 30 年 3 月に出されておりますので，報告書が出てから 2 年以内にフェーズ 1 を実施していくということが提言されたものです。そういう意味では，かなりスピード感を持って対応するということが裁判所に求められたということになろうかと思います。

　これを受けて，裁判所でフェーズ 1 の実施について検討が行われ，実際には，正にこの報告書が求めた期限内に実施に移されていくわけですが，その導入の過程，そして現在の利用状況等について，富澤さんにご説明いただけますでしょうか。

2. 利用状況

富澤　フェーズ 1 の導入の過程や利用状況について，統計上の数字も併せてご説明させていただきます（最近の状況については，本書 No.11 も参照）。内閣官房に設置された裁判手続等の IT 化検討会での取りまとめも踏まえ，最高裁においては，平成 30 年 5 月から，順次全国の地方裁判所に，民事訴訟手続の IT 化に関するプロジェクトチーム（ITPT）を設置いたしました。この ITPT に対して必要な機材等を整備し，フェーズ 1 の運用としてウェブ会議

を活用して充実した争点整理を実施するための検討を進めてきたところでございます。このITPTでは，それぞれの地方裁判所に対応する弁護士会とも連携し，弁護士や事務員の方向けの説明会，ウェブ会議の体験会，さらには模擬手続など，精力的に検討を進めてきたところでございます。

このような地方裁判所での検討と並行して，最高裁においても，ITPTの検討状況を踏まえながら，フェーズ1の運用に適する環境構築の検討などを進め，使用するアプリケーションやパソコン等の機材，有線の通信回線網の整備などを行ってきたところでございます。

ITPTによる検討の結果，フェーズ1の運用では，充実した争点整理を実施するために，音声及び映像に加えて文字やファイル等を用いて，リアルタイムでのコミュニケーションを図りながら争点の整理を行うことなどが想定されました。そこで，ウェブ会議で使用するアプリケーションとして，裁判所と当事者間で画面を共有したり，ファイルを共有して共同で編集したり，さらにはメッセージを送信したりする機能がある「Teams」を採用しました。また，機材としましては，カメラ内蔵のノートパソコンに加え，大型のディスプレイ，マイクスピーカー及び広角カメラ等を整備しています。

次に，ウェブ会議の運用の実施状況についてご説明いたします。令和2年2月3日から，知的財産高等裁判所及び高等裁判所所在地の地方裁判所本庁8庁の合計9庁で運用を開始いたしました。次いで，令和2年5月11日からは，横浜，さいたま，千葉，京都，神戸の各地方裁判所本庁で運用を開始したところです。今後の予定ですが，令和2年12月14日から，その他の地方裁判所本庁37庁で運用を開始する予定としております。さらに令和3年度からは，地方裁判所の支部でも順次運用を開始することができるように環境整備をしているところです。

次に，運用の状況についてご説明したいと思います。速報値ということになりますが，運用開始直後の令和2年2月には，1カ月間で133件の訴訟手続でウェブ会議が利用されたところです。その後，3月には1カ月間で348件と増えたところですが，その後，新型コロナウイルス感染症が拡大して緊急事態宣言が発動された影響もありまして，4月は83件，5月は84件と一時的に伸び悩みました。その後，緊急事態宣言が解除されてからは，6月は601件，7月は1456件，8月は1582件と順調に利用が増えているところで

ございます。直近で報告を受けたところによると，9月は2944件の手続で利用されたとのことでして，10月も更に利用件数は増える見込みとなっております。このように，統計上の数字からはフェーズ1の運用は順調にスタートを切ることができたと考えているところです。

山本　それでは，今までお話をいただいた検討・導入の過程，実際の利用状況，統計的なこと，この辺りについて，ご出席の方からご質問，コメントをいただければと思います。

松尾　大阪地裁における利用状況について，細かい数字まではできないのですが，可能な範囲で報告させていただきたいと思います。

　先ほど富澤さんから全国の利用件数をご報告いただきましたが，大阪地裁においても最初の緊急事態宣言が発動された令和2年4月，5月は，確かにウェブ会議で予定されていた期日や協議も取り消されたという状況にございました。ただ，緊急事態宣言解除後，大阪地裁では，7月，8月ともに270件前後，9月は530件超，10月は670件超の件数が実施されたと伺っております。この数字から見ると，フェーズ1において，ウェブ会議は順調に浸透してきているという感想を持っております。

　手続としては，弁論準備，書面による準備手続，進行協議のほかに，事実上の打合せもあるのですが，7月からは労働審判も月に数件ながら実施されているとの報告を受けております。

　そのうち，書面による準備手続は，開始当初は少なかったのですが，8月以降は60％を超えていると聞いておりまして，現時点では書面による準備手続の割合が一番多くなっているようです。

山本　今の手続別の利用について，全国の状況をご紹介いただけますか。

富澤　それでは，全国における手続別の利用状況についてもご説明いたします。松尾さんからもご指摘がありましたとおり，運用開始当初は，弁論準備手続での利用が多く，2月には，弁論準備手続での利用が96件，書面による準備手続での利用が32件，その他進行協議や事実上の打合せでの利用が5件でした。

　最初の緊急事態宣言が解除された後の6月には，弁論準備手続での利用が162件，書面による準備手続での利用が380件，その他が59件ということで，書面による準備手続での利用が増えているところです。さらに，直近の

9月の件数で申し上げますと，弁論準備手続での利用が729件，書面による準備手続での利用が2127件，その他が88件ということで，書面による準備手続での利用が順調に増えているといった状況です。

山本　ありがとうございます。最所さんからもコメントがあればお願いします。

最所　実際に使ってみた感想と，神奈川県弁護士会のほうでもアンケートを行っておりますので，大雑把ではございますが，その結果を踏まえてご説明させていただければと思います。

　まず，アンケートの状況を見ますと，弁護士側からの感想としては，概ね肯定的な意見が多く寄せられていました。これは，日弁連でやられたアンケートでも，ほぼ同様の結果だったと思います。アンケートに回答していただいた方々が，そもそも IT に親和性の高い方だというところは，多少なりとも差し引いて考えなければならないのかもしれませんが，弁護士側としては，非常に好意的に受け取られているという印象です。

　理由としては，やはり裁判所に行かなくていいというのが圧倒的に多く，電話会議よりも，顔が見えるだけでもメリットがあるとか，期日が入りやすいとか，実際の期日とあまり変わらないというような意見が多かったように思います。実際に，私自身もそのように感じています。

　一方，否定的な意見としては，操作が分からないという意見や，カメラの位置関係に関する意見が挙げられていました。カメラの位置関係については，確かに，私自身もそのように感じるところはあります。というのは，例えば会議室全体を映そうとすると，今は先生方と私が向き合うように話をしていますが，カメラは横から撮ります。そうすると，画面を見ている側からすると，横顔しか見えない。その場合，何となく話に入っていけていないような印象を受けてしまいます。また，広角カメラで，上のほうから撮る形にすると，鳥瞰しているような感じがして，その現場にいる感じがあまりしないという点で，若干違和感がありました。裁判所によっては，全体を見やすくするために，テレビの位置を高く置いてあるケースがあるのですが，そうすると，相手方の代理人に上から見下ろされている感じがするというような意見も現実にはございました。

　概ね手続については，かなり肯定的なご意見をいただいているのですが，

カメラの位置関係とか，臨場感とか，そういったところについては若干改善する余地があるのかなというのが率直な印象です。

山本 今のお話，この後の現状の紹介，さらに課題という点にも関係するところかと思います。笠井さんから，今の利用状況等についてコメントがあればいただきたいと思いますが，いかがでしょうか。

笠井 私も，手続別の分布がどうなっているのかなというのは興味があって，それはもうお話しいただきましたのでよく分かりました。今までは弁論準備手続が普通の手続だったのですけれども，書面による準備手続が多くなっているのは，双方不出頭でできるほうが楽だという，そういう利便性が浸透した結果なのかどうか，その理由などが分かればお聞きしたいと思いました。

それから，弁護士さんでも，人によって受け止め方が違うということはないのかを伺いたいと思います。特定の事務所や弁護士だと必ずウェブ会議の方法でやるけれども，そういうのは今一つなじみにくいので必ず裁判所に行くという人がいるとか，弁護士で，そういう人による違いみたいなことがあるのかどうか，私には想像の世界ですので，お答えのしにくい質問かもしれませんけれども，よろしければお願いします。

山本 富澤さんからお願いいたします。

富澤 まず，書面による準備手続での利用件数が増えている点につきましては，様々な理由が考えられるところです。個人的な見解ではございますが，本日の座談会時点で，ウェブ会議の運用を開始している14庁は，基本的に大きな都市部の裁判所であるため，これまで書面による準備手続はあまり利用されていなかったのではないかと思います。私も，北海道にある裁判所で勤務をしていたときには，書面による準備手続をよく利用しておりましたが，東京や名古屋の地方裁判所で勤務していたときには，専門部にいたことも背景にはありますが，全く使ったことはありませんでした。

フェーズ1の運用において書面による準備手続の利用が増えている理由としましては，やはり双方当事者が裁判所に出頭しなくてもいいということで，非常に利便性が高いという認識を弁護士の方々もお持ちになったのではないかという点があろうかと思います。

また，弁論準備手続では，一方当事者が裁判所に出頭することになりますので，双方当事者が裁判所に出頭しないほうが手続的に公平であるという認

識をお持ちになっているのではないかと思います。すなわち，一方当事者が裁判所に出頭していると，当該当事者が手続外で裁判所と何か話をするのではないかという懸念を持つこともあろうかと思いますが，双方当事者が出頭しないのであればそのような懸念はなくなるので，よりウェブ会議を利用する上でのハードルが下がるという話を聞いたことがあります。

　さらに，まだそれほど利用は進んでいませんが，例えば画面共有機能やファイル編集共有機能を利用する場合には，一方当事者が裁判所に出頭すると，パソコンを持参していただく必要があるため，双方当事者が不出頭の状態のほうがこれらの機能を利用しやすいということもあろうかと考えているところです。以上が1点目の質問に対する回答になります。

　2点目の質問，すなわち人によって受け止め方が異なるのではという点につきましては，笠井さんがおっしゃるとおり，弁護士の個性によっても異なりますし，事件の内容によっても異なるのではないかと思います。例えば原告や被告が多数にわたる事件については，裁判所に出頭して争点整理をしたほうが，審理が円滑に進むと考えられる方も多いのではないかと思います。下級裁判所の裁判官から話を聞いたところによると，現在はウェブ会議で手続を行いませんかと打診すると，かなりの割合で了解していただいているようです。もちろん，中には，まだウェブ会議に対応できないという方もいらっしゃるようですが，ウェブ会議の運用はかなり浸透してきているかなと考えているところです。

山本　最後の点は，今回のコロナ禍の状況で，我々のようなITに疎い人間でもかなりオンラインの会議を日常的に使うようになってきているということで，言い方は悪いかもしれませんが，この問題には追風として働いているという面はあるのかもしれません。

Ⅲ. フェーズ1の現状

山本　それでは，統計的な利用状況については，概ねご議論をいただいたと思いますので，もう少し中身に踏み込んで，先ほど最所さんからは，既に弁護士側の反応についての若干のご紹介がありましたが，現状の紹介あるいは検討に移っていきたいと思います。まず，裁判所側から見たフェーズ1の現状というのはどういうことなのかについて，富澤さんからお願いいたします。

1．裁判所から見た現状

富澤　私から，裁判所から見た現状についてご紹介させていただきます。先ほどもお話ししましたとおり，フェーズ1の運用は，弁護士会等の協力も得て順調にスタートすることができたと考えております。先ほど最所さんからもお話がありましたが，実際の運用を行っている裁判官によりますと，裁判官や相手方当事者の表情を見ながら争点整理のための協議をすることができるウェブ会議は，音声のみでやり取りする電話会議と比べて利便性が極めて高く，弁護士の方々にも好評であるというように聞いているところです。

　したがって，電話会議からウェブ会議に切り替えている事件が相当数あるのではないかと思われます。また，先ほど申し上げたところとも若干関係いたしますが，ウェブ会議を活用すれば当事者の一方又は双方が現実に裁判所に出頭する必要がなくなるため，弁護士の方々の出頭の負担が軽減されて利便性が向上するだけでなく，期日等の指定を柔軟に行うことができるという利点もあります。さらにウェブ会議の有用性が浸透しつつある中で，昨今の新型コロナウイルス感染症の影響もあって，これまで双方当事者が裁判所に出頭する形で行われていた手続について，ウェブ会議を活用した手続で行われるようになったものも少なくないようです。

　手続別の利用状況は先ほど申し上げたとおりです。書面による準備手続における協議としてウェブ会議を利用しているケースがかなり増えておりまして，これまでの弁論準備手続を中心に行ってきた争点整理のプラクティスとは異なる様々なプラクティスが工夫されているところです。

　実際にウェブ会議の運用を行っている裁判官や書記官によりますと，ビデオ通話機能だけでなく，当事者の意見も十分に聞きながら，必要に応じて，画面共有機能，すなわち裁判所と双方当事者との間で，パソコン上に表示された画面をウェブ会議参加者全員で共有することができる機能や，ファイル編集共有機能，すなわち裁判所と双方当事者との間で，クラウド上の保存領域に電子データをアップロードして関係者全員でファイルを共有し，編集することができる機能なども活用しているとのことでして，このような工夫を進める中で効果的な争点整理のプラクティスの在り方を模索しているところです。

　例えば，画面共有機能を活用することで，交通事故損害賠償請求訴訟にお

いては，事故現場の図面や写真を画面上に表示し，それらを見ながら争点整理の協議を行うこともされているようです。このような運用をすることによって，裁判所と当事者の争点に関する認識共有を円滑に進めることができるようになったとの報告も受けているところです。

　また，ファイル編集共有機能を用いると，例えば当事者が同一のファイルに加筆等を行うことで争点整理案を作成したり，医事関係訴訟とか建築関係訴訟における診療経過一覧表や瑕疵一覧表を作成して共有したりすることができるようになります。これまでは，当事者が持参したUSBメモリ等を使って電子データのやり取りを行うことが多かったと思いますが，ファイル編集共有機能を用いればそのような方法を取る必要がなくなるだけでなく，リアルタイムで同一のファイルに加筆等を行うことができるようになるため，争点整理を円滑に進めることができるようになったと考えているところです。

山本　先ほど最所さんからも少しご紹介がありましたが，令和2年6月頃から労働審判にも用いられるようになったということですが，その辺りの事情というのは，どういうようなことだったのでしょうか。

富澤　令和2年6月8日から労働審判手続の期日においても，ウェブ会議等のITツールを活用した運用を開始いたしました。労働審判法1条と15条は，労働審判手続において迅速な処理を要請しております。今般の新型コロナウイルス感染症の感染拡大を背景として，解雇や雇止め等の事件が多数係属することが予想されており，そうした事件について，可能な限り裁判所への現実の出頭を要することなく，迅速に手続を進めていくことを可能とするニーズが高まっていると考えられましたので，ウェブ会議の方法により労働審判手続の期日を行うことを可能としたところです。

山本　実際に，もうかなり利用されているのでしょうか。

富澤　統計上の数字をご紹介いたしますと，令和2年6月は運用を開始したばかりであったことから利用はありませんでしたが，7月は全国で18件，8月は30件，9月は30件の事件で利用されています。

2. 弁護士から見た現状

山本　続いて，弁護士側から見た現状について，最所さんからは先ほど弁護士会のアンケートについてもご紹介いただきましたが，さらにいかがでしょ

うか。

最所 弁護士側からすると，IT化は概ね肯定的に捉えられています。私の経験の話で，先ほどの労働審判にも使われるようになったという点ですが，当初，労働審判で使うのは果たして適切なのかと思っていました。率直な感想として，労働審判は，割と労使間が激しく対立するところを，早期に対立を解消して和解に持っていくというところが，1つのメリットと言いますか，重要なところだと思うのですが，IT化の手続では，いわゆるガス抜き的なことがやりづらいのではないかと考えていました。例えば，裁判官の面前で，これだけははっきり言ってやったとか，労働者側から会社の経営陣に対して，裁判官の前で言いたいことを言ってやったとか，そういうことが，片方が出頭しない場合には，やりづらいのではないかと。ところが，実際にやってみると，双方が直接顔を合わせないお陰で，割と冷静な話合いができまして，さらに，最終的には，ある程度のところまで，和解の話とかもできていましたので，そういった現状からいたしますと，当初思っていたほど，対席の場合と違わないのではないかと感じています。

山本 そういう意味からすると，将来的には家事事件とかにも拡大していくということも想定されるということでしょうか。

最所 家事事件の場合は，相手方が遠方にいる場合などは，なかなか大変で，手続を実施するにも，日当経費が余計にかかってしまうという現実があります。その意味では，むしろ家事事件のほうに，早めに導入してほしいと思っている当事者は，相当いらっしゃるのではないかと思います。

　また，ウェブを利用すると，直接会わないと言うか，画面を通してなのかもしれませんが，要は言い合いがなくなります。片方が話している途中で割り込んでしまうと，声が重なってうまく聞き取れないという状況になりますので，その意味では，ヒートアップしない，冷静な話合いは，むしろウェブのほうができるのではないかというのが，私が労働審判を経験した上での率直な感想です。

山本 それは，我々が研究会をオンラインでやるときにも感じることではあります。松尾さん，お願いします。

松尾 重なるところはあると思うのですが，まず，現状の浸透度合いというところから考えると，当初，始まった令和2年2，3月の段階では，裁判

所のほうで，従前電話会議でやっていた事件や，ウェブ会議を積極的にやってくれそうな代理人が付いている事件を選んで実施していたという感があったように思います。

　最初の緊急事態宣言解除後は，先ほどの統計にも出ているように，件数が非常に順調に伸びているという実感を持っているのですが，このように浸透していっているのは何点か理由があると思っています。

　まず，冒頭に山本さんから話があったように，日本の民事裁判では，基本的に遠隔地という前提はありますが，諸外国と異なり，正式な裁判手続として，争点整理手続を電話会議で行うことが普及しているという背景があります。その電話会議と比較すると格段に臨場感があり，しかも設備投資もほとんど要らないというところで，抵抗感なくウェブ会議に入っていけたのではないかと考えております。

　それと，新型コロナウイルス感染症拡大に伴って，双方出頭しない形で手続を実施したいという要請が増えました。そのような中，コロナ禍をきっかけに，多くの弁護士が依頼者との打合せもウェブで実施するなどの経験をし，その利便性を実感するようになり，緊急事態宣言解除後は，更に，抵抗感なく，ウェブ会議に入っていける弁護士も増えたのではないかと思っています。

　当初は裁判所のほうも事件を選んでいたと思うのですが，この前，私が経験したのは，例えば第1回の口頭弁論期日で双方代理人が付いていて，次回から弁論準備にしようというときに，この件でウェブ会議を実施するかどうかは別にして，取りあえずTeams上でチームを作りましょうということで，チームを作りました。結局，第1回の弁論準備期日の段階からウェブ会議になったのですが，そういう形で，最近は事件を選ばずに裁判所のほうから声掛けされることもあり，弁護士側も，大半は抵抗感なくウェブ会議に入っていっているのではないかと思っています。

　私が利用した実感としては，やはり電話会議との対比で臨場感が格段に違うということと，最所さんも先ほど触れられましたが，期日が入りやすいというところがあって，大半の利用者から，期日が入りやすい，電話会議に比べて臨場感がある，非常に便利だ，どんどん広げてほしい，こういった好意的な意見が多いと実感しています。遠隔地要件との関係では，私が関与している大阪の4事件は，いずれも代理人は大阪弁護士会所属の弁護士です。私

の事務所から裁判所までは歩いて10分程度なのですが，そういったケースでも積極的にウェブ会議が利用されているという現状にございます。

　あと，先ほど富澤さんから工夫例の話が出ていましたが，現状，例えば画面共有するというようなことを全件やっているかと言うと必ずしもそういう状況ではありませんが，周りの弁護士からは，工夫例として，例えば争点メモやブロックダイアグラムが事前にアップロードされたという話を聞いていますし，次回の準備事項を記載したメモが期日後にアップロードされたとか，チャット機能を使って簡単な事務連絡をしたといったことは，お聞きしております。私が関与している事件でも，例えば主張の大枠を記載したWordのメモをファイル共有したり，Teamsのチャネルに書き込んだりするといった工夫もしてみようということで，そういった試みをやったこともございました。

　大阪地裁との意見交換会においても，大阪地裁では，各裁判官においてTeamsの各種機能を活用して，より良い民事裁判手続の実現に向け，いろいろと審理の工夫等を模索しているという話を聞いております。今まで，瑕疵一覧表や診療経過一覧表を，代理人間ではメールで交換して，裁判所にはいちいち保存媒体に保存して持っていくというようなことをしていたのですが，そういったこともTeamsを使ってやれば，非常に簡便に済みますし，民事訴訟規則3条の2第1項による裁判所へのデータの提出も，Teamsを使えば簡単にできると思っております。

山本　今のお話，最所さんのお話も含めて，現状は大半の弁護士が便利になったというように評価をされ，実際にそれに応じられているというように伺いました。運用が始まった当初に，裁判所の方に伺った限りにおいては，裁判所のほうから使ったらどうですかと言っても断られるという例が多くて，結局電話会議になってしまったということが結構あったということですが，コロナ禍などを経て現状は随分変わってきているという認識でよろしいのでしょうか。

最所　そこは先ほど松尾さんもおっしゃったように，コロナ禍で法律事務所も「Zoom」などを普通に使うようになりました。その意味で，割と抵抗がなくなった，その点は，すごく大きいと思います。一方で，Zoomなどを，必ずしも全部の先生が使っているかと言うと，やはり，苦手な先生はどうし

てもいらっしゃって，そういう先生方に，不安があるということは分かります。例えば，途中で機材がうまく動かなかったりとか，切れたらどうするとか，そういった不安が，実際にも，懸念として挙がってきているという印象はあります。

山本　松尾さんはいかがでしょうか。

松尾　もちろん，今はまだ使うつもりはないという弁護士も一定数はいると聞いているのですが，やはり日常業務でウェブ会議を利用する弁護士が増えたという影響は大きいです。日常業務では Zoom を使うことが多いのですが，弁護士間の会議は裁判手続で Teams を使うのだから，1 度使ってみようということで Teams を使ってみたりして，そういう形で日常業務にもウェブ会議が浸透してきているというところが大きいと思います。

山本　裁判所は全国的にそういう感じなのでしょうか。

富澤　下級裁判所の裁判官からは，新型コロナウイルス感染症の感染拡大の影響により訴訟の利用者のウェブ会議に対するハードルは下がったように思われると聞いています。

　先ほど最所さんからお話があったように，通信回線などの影響によりウェブ会議の途中で通信が切断されたり，不安定になったりすることへの危惧は，裁判所において光回線を敷設して有線化したことで，ITPT でモバイルルータを使用して無線で検証をしていた頃と比べて通信状況が改善されたと聞いているところです。他方で，弁護士の中には，あまり通信状況が良くないために事件処理の中でも途中で通信が切断されてしまったということがないわけではありません。このような場合には，例えばカメラをオフにして音声だけのやり取りに切り替え，それでも難しい場合には電話会議に切り替える方法によるなど柔軟に対応しているところです。弁護士の皆様には，是非，心配せずに 1 度ウェブ会議を利用していただければと思っているところです。

山本　大学のオンライン授業をやっていても，突然画面からいなくなる学生というのは時々いますので，それはあり得るのかなと思います。

　今までのご議論について，笠井さんからコメントあるいは質問はございますか。

3. 期日の入りやすさ

笠井 私は，お話について大変得心がいったところです。ポイントとしては，裁判所と両当事者で情報共有がスムーズかつ正確にできるかどうかということと，期日がこれでどのぐらい入りやすくなるのかという，その2点が大きなところかなと思っていましたので，それらがうまくいっているということで，すばらしいと思いました。

期日がどのぐらい入りやすくなったのかということに関心があります。コロナ禍であって，そもそも裁判所に来にくいから，わざわざ来るのに比べると，手続を進めやすくなったというのは当然あると思いますが，今お話があったように，新型コロナウイルス感染症の関係で遠隔の会議が増えて，機械の使い方にも習熟したところがありますので，そういうことも含めて，新型コロナウイルス感染症の問題が起きる前，例えば令和元年ぐらいの期日の入り方と比べて，争点整理の各手続の期日の間隔がどのぐらい短くなったのかということは，まだ統計としてきちんと出ていないかもしれませんが，感覚としてどのぐらい早くなったかというのが，もし分かるようでしたら伺いたいと思います。

山本 裁判所から，どうですか。

富澤 本日の座談会時点ではまだ運用を開始してから7カ月余りしか経過していないこともあり，統計上の数字でご説明することは困難です。ただ，下級裁判所の裁判官からは，期日等の指定を柔軟に行うことができるようになったとの報告を受けています。

例えば，弁護士が事務所にいるものの，会議と会議の間の1時間だけしかスケジュールが空いていないという場合，これまでは裁判所に来ていただくとなると1時間では足りないために期日等を指定することができなかったところ，ウェブ会議を利用した手続では1時間あれば期日等を指定することができることになります。これは1つの例ですが，期日等の指定が容易になったと考えられます。このような変化が統計上の数字としてどこまで明確に出るかというのはなかなか難しいところがあるように思われますが，先ほども申し上げたとおり，下級裁判所の裁判官の肌感覚では，かなり期日等が指定しやすくなったと聞いているところです。

最所 その点に関して，これは個人的な考えと私の立場によるものなのかも

しれないのですが，ウェブ会議が入る前だと，1日に3件期日を入れること
は，かなり大変でした。同じ裁判所で都合よく期日があるわけではなくて，
通常は幾つかの裁判所を移動しなければいけない。ところが，ウェブ会議で
は事務所に居ながらなので3件は全然難しくないのです。そうすると，弁護
士側としても非常に融通が利くと言うか，そういう意味では，期日は当然入
りやすくなるのではないかというふうに思います。

松尾　私も全般的には同様の実感です。ただ1点だけ，むしろ期日が入りに
くくなったということがあります。それはどういうケースかと言うと，専門
部で裁判官の人数が多い部では，機材の関係で，今までは弁論準備を週2日
入れることができていたのが，ウェブ会議を利用できるのは週1日だけだと。
そうすると，ウェブ会議のほうがかえって期日が入りにくくなってしまうと
いう現象を経験しております。

　これはまだ始まったところで，試行錯誤でいろいろやっているのだと思う
のですが，やはり，ウェブ会議によってかえって期日を入れにくくなるとい
うのはよろしくないことだと思いますので，統計上，それが如実に出てきた
場合には，需要に応じた機材を整えていただきたいというところが実感とし
てあります。全般的には期日が入りやすくなったという印象を受けているの
ですが，特殊例としてそういうことがありましたので意見として言わせてい
ただきます。

山本　裁判所から何かありますか。

富澤　ウェブ会議に用いる機材につきましては，裁判官1人に1台整備でき
ておらず，現状では，裁判官2人に1台程度の割合で整備しているところで
す。したがって，ウェブ会議の利用が増えると，現在の整備状況で機材が足
りるのかという問題もございます。いろいろな制約はあるところですが，今
後の利用状況も見据えながら，需要に応じた環境整備を行っていきたいと考
えています。

山本　笠井さんは，ほかにコメントはございますか。

笠井　統計の話は，令和2年は，緊急事態宣言があり，その間は手続が止ま
ったりしていたようですので，審理に要した実際の期間と言っても，それを
何とか相殺できるぐらいになればいいという感じがしますが，令和3年ぐら
いになると，実際，統計として争点整理等の期間が短くなったというような

成果が現れればとても良いと思います。

　大学の教員でも，土曜日に京都にいながら東京と大阪の研究会3件に参加できるといったこともあり，同じような話なのだろうと思って伺っておりました。

山本　ありがとうございました。

Ⅳ. 見えてきた課題とフェーズ2の展望

山本　それでは，よろしければ，既に幾つか現状を見る中での課題等にもご指摘が及んでいたところですが，ここでまとめて，現状は今のようなお話で裁判所からも弁護士会からも肯定的な意見が多いということですけれども，やはり一定の課題はあるのだろうと思っております。そこで，これも裁判所側から見たもの，弁護士側から見たもの，研究者から指摘するものがあると思いますが，まず，裁判所から見た課題として，どのようなものがあるかということをお願いしたいと思います。

1. 裁判所から見た課題
富澤　大きく2点の課題についてお話しいたします。

　まず，1点目の課題は，フェーズ1の運用を更にどのように拡大していくかという点です。冒頭でも申し上げましたが，令和2年12月14日からは全ての地方裁判所本庁に運用を拡大する予定です。したがって，まずはこれらの庁での運用がスムーズに開始することができるように，最高裁としても必要な環境整備を進めていきたいと考えています。

　フェーズ1の運用は，裁判所だけで進めることができるものではありません。実際の事件処理の中で利用していただく弁護士の方々，さらには弁護士会との協力が不可欠です。私が現在のポストに着任して，各地方裁判所のITPTと単位弁護士会との間でフェーズ1の運用の協議を開始していただく際，全国50の単位弁護士会の窓口の方に電話等で連絡をさせていただきました。その際にもフェーズ1の運用，あるいは民事訴訟手続のIT化を進めていく上では，裁判所と弁護士会が緊密に連携して進めていくことが大切であり，是非，単位弁護士会と各地方裁判所で意見交換をしながら進めていただきたいというお願いをさせていただいたところです。お陰さまで各地方裁

判所，各単位弁護士会で精力的に意見交換，模擬手続等をしながら無事フェーズ１の運用を開始することができたということで，私としては非常に心強く感じているところです。このような緊密な連携を引き続き継続する形で今後もフェーズ１の運用を進めていきたいと考えているところです。

　また，先ほども申し上げましたが，私も北海道の裁判所で勤務した際に，支部にも転補していたことがございます。このフェーズ１の運用については，地方裁判所の支部でのニーズもかなり高いと考えておりますので，地方裁判所本庁への展開が終了した後は，できる限り速やかに地方裁判所の支部へも運用を順次拡大していきたいと考えております。現在のところは，令和３年度から地方裁判所の支部に順次展開していきたいと考えており，それ以外の裁判所についても地方裁判所本庁等での運用も見ながら速やかに展開していきたいと考えております。

　２点目の課題は，非常に重要な点ですが，フェーズ１の運用を介して民事訴訟手続のプラクティスをどのように改善していくかという問題です。フェーズ１の運用ではITツールを活用した様々な工夫が考えられるところですが，単にITツールを現在の争点整理のプラクティスの中に導入するだけでは十分ではなく，IT化を契機としてより良い民事訴訟のプラクティスを実現したいと考えております。すなわち，民事訴訟手続のIT化を，現在の民事訴訟のプラクティスを改善する契機とすべきものであると考えているところです。

　現在，フェーズ１の運用を実際に行っている下級裁判所の裁判官や書記官は，このような観点から様々な運用上の工夫を行っているところです。本日もご紹介がありましたファイル編集共有機能や画面共有機能の活用もそうですし，それ以外にもこのようなことができないかということをいろいろ検討しているところです。

　このようなプラクティスの改善も，裁判所だけで実現することができるものではございません。当事者の意見も十分に聞きながら工夫を進めていく中で，IT化後の争点整理のプラクティスの在り方について検討を進めていきたいと考えているところです。

2. 弁護士から見た課題

山本 ありがとうございました。それでは，弁護士の立場から見た課題について，最所さんからお願いいたします。

最所 弁護士の課題と言いますか，書面による準備手続は今まであまり使われていなかったので，そこで調書にどのように記載されるのかとか，記録としてどう残るのかというところに関して，少し不安に思っている弁護士の割合が多いようです。弁論準備手続であれば今までも慣れているのですが，書面による準備手続で進んだ場合，その後どういう影響が生じるのかという点を心配している意見が多く出されています。

　あと，公平性の問題なのですが，例えば，ウェブ会議で和解の話をするときに，片方に接続を切って待ってもらいますと言われた時とか，手続が終わって接続を切る時にどうするのかという点で，少し不安になっているという意見がありました。自分のほうが先に切ったら，実はその後，裁判所と相手側が何か話していたのではないかと疑ったり。そういう疑いを避けるのであれば，裁判所から接続を切ってもらったほうがいいというような意見もあり，いろいろと，PT の中でも意見が出ています。

山本 今の2点，まず，書面による準備手続の規則において協議は一体何を意味しているのかという点は，従来，はっきり整理しきれていなかった部分があったかと思います。裁判所としては，今の段階でこれをどのように考えているのでしょうか。

富澤 今ご指摘のあったところについては，裁判所でも運用上の課題として挙げられているところです。書面による準備手続の協議が何度も繰り返されると，準備書面が陳述されないまま手続が重ねられたり，書証の取調べもされないまま続いたりという状況が見られるところです。ただ，私の経験上も，書面による準備手続で電話会議の方法による協議をした際に，陳述されていない準備書面や取調べをしていない書証の内容も踏まえて双方当事者と争点整理のための協議をしても，審理を進める上で大きな支障はなかったと記憶しています。

　ただ，準備書面が陳述されない形で残っていることが問題となるケースでは，例えば，途中で弁論準備手続を1度挟んで準備書面を陳述させたり書証の取調べをしたりする工夫もされているようです。さらに，記録化という意

味では，民事訴訟規則91条2項で，裁判官が裁判所書記官に対して調書を作成させ，協議の結果を記載させることができるという規定がありますので，必要に応じてこのような方法で協議の結果を記録化することもあり得ると思っております。

山本 ありがとうございます。あと，もう1点は，和解，あるいは期日が終わったところで接続を切るタイミングという点で，確かに，我々が授業をやっているときみたいに，学生が次々と切っていくのか，先生が自分で全体を切るのかということで，私は裁判所で会議全体を切ってしまうのかという感じがしていましたが，和解の場合は一方に切ってもらってということかと思うのですけれども，その辺りは，裁判所で考え方はあるのでしょうか。

富澤 統一的な運用をしているわけではありませんが，裁判所にとっては中立・公平性が一番重要なところですので，そのようなところにも配慮した運用を行っているものと承知しております。例えば，私の電話会議における経験ではありますが，当事者双方が裁判所に出頭していないのであれば，裁判所のほうから当事者双方に断った上で自ら切るという運用をしていました。したがって，私がウェブ会議をする場合には同じような運用をすると思います。

　一番問題となるのは，一方当事者が裁判所に出頭していて，他方当事者がウェブ会議あるいは電話会議の方法で手続に関与する場合だと思います。様々な工夫が考えられるところですが，例えば，私のやっていた工夫ですと，手続が終了したら裁判官だけ先に準備手続室から退出し，書記官が「裁判官は今退室しました」と告げた上で回線を切るといった運用を行うことによって，裁判官が一方当事者とだけ話すことはないと安心してもらうという運用を行っていたところです。この辺りは裁判官によって様々な運用上の工夫をしているところだと思います。代理人が不安をお持ちになるのは当然だと思いますので，裁判所として公平中立に疑いを生じさせるようなことがないような運用を行うことが大切だと思います。

山本 それでは，松尾さんからもお願いします。

松尾 準備書面が陳述されないまま書面による準備手続の協議が重なるという懸念は裁判所との意見交換会などでも出ており，先ほど富澤さんの話にもありましたように節目節目で弁論準備を入れればいいのではないかと。この

点のほか，留意しておかなければいけないのは，書面による準備手続の場合，調書が作成されても期日外調書であり，自白や意思表示の効力は認められませんので，代理人側も当然その辺りは認識しながら手続に臨まないといけないと考えております。

　あと，接続を切る時の問題は大阪でも話に出ました。一方の代理人側から切断したところ，Teams の場合，かかった会議の時間が後に表示されるのですが，その時間が手続に要した時間よりも非常に長くて，切断した後もまだ裁判所と他方の代理人との間でつながっていたのではないかという抽象的な不安を抱いたという話が出ました。当然そういう疑義が出てはいけないということで，プラクティスとして裁判所から切断するようにしましょうというような話も出ております。そういう実務をやることによって分かってくる問題点について，代理人側もいろいろ意見を言ってフェーズ2につなげていければと思っております。

山本　それでは，笠井さん，今までの点で何かコメントはありますか。

笠井　これは，今後 IT 化が全部できたとしても，当事者の一方だけ出頭して一方がウェブというのはあり得る話ですので，運用でどのようにするかという話だろうと思います。やはり，不公平がないようにというのは当然のことだろうと思いますので，気を付けていただきたいと感じました。

3. フェーズ2以降への展望

山本　ありがとうございました。現在の状況についてこれまでご議論いただいてきたところですが，このフェーズ1は，この後フェーズ2，フェーズ3につながっていく段階です。このフェーズ1をやってきて現状見えてきた課題を受けて，フェーズ2，要するに立法論にどのようにつなげていくかということが問題になってくると思います。現状のフェーズ1を見て，ここから何らか立法への示唆，こういうことは立法のときに解決すべきではないかという課題があれば，ここで議論していきたいと思います。

　先ほど申し上げたように，本企画からすると，次回にまた立法についてだけを論じる別の座談会が予定されているわけですが（本書 No.13），現在のフェーズ1から得られる示唆という観点からご発言があればいただきたいと思います。富澤さん，何かありますか。

富澤 山本さんからもご紹介がありましたとおり，フェーズ2については，私も幹事として出席している法制審議会の民事訴訟法（IT化関係）部会で調査審議が進められているところですので，まずは，部会での調査審議の状況を見守りたいと考えております。部会ではウェブ会議の方法で口頭弁論期日を行うことを可能とするという提案がされているところですが，証拠調べを含む口頭弁論期日をウェブ会議の方法で行う場合には，争点整理手続とは異なる視点での検討も必要になるのではないかと考えております。例えば，口頭弁論の公開をどのような形で担保するのかといった観点から検討すべき課題もあると思いますので，部会での調査審議の状況も見ながら，裁判所としてもしっかりと対応していきたいと考えております。

　また，現在のフェーズ1の運用では，書面による準備手続に付したところ，次の手続は弁論準備手続で行うというように途中で手続を切り替える場合に，現行法下では書面による準備手続に付する決定をいったん取り消して，弁論準備手続に付し，改めて書面による準備手続を行うとなると弁論準備手続を取り消す必要があるように思います。今後，仮に弁論準備手続で，双方当事者が裁判所に出頭せずに手続を行うことができるようになると，このような場面はなくなると考えられますし，さらに，現在，調査審議がされているように争点整理手続をより柔軟なものにすることができると，ウェブ会議の利用も更に普及するのではないかと思います。また，現在，事実上の打合せのような形でやっている協議に法律上の根拠を与え，この手続をウェブ会議で行ったり，更にはメッセージ機能を使ったり，このような様々な機能を活用したりすることができるようになると，より良い争点整理のプラクティスを実現することができるのではと期待しているところです。

山本 ありがとうございました。最所さん，何かありますか。

最所 裁判所と議論している中でも，いろいろな話が出ています。その中で，フェーズ1でもやろうと思えば意外とできることは多いのではないかという意見が1つあります。ある裁判官と話をしたときに，双方がウェブの場合，非訟事件手続法47条の規定で，要は，和解になりそうだったら付調停にすると，ウェブでも，即座に和解ができるという話がありました。裁判手続をいったん付調停にして，そこで非訟事件手続法の手続を使って和解をするという形ができると。

また，ここは本質的に少し微妙な気がするのですが，例えば，裁判長の訴訟指揮で手続の録画を場合によっては認める。これは関係者がその場にいたときに，その人に対して裁判官が質問して，その様子を録画することを認め，その後，一方の代理人がそれを DVD なり CD-R に焼いて証拠提出する，ということも考えられるのではないかと思います。

　例えば，高齢者の方がもうすぐ亡くなりそうだし，健康状態もかなり危ないというときに，新型コロナウイルス感染症の影響で老人ホームなどには全く立ち入れない場合に，その方が重要証人だとすると，そういう人に裁判所に出頭してもらって尋問するわけにもいかない。そこで，ウェブを活用してどうにかできないかと。ただ，それをどう記録をするか。仮に，Teams で録画したものを利用することが，可能であれば，もちろん信用性については争う余地はあると思うのですが，あり得るのではないかと思います。

　それから，例えば，医師の尋問なども，わざわざ医師に平日来てもらうのは大変なので，片方の代理人が病院に行って医者に質問して，Teams を使って，裁判官がそのときに質問する。その状況を録画し，後で証拠提出するということが，もし可能なら，だいぶ変わるのではないかと個人的には思っています。

山本　最後に言われた点は，今回の立法の議論の中でも，証人尋問を必ずしも法廷だけではなくて，外の場でオンラインでやれるのではということが議論されていますね。

最所　本来的には，立法で解決しなければならない問題だと思うのですが。

山本　現在の実務でも工夫により可能だということですかね。

最所　現行法でも，できないとまでは言えないのではないかと思います。裁判長の訴訟指揮で録画を，一部これについては認めるということが，もしできるのであれば，証拠化することも不可能ではないと考えたりはしています。

山本　証拠としては書証と言うか準文書みたいな。

最所　準文書として，後でどちらかの代理人が提出する。

山本　ということも考えられるのではないかと。

最所　考えられるのではないかと。可能性としていろいろとあるのではないかと考える中の1つとして，ぎりぎりのところを申し上げさせていただきました。ただ，それをやろうとするといろいろ問題が出てくるものについては，

きちんと立法した上でやらなければいけないと思っています。

山本 ありがとうございました。富澤さん，いかがでしょうか。

富澤 Teams を活用すると様々な可能性が生まれると思いますので，最所さんがおっしゃったような運用も，今，正に法制審議会で議論している中で，なるべく法律上明確にできるところを明らかにしていくことが重要であると思っております。ただ，現行法のままで実現できるかと言うと，確たることは申し上げられませんが，なかなか難しいところもあるかと思ったところです。

山本 ありがとうございます。それでは，松尾さん，お願いいたします。

松尾 今，最所さんから出ていたところは，フェーズ1でこういうことができるのではないかという話だと思います。私自身は，録音，録画に関しては，証人尋問との区分けの問題もありますし，ノン・コミットメントルールの下で口頭議論を阻害することになってはならないと思います。できること，できないこと，あるいは，こういうことができるのではないかという工夫をいろいろ考えればいいと思うのですが，やはり，そこは手続の安定性との兼ね合いで，あまり挑戦的なことをするのもよろしくないかと個人的に思っております。

フェーズ2に向けての課題ですが，フェーズ1では運用上，代理人が付いている事件に絞っておりますが，フェーズ2となると，本人が出席するというところを当然考えておかなければいけない。そうすると，非弁の問題も当然考えておかなければいけません。例えば，フェーズ1の導入前に，模擬裁判をしているときにカメラを動かして，誰がいるのかということを確認する運用が必要ではないかという議論もされていました。今のところは代理人が付いていますので，ウェブの接続先にどなたがいますかと聞き，誰々がいますというやり取りだけで，基本的には裁判所が何か疑義を感じることがなければそのまま手続は進んでいます。

そういう非弁の問題も含めて，代理人以外の者が手続に関与してくるというところは意識しておかないといけないのかと。裁判所法で法廷警察権や法廷外における処分という規定はありますが，ウェブの接続先のことまで想定して規定しているわけではありませんので，その辺りの規律も含めて，フェーズ2に向けては考えていかないといけないのではないかと思っています。

また，ウェブ会議は確かに有用だと思うのですが，やはり事案や事情によっては，期日に出頭したいというニーズを代理人側で持っている事件もありますので，ウェブ会議が半ば強制されるということがあってはよろしくないと思っております。どういう法制度にするか，今，法制審議会でいろいろ議論されておりますので，そこに委ねたいと思いますが，争点整理手続についてはそのように考えています。

　あと，ウェブ会議が幾ら臨場感があると言っても，証人尋問で求められる臨場感とは質的に違うと思っております。例えば，争点整理をウェブ会議で行っている時に音声が乱れる，画像が乱れるということはしばしばあることです。証人尋問をやっているときに，そういうことがあると非常にやりにくい。やはり直接主義が強く要請される手続だと思いますので，証人尋問は，フェーズ2になったとしても，基本的にウェブ会議は例外的になるべきなのかと考えております。

山本　ありがとうございます。今ご指摘の点は，現在，いずれも法制審議会で議論されている事柄かと思います。特に最初の法廷の概念の問題はなかなか難しいところがあります。場合によっては刑事訴訟にも関係するところもあるので，どのように整理するのか，あるいは外国で，オンラインで証人尋問をするということを主権との関係でどのように考えるのか。そういう問題とも関わってくるところで，議論があるところだと思いますが，今回の立法で何らかの整理をしていく必要があるということはご指摘のとおりだと思います。それでは，笠井さん，お願いいたします。

笠井　松尾さんがおっしゃったとおり，本人訴訟の話が少し気になっています。今おっしゃったように，フェーズ1は弁護士だけでやっておられると思うのですが，フェーズ1の段階から，本人訴訟でも選んでやることは考えられないのかということです。争点証拠整理のための第1回期日からはできないと思うのですが，既にある程度期日が重なっている事件で，本人がそれなりに対応されているという場合に，もちろん，そこの場所にほかの人がいて非弁の問題があるという危険性は確かにあるわけですが，いずれにせよフェーズ2になってくるとそれがより実際的な問題になるので，フェーズ1のときから，本人訴訟でもやれる事件を選んでやるということは考えてもいいのではないかと思っているところです。

それから，もう１つは，松尾さんがおっしゃった法廷警察権の話ですが，前回の法制審議会の部会で私も少し発言しました。やはり，これは立法的にきちんと整理しないといけないと思っております。今回の経験を踏まえて，法廷警察権の行使の範囲ということで，もちろん，電話会議なども現行法に基づいてやっているわけですから，現行制度ができたときに一定の整理はされているはずなのですが，ウェブ会議の方法によって，電話会議の応用が大幅に広がる話ですから，今回はどういうところに対応しなければいけないかということを考えるいい機会だと思いますので，是非お考えいただきたいと思います。

　それから，最後に，これは私が部会の第１回の会議のときに，ある種不規則発言だったかもしれないのですが，発言をした話です。裁判官が在宅でウェブ会議での争点証拠整理はできないかということです。緊急事態宣言があったときに期日が減っているということがありました。今後，新型コロナウイルス感染症の状況がどうなるか分かりませんが，災害なども含めて何があるか分かりませんので，やや極端な話かもしれませんけれども，裁判官や裁判所書記官が在宅で勤務して争点証拠整理をするということについても，ウェブ会議の普及が進む中で考える必要がありそうです。今回の立法でどこまでいくかよく分かりませんが，私は問題意識として持ち続けたいと思っております。

山本　ありがとうございました。富澤さんから何かコメントはありますか。

富澤　ウェブ会議を本人訴訟でも利用することができるのかというご指摘があったかと思います。どのような事件でウェブ会議を利用するかは，最終的には各裁判体の判断ということになりますが，現状では，ご指摘のとおり，代理人弁護士が選任されている事件に限ってウェブ会議を利用している裁判体が多いと認識しております。

　その理由は，先ほどからもお話がありましたとおり不当な第三者の影響を排除しなければいけないという点や，さらには，安定的な通信状況を確保する必要がある点などから，フェーズ１の運用をスムーズに開始する上では，弁護士が選任されている事件からスタートするのがいいのではないかと考えております。

　他方で，弁論準備手続を電話会議で行うケースでは，本人訴訟であっても

電話会議の方法により参加させている例が全くないわけではないと認識しております。私自身も本人訴訟において当事者本人を電話会議の方法で参加させたことはあります。ただ，このような取扱いをしている裁判官が多数かと言うと，それほど多くはないと考えております。それは先ほど申し上げたような，不当な第三者の関与のおそれが配慮されているのだと思います。民事訴訟規則88条2項でも，電話会議で手続を行うときには，裁判所は通話者及び通話先の場所の確認をしなければならないと規定されているところです。もっとも，不当な第三者がいないかどうかの確認は，電話会議よりもウェブ会議を利用したほうが，より容易ではないかと思われますので，フェーズ1の運用が安定的に行われるようになれば本人訴訟においてもウェブ会議の運用を広げていくのはあり得るかと思っております。この辺はフェーズ2の運用に関する法制度がどうなるのかということも含め今後の検討課題であると思っております。

　また，当然ではありますがウェブ会議の利用を強制することはあってはならないと思っております。当事者の意見を十分に聞きながら，ウェブ会議を利用することがふさわしい事件で行っていくことになろうかと思っております。

山本　ありがとうございます。最所さん，お願いいたします。

最所　先ほど私が申し上げたのは，可能性としてこういうものがあるのではないかという点で，それが適切かどうかというところはまた別の観点から検討する必要があると思っております。それに関連すると，裁判手続はウェブで期日も入りやすく便利な一方で，やはり裁判は人の権利，場合によっては人の人生を大きく左右する問題ですので，そこは適切な手続を取る必要があります。便利だから使うということでいいのかというのは，弁護士側からかなり出ている意見です。そうすると，公平性やどういう権利保障をしていくのかということは，フェーズ2に向けた法制化の中で見直していかないといけないと思っています。

山本　ありがとうございます。これまでフェーズ1の導入の過程，現状，課題，そして，フェーズ2に向けた展望までお話しいただきました。基本的には，フェーズ1は成功裡に進められているということが確認できたかと思います。ただ，課題として幾つかの点が皆様方から指摘され，それを受けてフ

ェーズ2で適切な立法が行われ，さらにそれを受けた運用で課題を解決していく必要もあるということかと思います。

V. おわりに

山本 それでは，この座談会を閉じるに当たって，それぞれ一言ずつご感想をいただければと思います。

富澤 途中でも申し上げましたが，民事訴訟手続のIT化は，単にITツールを現在の争点整理のプラクティスの中に導入するだけでは十分ではなく，民事訴訟手続のIT化を契機として，民事訴訟のプラクティスをより良いものにするという視点が何より大切だと思っています。

　フェーズ1の運用を進めている中で，裁判官や書記官の中には，現在の争点整理のプラクティスの中で改善すべき点にはどのようなものがあるかを考え，より良い民事訴訟のプラクティスを実現するためにITツールをどのように活用するのかという視点での検討の気運が高まってきていると感じているところです。このような気運を更に高め，当事者の意見も聞きながら，裁判所全体として民事訴訟のプラクティスの改善にチャレンジしていきたいと考えているところです。

　このような気運が更に高まり，弁護士，司法書士，その他の訴訟利用者と協力しながら，制度面，運用面の双方から民事訴訟の審理をより良いものにしていくことができたらと考えています。最高裁としても，フェーズ1，あるいはフェーズ2，フェーズ3の取組を更に進めていくために必要な環境整備を進めていきたいと考えているところです。

最所 技術が進歩すると，それを使えば，更に便利になるという点は，例えば，弁護士業務としても，期日が入りやすくなったとか，準備がしやすくなったとか，あるいは，裁判所へ行く時間を減らすことができたというメリットは多々ありますし，また，あれもできるのではないか，これもできるのではないかという，将来に向けた明るい展望も開けます。

　一方で，適切な運用を考えていかないと，便利だからとか使いやすいから，ということで権利保障がおざなりになってはいけません。そのためには，法制化の中で，問題点，可能性も含めて，事前に考えるべきところは考え，立法化しなければならないところはどこかについて，きちんと整理していく必

要があると思います。

松尾　令和２年２月からフェーズ１が始まって，順調に浸透しているところだと思います。２カ月間は緊急事態宣言に伴って実施できなかったということを考えると，これからフェーズ１でいろいろ試行錯誤をしながら運用していくというところだと思います。ただ，法改正も急ピッチに進んでいるようで，フェーズ２は令和４年度の法改正を受けて機材の調達等も整え，令和５年度には運用が開始されると聞いております。よくよく考えると，フェーズ１はあと僅か３年ほどの過渡的なものだと。ですから，この短い期間でより良いプラクティスを確立することが，フェーズ２の安定的な運用開始につながるものだと思っております。そういうことも意識して，フェーズ１実施の経験をより良いプラクティスに向けていくというところが，我々実務家の役割かと思っております。

笠井　今日はとても勉強になりました。フェーズ１が順調にスタートを切っている。スタートを切っていると言っても，松尾さんのお話のように，もう３分の１か４分の１ぐらいは終わっているのかもしれませんが，そういうことで，大変良いことだと思いました。

　各裁判所のフェーズ１の運用は立法化の検討と並行して進められています。特にe法廷については，フェーズ１の実際の運用で具体的なイメージ，今出てきたように課題も含めたものを把握しながら法改正の検討を進めることができます。それは，立法の手順としては大変恵まれた話なのだろうと思います。今後，特に弁護士の皆さんに，広く理解が得られて，今おっしゃっていただいたような当事者の権利をきちんと保障できるかという問題点も含めて，そういうものが立法の課題として現れてくることが望ましいと思いますので，今後も勉強していきたいと思っております。

山本　ありがとうございました。お陰さまで大変有益な座談会になったかと思います。皆さんからご指摘がありましたように，フェーズ１が順調に滑り出すことができたのは，この検討に関わった者として大変良かったのではないかと思います。ここに至るには裁判所側と弁護士会，弁護士側の双方で周到な準備がされて，その結果として順調に滑り出すことができたということだと思いますので，関係された皆様方に心より敬意を表したいと思います。

　それとともに，恐らく，極めて偶然的なことだったわけですが，今日も何

度かお話が出てきた新型コロナウイルス感染症がこのような形で起こったと。令和2年の2月からフェーズ1を始めるということを決めた際には，もちろん全くそういうことは想定していなかったわけですが，たまたまその時期と重なり合い，先ほど来出ているように，弁護士の方々も含めて，社会全体が，ある意味ではオンラインに強制的に慣れざるを得なくなったというところは，IT化に対する一定の追風になっているのかという印象も持っているところです。

　いずれにしても，現在，フェーズ2，フェーズ3に向けた立法の議論が行われているところで，先ほど富澤さんが言われたように，今回の立法も含めてIT化は，利用しやすい民事訴訟，国民から信頼される民事訴訟を作っていくということが究極的な目的であり，IT化はその1つのツールにすぎないとも言えるわけです。そういう意味では，現在のフェーズ1において，先ほど最所さんからもご提案等がありましたが，ITでどういうことができるのか，実務家の創意工夫の中でどういうことが可能で，利用しやすい民事訴訟にしていくために，もちろん，最所さんが言われた十分な権利保障，手続保障が前提になるわけですが，その中でどういうことができるのかということを是非，積極的にいろいろ挑戦していっていただきたいと研究者としては思います。

　その結果，法律の規定などが足枷になってできない，しかし，やったほうが利用者のためになるということがもしあるのであれば，並行して立法作業も行われているわけですから，是非，法律を改正して，そういうことができるような制度にしていくということが必要なのかなと考えているところです。本日は長時間にわたり積極的なご議論をいただいたことに改めて感謝を申し上げて，座談会を終わりたいと思います。どうもありがとうございました。

［2020年10月8日収録］

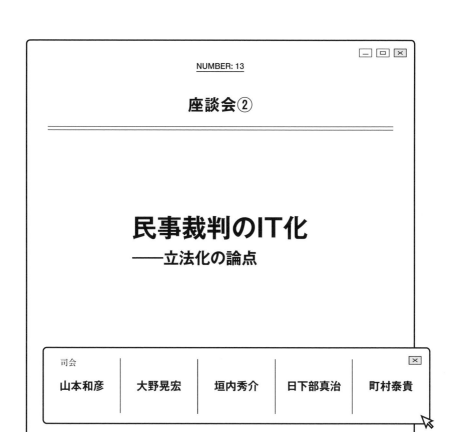

座談会②

民事裁判のIT化
——立法化の論点

司会

| 山本和彦 | 大野晃宏 | 垣内秀介 | 日下部真治 | 町村泰貴 |

Ⅰ. 座談会の趣旨と自己紹介

山本 座談会「民事裁判のIT化——立法化の論点」を開始いたします。既に第1弾として，「フェーズ1の現状と課題」として，フェーズ1の問題についてご議論をいただいたところです（本書No.12）。本日の議題は，フェーズ2，フェーズ3に向けて現在，法務省の法制審議会において立法化に向けた議論が進められているところです。この議論は，膨大な範囲にわたり，全ての論点についてご議論いただくことはできませんし，多くの論点については既に先行する論稿で取り上げていただきました。そこで本日は，その中でも主要な論点に絞った形でご議論をいただきたいと思います。法務省，弁護士会あるいは研究者として法制審議会に関与している方々，以前からIT化

の問題について研究を深められてきた方々にご参加をいただき議論をしていただくというのが本座談会の趣旨です。

最初に，ご出席の方々から民事裁判の IT 化の問題との関わりを中心に，簡単な自己紹介をお願いします。

大野　法務省民事局参事官の大野晃宏と申します。法務省民事局では，民事裁判手続の IT 化を含む民事訴訟法全般に関する企画・立案を担当しており，IT 化については，現在行われております「法制審議会民事訴訟法(IT 化関係)部会」(以下「部会」)に事務当局として参画しています。本日は，貴重な機会にお呼びいただきましてありがとうございます。どうぞよろしくお願いいたします。

日下部　第二東京弁護士会所属の弁護士の日下部真治と申します。民事裁判の IT 化については，内閣官房に設置された「裁判手続等の IT 化検討会」の委員，公益社団法人商事法務研究会に設置された「民事裁判手続等 IT 化研究会」(以下「研究会」)の委員を務め，現在は部会の委員を務めております。

日常業務では，企業の立場で民事訴訟に携わることが多いのですが，社会的弱者の立場にも十分配慮した，バランスの取れた法制度が必要であると考えております。本日は，どうぞよろしくお願いいたします。

垣内　東京大学の垣内秀介と申します。私は，民事手続法を専攻する研究者です。民事裁判の IT 化との関わりという点で申しますと，私自身は IT そのものに特段詳しいということではないのですが，現在の部会の前段階の検討を行った研究会に参加させていただきました。現在は引き続き部会の審議に参加させていただいております。

また，広く IT 化という関連で申しますと，裁判以外の民事紛争解決過程の IT 化の問題，ODR（Online Dispute Resolution）ということになりますが，そちらに関する検討の場にも参加させていただいております。本日は，勉強させていただければと思いますので，どうぞよろしくお願いいたします。

町村　成城大学の町村泰貴と申します。私も，民事手続法の研究者として参加しております。このテーマに関する法制審議会等の議論には 1 度も参加したことがないので，その中での議論はなかなか生には知らないところでありますから，本日はそれを勉強させていただきたいということが第 1 です。民

160

事司法の IT 化それ自体に関しては，平成 7 年ぐらいからぽつぽつと研究してきました。機器の進歩も著しく，その当時にはなかったスマホなどもありますから，だいぶ状況は変わっているということで，キャッチアップに努めたいと考えております。どうぞよろしくお願いいたします。

山本　皆さんよろしくお願いいたします。司会を務めさせていただきます，一橋大学の山本和彦です。私も民事訴訟法の研究者であり，この IT 化の問題については，議論が行われるようになった当初から関わってきました。本日は，そのようなご縁で司会を務めさせていただきます。

II. オンライン申立ての義務化

山本　まず，総論的な問題として，オンライン申立ての義務化という点についてご議論いただければと思います。これは今回，民事訴訟における様々な申立てをオンラインで行うことができるようにする，できるようにするという点については基本的に異論のないところかと思いますが，それを更に進めて，オンラインでないと申立てができないようにするということ，つまり義務化という形にすべきかどうかという点については様々な議論のあるところかと思います。そこで，まずこの問題についての検討の現状等について大野さんからご紹介いただきます。

1. 検討の現状

大野　オンライン申立ての義務化については，令和 2 年 6 月 19 日の部会（第 1 回会議）にて議論がされております。事務当局からは，訴えの提起等，裁判所に対する申立てその他の申述のうち書面等をもってするとされているものについては，電子情報処理組織を用いてしなければならないとすることについて，その段階的な実現を含め，どのように考えるかという形で問題提起しております。

　この点については，論点整理のために，法制審議会に先立って，研究会が令和元年 12 月に取りまとめた報告書（以下「研究会報告書」）では，甲案・乙案・丙案の 3 つの案が示されています。甲案というのは，オンライン申立てを原則義務化する考え方です。乙案というのは，オンライン申立てを弁護士などに限り義務化するという考え方です。丙案は，オンライン申立ての利

用を任意とする考え方です。研究会報告書では，この3つの考え方を示しつ
つ，平成16年改正により設けられた民事訴訟法132条の10の規則を制定す
るなどして，丙案を実質的に実現し，その後，国民におけるITの浸透度，
本人サポートの充実，さらには事件管理システムの利用環境等の事情を考慮
して，国民の司法アクセスが後退しないことを条件として甲案を実現するこ
とを目指しつつ，その過程において乙案を実現することとしてはどうかとさ
れておりました。

　部会では，研究会報告書で示された考え方を引用する形で示しつつ議論を
していただきました。部会での主なご意見を紹介しますと，そもそも「義務
化」という言葉がどのような意味なのかという意見，義務化の下で書面が出
された場合には，その書面は，そもそも受け付けないのか，補正の対象とな
るのかという意見など「義務化」の意味合いを具体的に明らかにすべきでは
ないかという意見がありました。

　また，研究会報告書の甲案・乙案・丙案に対するご意見としては，投下資
本の大きさに鑑み，丙案では納得が得られないと考えられることから，少な
くとも乙案とすべきではないかという意見，電子化のメリットは，相手方も
オンライン申立てをしている場合にこそ発揮されるので，甲案を目指すべき
ではないかという意見，訴えの提起などは時効などとの関係もあるので，慎
重に考慮する必要はあるが，準備書面についてはサポートに委ねてもいいか
もしれないという意見，オンライン申立ての例外の在り方については複雑な
ものとせず，簡明なものとすべきではないかという意見，乙案については，
具体的に将来の見通しを持てるが，甲案についてはより一層慎重な検討が必
要なのではないかという意見，実質的にオンライン申立てを強いることが酷
な立場の方に対しては，書面による申立てを認めることが適切ではないかと
いう意見などがありました。これらが全てではありませんが，以上のように
様々な意見が出されています。

2. 弁護士の観点

山本　ありがとうございました。今のような形で研究会以来の議論があり，
そして法制審議会での議論の一端についてもご紹介いただきました。いわゆ
る義務化の問題に対する弁護士の観点について，日下部さんからお願いしま

す。

日下部 大野さんがご紹介くださったとおり，現在，部会で検討されており
ますオンラインによる申立ての義務化の素案に当たるものだと思いますが，
研究会報告書でも，その内容が触れられております。日弁連では，令和2年
6月18日に，研究会報告書に対する意見書（以下「意見書」）を公表してお
ります。オンライン申立ての義務化については，訴訟代理をしている弁護士
にとっては，普段の業務に直結する問題ですので，日弁連内でも様々な意見
があったところです。

　そして，意見書では，オンライン申立てを究極的には義務化するというこ
とについては反対はしていないものでありますけれども，そこに至るまでの
過程において，適切な条件が満たされていることが必要であるということを
強調しております。具体的に申しますと，オンライン申立ての義務化は直ち
に行うべきではなく，相当の期間は書面による申立てを併存させるべきであ
ると述べています。

　その上で，いわゆる乙案と呼ばれている，訴訟代理人についてオンライン
申立てを義務化することを次の段階として考えるわけですが，その条件とし
て，事件管理システムの使いやすさや安定性，信頼性が確保されたこと，研
修やパイロット運用によって弁護士などの士業者が事件管理システムに習熟
したこと，事務職員がオンライン申立て等に係る事務を行える制度が整備さ
れたこと，こうしたことを慎重に見極める必要があるということが述べられ
ています。

　さらに，当事者本人を含む，利用者全体にオンライン申立てを原則義務化
することについては，我が国において本人訴訟が非常に多いことも考えると，
裁判を受ける権利の保障，司法アクセスの確保という観点から，とりわけ慎
重な検討が必要であって，書面による申立てを許容する例外規定の整備，裁
判所による適切な事件管理システム及び通信環境の構築，市民における IT
機器の浸透，そして当事者本人に対する充実した IT サポートの全国的な展
開，こうしたものが前提となって，初めて認められるべきであると述べられ
ております。

　こうした日弁連の意見を踏まえ，私個人としては，次のような問題意識を
持っております。1つ目は，書面による申立てをすることができる例外的な

取扱いについてです。これは，現在甲案と呼ばれている，利用者全体に義務化を進めたときの例外として議論されています。しかしながら，乙案と呼ばれている訴訟代理人について義務化したときについては，書面による申立てを認める例外的取扱いは，現在のところでは具体的な提案としては出ておりません。しかしながら，訴訟代理をしている弁護士の中にも，障害を持つ者や，経済的に困窮に近い状態にある者，高齢によってIT機器の利用に支障がある者など，様々な者がおります。そうした弁護士が，オンライン申立てができずに訴訟代理が不可能になるとすると，そのこと自体，実務的には大きな問題になるだろうと思われますので，訴訟代理人についても例外的な取扱いが必要であると考えております。

　また，訴訟代理人について義務化するための環境が整ったのかどうか，あるいは利用者全体について義務化するための条件が整ったのかどうか，それを誰がどのように判断するのかという手続の問題についても大きな関心を持っています。これらについては，日弁連としても，その判断の過程の中で，必要な役割を果たしていくことが適切なのではないかと考えている次第です。

3. 研究者の観点

山本　ありがとうございました。それでは，同じ問題について研究者の観点から，まず垣内さんにお願いします。

垣内　私自身は，総論的に申しますと，基本的には義務化ないし一本化の方向という形で進んでいくことが望ましいのだろうと考えています。その必要性あるいは根拠としては，基本的には，紙媒体と電子媒体とが併存することによる不都合，言い換えれば，裁判所，また場合によっては相手方当事者における事務処理負担の増大ということが一方であります。

　他方でこの問題は，そうした不都合を解消するために，誰がどのような形でその解消のコストを負担するのか，という問題として捉えることもできます。例えば，裁判所が紙で書面等を受け取っても，裁判所においてそれを電子化して，相手方に対してはオンラインで伝達するとか，あるいは事件記録としてオンラインで全て保持しておくといった処理をするということも考えられるわけです。

　その場合に問題となるのは，裁判所の人的負担等の関係です。仮にそうし

た取扱いをするために人の手当てであるとか，様々な費用が増大するというようなことになるとすると，それは最終的には訴訟制度の運営者と申しますか，費用を担っている国民一般，あるいは潜在的利用者にはね返ってくることになりますので，そこをどう見るかという問題だろうと思います。

　その上で，弁護士等の法律専門家については，どの程度準備期間を要するかといった具体的な検討課題はありますが，基本的には一本化のメリットを発揮するために，協力が期待されるだろうと考えていますので，義務化ないし一本化するという方向で考えるべきものだろうと思います。

　それに対して，本人訴訟当事者についてはどうかと考えますと，一方で，そうした一般の当事者も含めて一本化されない場合の不都合が，どの程度具体的に大きいのか，これは時期や例外の範囲の問題とも関連するかと思いますけれども，また他方で，IT リテラシーであるとか，本人サポートの体制がどうなっているのかという問題も見ながら検討していく必要があると思われます。弁護士等の法律専門家と比較すれば，そちらのほうがやはりハードルとしては高いと申しますか，より慎重な検討が必要になるということは間違いないだろうと思います。

山本　ありがとうございました。基本的な方向性としては段階的に進んでいって，弁護士代理人がいる場合，それから最終的に本人訴訟のほうにも義務化というものを進めていく。どのような条件が整えば，あるいはどれぐらいのタイムスパンで考えるかということについてはいろいろな議論があるところですが，基本的方向性としては，段階的に義務化を進めていくということでしょうか。そのような議論を踏まえて，町村さんからご意見をいただけますか。

町村　私も，やはり義務化の方向に段階的に行くのがよいと思います。いきなり全面義務化から始まるということはおよそ考えられないでしょう。本人訴訟の場合にどうするとか，士業の中でも使えない人はどうするかというのは，過渡的には考慮されるべきことだろうと思います。紙の書面で出した場合も，それを裁判所でデジタル化すれば全面的な記録のデジタル化に乗るであろうという垣内さんのご指摘には賛成です。あとは，その費用の負担者になるわけですけれども，こういうことを言うと怒られるかもしれませんが，やはり紙の書面を出した人がデジタル化の費用負担をするのが一応筋かと思

うのです。もちろん貧困などの理由で裁判へのアクセスを阻害してはならないので，例えば訴訟救助的な考え方を入れるというようなことを，本人については考えてもいいでしょう。

　それから，本人訴訟の場合にIT化への対応が困難ではないかという論点に関して言うと，そもそもデジタル化以前に，本人訴訟をやること自体がすごくハードルが高いわけです。弁護士代理によらないで訴訟追行することをネガティブに捉えないという前提で言うなら，そのために必要なサポートの中で電子化へのサポートというのはそれほど大きなものとは思わないです。むしろデジタル化を機に本人でも容易に訴え提起ができて，訴訟対応ができるようなシステムを国のほうで作ることが本人訴訟対応としては本筋かと思います。

　士業の方々でデジタル化に適応が困難な場合，とりわけ障害を持った弁護士の問題をどう考えたらいいかは，実情を知らないだけにお答えがなかなか難しいところですが，障害を持った弁護士のほうがIT技術を普段から活用している割合が高いということもあるのではないでしょうか。申立て段階に限らず，出頭という場面を含め，障害を持った弁護士にとってむしろデジタル化によって仕事がしやすい方向に変わる可能性もあり得るでしょう。高齢や貧困が原因で弁護士がデジタル化に対応できないという問題に至っては，パソコンやインターネットを使用しないで仕事をされている弁護士を想定する必要があるかという疑問を感じます。

　そういうわけで，本人訴訟の場合には特に，弁護士であるとか，司法書士であるとか，法テラスであるとか，そういうサポートの中にオンラインへの対応というのも入っていって，いずれは全面的なデジタル化に向かっていく，というのが全体構想なのではないでしょうか。

山本　ありがとうございます。やはり，誰もが使える，使いやすいシステムが構築されていくことが最も基本的だというご指摘は，本当にそのとおりだと思います。これは法制化の問題と言うよりは，どちらかと言えば裁判所のほうでのシステム構築の問題だと思いますが，ユーザーの利便性を確保するため，ユーザーの声を聞きながら，システムを構築していくということは非常に重要なことだと思います。

　また，サポート体制の整備という点についても，弁護士会，司法書士会，

あるいは個々の弁護士，司法書士という士業等，さらに法テラス等も含めて期待される部分が大きいということだと思います。それがどのように整備されていくかということによって，最終的に甲案に移行していく時期が決まってくるということかと思います。他方，乙案について弁護士会のほうからお話があり，町村さんのほうから疑問の提起もあったかと思います。日下部さん，これはある程度の時間が必要だということになるという見通しでしょうか。

4. 乙案の採用とその例外

日下部　少なくともオンライン申立てができる事件管理システムができた，その初日から訴訟代理人についてはオンラインの申立てでないといけないという形になってしまうと，恐らく運用の初期において多くのトラブルが発生するだろうと思われます。その意味では，当初ある程度の習熟期間は必須だろうと思うのです。その習熟期間として何年も必要だというのも不合理だと思いますが，それが半年なのか，1年と言うと長いような気も個人的にはしますけれども，相応の期間は必要だろうと考えております。

　しかしながら，先ほど私が言及した訴訟代理人の中にも障害を持つ者や，経済的な問題を抱える者，高齢者など，ITによるオンライン申立てに支障がある者の問題には，習熟期間を置くことでは解決できないものも当然含まれていると思います。その意味では，訴訟代理人についても，広範に認められるのはおかしいと思いますけれども，一定の例外を認め，書面による申立ての道を残しておいていただくことがよいのではないかと考えております。

山本　その場合，先ほど町村さんのほうから，書面で出した場合には手数料と言うか，費用をその分取ってもよいのではないかというご指摘もありました。仮にそういうことになると，何か追加的な費用が必要になるということが生じ得る可能性はありますが，その辺りはどうですか。

日下部　そういう場合に，オンラインによる申立てをしないで，紙ベースの申立てをすることによって追加的に費用が発生し，それは各当事者の負担であるということに仮になると，その部分を弁護士などの訴訟代理人が，依頼者である当事者本人に負担してもらうのか，自分で負担するのかという問題に迫られると思います。実務的な観点から言うと，当事者に負担を求めると

いうのは難しい面があるかと思います。しかしながら，この扱いについては個々の弁護士の考え方にもよると思いますし，なかなか一般的にどうあるべきだということを申し上げることはできないところです。

山本　ありがとうございました。士業にも一定の例外があってもいいのではないかというご意見について，垣内さんはどのようにお考えですか。

垣内　障害がある方の問題のほうが，性質としてはより深刻と言いますか，重大なのかなという感じがします。ただ，障害の内容との関係で，具体的にどういう形でオンライン申立てに支障があるのかが問題で，これが，もし技術的な観点から解決が可能なのであれば，まずはむしろそちらのほうを検討していくことが必要です。最終的にそれが解決できないということであれば，それは確かに何らかの例外を認めるということも考えざるを得ないように思います。

　他方で，資力の問題等についてですけれども，例えば非常に資力が乏しいので最新の法律書が買えないから最新の法令が分からないといったような弁護士を仮に想定したときに，それはどうなのかといったことに照らして考えると，資力がないのでオンライン申立てに対応できないということで，その例外を認めるべきであるという話になるのかと言うと，そこはなかなか難しいところがあるのかなという印象を持ちます。例えば，弁護士会その他の士業団体において，何かハードルが高いメンバーへのサポートを考えるとか，そういった検討も考えられるのかなという感想を持った次第です。

町村　1つ付け加えたいのは，垣内さんが弁護士会のサポートというお話を出されたのですが，認証システムですね。フランスなどで行われているような，弁護士会が主体となった認証を入れると弁護士が入りやすくなる，利用しやすくなる。司法書士会はもう登記制度でそれがあるので，それは弁護士会もやるべきことだと思うのです。弁護士会は費用の点で断念したというお話を伺ったことがあります。今回はそこを克服していただくと，より弁護士にとっても使いやすいものになるのではないかと思います。

山本　認証システム，というのを具体的にお話しいただけますか。

町村　つまり，本人認証です。昔だったら住基ネット基盤で，公開鍵暗号システムで認証を取って，その認証キーを持って申立てをするというシステムです。そこを弁護士会が会員については，本人認証をして，その認証システ

ムを裁判所との間で共通化しておけば，より簡易なログインが可能になるのではないかということです。

日下部　日弁連のほうから，認証システムのために弁護士の登録情報を提供するという考え方は，一貫した処理を可能とするという点で便宜にかなう面はあるだろうとは思います。とりわけ弁護士の中では，例えば懲戒処分を受けて業務停止の状態にあるにもかかわらず，裁判所に訴え提起をしているというような状況が仮にあるのだとすると，それは適式に遮断されないとおかしいということもありますので，便宜にかなうのは確かだろうと思います。

　この問題については，弁護士会の中で検討を進めています。裁判所に対して弁護士の個人情報に係る部分を提供することについては，当然のことながら抵抗感を持つ者もおり，とりわけ通知アドレスとして，弁護士が個人として持つ電話番号や，個人的に使用しているメールアドレスなどを提供することについては，抵抗感を持つ者がいることも確かです。

垣内　1点よろしいでしょうか。先ほど，大野さんからのご紹介の中で，一本化の課題の1つとして，例えば訴状の提出に際して時効の関係等で一刻を争うというようなときに，仮にサポートがあるとしても，それにある程度時間がかかるということもあり得るとすると，その点をどう考えるのかという課題が出されていたかと思います。

　この点は，実際に紙で訴状が提出されたような場合に，具体的にどういう取扱いがされるのかという問題と密接に関連しているところで，部会でもその点を明らかにすべきであるという指摘があったというご紹介がありました。仮に現在の不適式な訴状の取扱いのように，いったん受付はした上で，事後的補正をさせるというような処理を考えるということであれば，その点の問題は相当程度軽減されるのかと思います。一本化に向けて，ハードルがやや低くなるということではないかと考えています。

Ⅲ. システム送達──訴状の送達を中心に

山本　ありがとうございました。次の問題に移りたいと思います。オンラインによる書類の送達の問題です。

　民事訴訟法上提出された文書のうち，一定のものについては相手側に送達することが求められています。この送達についてもオンラインを活用すると

いうことが当然考えられるわけです。法制審議会等ではシステム送達と言われているものです。裁判所に事件管理システムというものを構築して，その事件管理システムを利用して送達するということです。

　基本的には当事者がこの事件管理システムに登録して，原則登録した者についてはシステム送達によるということですが，それ自体については大きな異論はないのだろうと思います。1つ問題になるのは，訴え提起時に，このシステム送達についてどの程度使えるようなものにするのかという点かと思います。訴え提起時におけるシステム送達の特則と言われている問題です。これらの問題の議論状況について，まず大野さんからご紹介いただけますか。

1. 議論の状況

大野　システム送達については，令和2年7月10日の部会（第2回会議）で議論がされています。まず一般的なシステム送達の規律に関する提案の内容をご紹介させていただきます。当事者が事件管理システムの利用登録をしている場合の送達方法として，裁判所書記官は，送達すべき電子書類を事件管理システムに記録し，送達を受けるべき者にその旨を通知アドレスに宛て通知することによって送達をするというものであり，送達を受けるべき者が事件管理システムに記録された送達すべき電子書類を閲覧したときにその送達の効力が生ずるということが基本となります。その上で，送達を受けるべき者が，送達すべき電子書類が記録された旨の通知が発信された日から一定の期間，例えば1週間などとされていますが，この一定の期間が経過する日までにその電子書類を閲覧しないときは，その日が経過したときに閲覧をしたものとみなすとされています。

　ただ，以上は事件管理システムの利用の登録がされている前提になりますので，一般的に事件管理システムの利用の登録がされていない場面になると想定される訴状の送達の場合にどうなるのかというところが更に問題となります。そして，この点については更に2つの論点があります。1つ目は，事件管理システムに事前に登録をすることが可能かどうかという問題で，訴訟の係属前に事件管理システムの利用の登録を認めるということがあれば，その方が訴えの提起を受けた際に，システム送達により訴状の送達を受けることができるのではないかというものです。

もう１つは，訴え提起時において，システム送達の特則を設けたらどうかという問題です。この点については，部会では，被告が事件管理システムの利用の登録をしていない場合に，原告は訴え提起の際に裁判所に対して被告のメールアドレスを示し，システム送達により訴状の送達をすることを求める旨の申出をすることができ，その場合には，そのメールアドレスに対し，原告が訴えを提起したことや，被告が事件管理システムに利用登録すれば，訴状のシステム送達を受けることができることなどを通知するという制度の提案がされています。

　次に，部会での主なご意見を紹介します。まず，システム送達そのものについては，方向としてはおおむね賛成の意見をいただいていると理解しておりますが，通知が届かなかった場合の処理を検討しておく必要があるのではないかという意見や，その場合にみなし閲覧の例外を検討する必要もあるのではないかという意見がありました。

　また，事件管理システムの事前の登録については，家族に訴えが提起された事実を知られたくないなど書面の送達は避けてほしいという理由や，費用を少なくしたいなどの理由によって，事前の登録を求めるニーズはあるだろうという意見がありましたが，他方で，例えば企業においては，一定の期間の経過に伴って，メールアドレスの変更をすることもあるといった意見もありました。

　また，訴え提起時の特則については，自分で登録しているわけでもないのに，このような連絡が来るということ自体が考えにくいという意見や，詐欺や消費者被害を生じさせるおそれもあるのではないかといった意見など否定的な意見が複数ありました。訴え提起時の特則については，反対のご意見が多かったものと理解しています。

2. 弁護士の観点

山本　ありがとうございました。現状そのような議論の状況で，特に訴状の送達，最初に行われる送達についてのシステム送達というのはなかなか難しいところが多いという部会でのご議論のようです。日下部さん，弁護士の観点からお願いいたします。

日下部　このシステム送達やみなし閲覧に関わる問題についても，意見書の

中では意見が具体的に述べられているところです。その内容を適宜ご説明しながら，問題意識をお話ししたいと思います。

　まず，システム送達という送達の仕方そのものを導入することについては，前提として，事件管理システムに利用登録する際には安全かつ確実な本人確認の方法を検討すべきであるという留保が付いていますが，考え方そのものについては賛成しています。

　そして，訴状についてシステム送達がされる局面を考えてみますと，先ほど大野さんからお話がありましたとおり，被告となる者が事前に事件管理システムに登録済みであるということが必要になってくると思います。それは基本的には，まず，事件を問わずにオンライン手続を利用することが義務付けられる者がいたとして，その者。次に，自らの判断で事件を問わずにオンライン手続を利用することを選択し，登録をした者。この2種が考えられるのではないかと思います。しかしながら，日弁連の中での議論もそうですし，私個人もそう思っていますが，ある意味包括的にオンライン手続を利用することを選択する，あるいは義務付けられるという者を広範囲に認めることは，非常に危険があるのではないかと考えています。とりわけ個人の場合，あるいは中小企業で実態としては個人に近いような場合においては，そのような包括的なオンライン手続のための登録をしてしまった後に，その自覚が徐々に失われて気付かぬまま訴状のシステム送達がなされることで，欠席判決を受けるというリスクは十二分に考えられるところかと思います。そのように考えますと，訴状についてシステム送達がされる局面というのは，かなり限定的にならざるを得ないのではないかと考えています。

　そこで，これまでの検討の中では訴え提起時におけるシステム送達につき，特則を設けるということも提案されてきました。しかしながら，日弁連としては，そのような訴え提起時におけるシステム送達の特則を設けることには反対するという意見です。これは，この特則が，原告が提供した被告とされる者の連絡先，メールアドレスに対して，裁判所が連絡するというものですので，原告のほうに不適切な意図があれば，なりすましなどによって判決を不当に取得するということが，リスクとして考えられるというところが大きいものでした。また，そのような被告とされる者のメールアドレスを提供することによる派生的な問題を恐れる声もあったところです。

このように考えますと，結局のところ訴状のシステム送達ができるケースはほとんどないということになりかねず，訴状の送達については従来どおり紙ベースのものがほとんどという事態になってしまい，裁判手続のIT化を進めるという観点からはいささか残念な結果になるのではないかと感じています。そこで，そのことに対して何らかの別の手立てがないだろうかということを，個人的には非常に考えているところです。1つの手としては，原告が訴状の中で示した被告の住所に対して，手紙かはがきか分かりませんが，「被告とされています」ということと，「オンラインでの手続を希望するのであれば，事件管理システムに登録できます」ということを，事実上伝えることで，その後に登録が実際にされれば，そこでシステム送達を，特則という形ではなく，通常の本則どおりに行うということも考えられるかなと思います。ただ，このようなやり方を踏もうとしますと，手続の進行を遅らせないためには，訴状審査より前に被告に応訴の準備活動を示唆するということになると思われ，その扱いが適切なのかどうかということが問題だろうと思っています。

　それから，みなし閲覧の仕組みを導入することについては，それそのものについて日弁連が反対しているというわけではありませんが，気付かぬところでシステム送達がされ，その結果，重大な影響を受けてしまう事態は避けるべきだという考えから，送達の効果が受送達者の権利や法的地位に重大な影響を及ぼすものであって，かつ当事者が将来，送達がなされることを予見できないようなものを含めるべきではない，そういったものにはみなし閲覧の効力を認めるべきではないという意見を述べているところです。

　そのような観点から見ますと，訴状の場合はどうなるのかと言えば，仮に事件管理システムにあらかじめ登録している被告であるとしても，いつ訴えが提起されるのかを通常予見することはできないと思われますし，訴状の送達について，みなし閲覧の効力があると重大な影響が生じることは明らかだと思いますので，訴状のシステム送達にみなし閲覧の効果を認めることは適切ではないというのが，弁護士の観点からの意見ということになろうかと思います。

3. 研究者の観点

垣内　システム送達そのものの問題と，訴状のシステム送達の問題があるということなのですが，訴状の送達に関しては今までご発言のあったところでほぼ尽きているのかなと感じます。やはりなかなか課題が多いところで，主要な諸外国の例を見ますと，フランスでもドイツでも訴状については必ずしもオンラインで送達ということではなく，従来どおり紙で送達をしている。それは基本的には被告の側では，代理人が選任されるとしても，訴え提起の後に初めて選任されるということですので，訴状そのものの送達について，オンラインでするという前提条件が整っていないということがあるのだろうと思います。

　もちろん，訴状がオンラインで送達できるということになれば，利便性という面では非常にメリットがあるところだろうと思いますが，うまく利便性を発揮でき，弊害のないような仕組みという点については，私自身は妙案を持っていないところです。

　システム送達そのものについては，基本的に支持する意見が多いということで，私も，送達という制度は一方で文書の内容の了知の機会を受送達者に対して確保するとともに，それが与えられたということがきちんと確認できるというところが重要なのだとしますと，システムに登録していて，いつでもそれを閲覧できる状況にある者に対して，システム上でその文書を掲載して閲覧できる状態にするということであれば，これは送達という制度が果たすべき機能を基本的に備えた仕組みと言えますので，十分にあり得る制度なのだろうと思います。

　ただ，例外を認めるべきかどうかという問題が，やはり残ります。一方では，システム上にある文書が登録されているということをメール等で通知するということが想定されていて，それが何らかの事情で届かないというような場合に，システムを見ることはできるわけですが，見るための契機と申しますか，その端緒を具体的な形では与えられないという場合があることをどう考えるかという問題があります。他方では，より例外的な場合だと思いますが，文書が登録されているということを了知したとしても，システム障害その他の理由によってシステムにアクセスできない結果，文書の内容を閲覧できないという問題があります。そうした場合に一定の範囲では何らかの救

済を考える必要があると思いますが，両者の場合に共通の救済を考えるか，それともそれぞれを区別して考えたほうがいいのか，あるいは救済の方法として送達の効力のレベルで考えるのか，それとも何か別途の救済手段を考えるのかという辺りについては，いろいろな選択肢があり得るところかなと思っています。まだ私自身は，その点については定見を持つに至っていないところです。

山本 ありがとうございました。今までご紹介がありましたように，現在の部会等の議論においては，システム送達それ自体については，細かいところではいろいろな議論があるところですが，基本的にはこういうものを認めていく方向で議論がされ，しかし他方では訴え提起の段階，訴状の送達についてこのシステム送達を利用できる範囲というのは，基本的には非常に限定されるのではないかという方向で議論が進んでいると思われますが，町村さんからこういう議論はどのように見えるかということを伺ってみたいと思います。

町村 システム送達ということで，一番大きな役割を果たしそうなのは判決の送達です。判決の送達でも，控訴期間が2週間と短いので，何らかの障害があって見られなかったということがもしあったとすれば，そのダメージは大変大きいです。ただしシステムやネットワークの障害によって当事者の責めに帰すことができない事由があったとすれば，現行法でもある控訴期間の追完の適用ということになるので，それほど違和感のある解決にはならないのかもしれません。しかしそれを広く認めてしまえば，訴訟関係の不安定さを招きやすくなってしまうので，やはりいかにしてきちんと送達が了知されるかという作り方が重要になり，単にメール1本送ることでは済まないかなと思っています。

　訴状の送達に関しては，皆さんがおっしゃるとおり，訴訟詐欺が一挙に増えたり，『判例百選』に載るような氏名冒用訴訟がいっぱい出てきそうです。原告が「被告のアドレスです」と言って申告するメールアドレスは，原告と結託した第三者が受領したのかもしれず，そのような場合にシステム送達にアクセスがあったということを頼りに手続を進めるのはとても危ういように思います。ただ，被告が行政庁の場合は，訴状受付用のメールアドレスを自らあらかじめ用意して，裁判所からそこに送れば送達の効果が生じるという，

No.13　〔座談会②〕民事裁判のIT化　｜　**175**

そのような義務付けをしてもいいと思います。

　それから垣内さんがフランスの訴状について言及されていましたが，例外的にオンライン送達が可能となっているのはどうやら銀行，金融機関のようです。とりわけ金融機関は，債権差押えのときに送達を第三債務者として受けるわけですが，そういう関係上，恒常的に送達を受けるということで，日本の執行官に相当する人が電子送達をするということにも対応しているとのことです。我が国でも，銀行や金融関係の金融商品取引法の開示義務を負っているような会社などが，受付窓口のようなものを開示して，裁判所がそこに送ったら見なくてはいけないという義務付けをするということは，考えられないではないと思います。

　また裁判所の手続に継続的に関与している倒産企業などは，管財人がいるわけですし，再生債務者であっても裁判所の手続に継続的に関与する義務があるわけですから，そういう関係でシステム送達を受けるという対応を義務付けるということもあり得るでしょう。あと，訴え提起前に被告側の代理人が指定されているようなケースがあるとすると，その代理人に送達場所もあらかじめ届け出させて，そこに送達をすればいいという場合もないわけではないとは思います。これらの例外を除けば，やはり訴状の送達は原則として紙媒体ということになるのではないでしょうか。

山本　ありがとうございました。事前登録については一定の範囲であるとしても，やはりそれはかなり限定的になるだろうというお話で，それ以外の者については日下部さんから一定の実務的な工夫というのは考えられないかというお話がありましたが，基本的には紙で送達するということで，やむを得ないのではないかというお話であったかと思います。何か付け加えられる点はありますか。

垣内　町村さんが言われた点にも若干関わるかもしれませんが，手続法上の送達の効力等の問題とはまた別に，事件管理システムのようなものを作ったときに，システム管理者の役割と言うか責任として，例えば通知先として登録されているメールアドレスに定期的に連絡をして，それが自動返送でもう使われていないようなことが判明したときには，何か連絡を取って確認をするなど，そういった仕組みと申しますか，システムの管理上の仕組みとして，そういった条件を整備していくと，思わぬ事態ということを一定程度防げる

ということもあるかなという感じがしています。その辺りは，システムの設計等の問題かと思いますが，併せて検討していく必要があるように思っています。

日下部　この問題については，以前，部会の場において，少しでも訴状のシステム送達が認められる場面が増えたらいいという考えの下に，過去に訴訟手続をオンラインで行ったことのある者が新たな事件で被告になった場合には，その被告が以前に届け出ていたメールアドレスに対して連絡をするという限りにおいて，訴状のシステム送達の道はあり得るのではないかという意見を申し上げたことがあります。今のところそれが具体的な提案として部会資料に出てきたことはないと思うのですが，1つの考えられる理由としては，ほぼ焼け石に水のような話で，ささやか過ぎるアイデアであるからではないかという気もします。ほかにもう少しよいアイデアがないか，今日も1つ事実上の工夫について言及しましたが，引き続き考えていきたいと思います。

山本　ありがとうございます。その点はよろしくお願いしたいと思います。

Ⅳ. ウェブ会議の利用——証人尋問を中心に

山本　それでは，次はウェブ会議の利用という点です。これは第12章の座談会でも既にフェーズ1で争点整理の段階，弁論準備手続，書面による準備手続等で，実際に利用が進んでいる，とりわけ現在のコロナ禍の中で，利用件数が順調に増えているということについて，裁判所，弁護士の皆さんからご紹介があったところです。フェーズ2の問題としては，更に口頭弁論等に利用ができる範囲を拡大していくということがあります。その際には，口頭弁論の諸原則との関係，公開主義，直接主義，口頭主義等との関係が問題になり得るところですが，とりわけそのような要請が強いと思われるものとして，証人尋問についてどのような範囲でウェブ会議の利用が認められるかという点が議論になっているかと思われます。この点についても，大野さんから現在の検討状況についてご紹介いただければと思います。

1. 議論の状況

大野　ウェブ会議を利用した証人尋問については，令和2年10月9日の部会（第4回会議）で議論がされています。映像と音声の送受信による通話の

方法による尋問は，現行民事訴訟法の204条においても許容されています。204条では2つの場合が示されていますが，部会では，このうち1号の「証人が遠隔の地に居住するとき」について，「証人の住所，年齢又は心身の状態その他の事情により，証人が受訴裁判所に出頭することが困難であると認める場合であって，相当と認めるとき」と改めてはどうかという提案がされています。また，現行法の204条にはない3番目の類型として，「裁判所が相当と認める場合において，当事者に異議がないとき」というものを加えたらどうかという提案もされています。

　現行法の204条では，証人尋問の実施の細則が最高裁判所規則に委ねられていますが，現在の民事訴訟規則123条では，証人の所在場所というのは官署としての裁判所に限定されています。そこで，この点についても，証人は，適正な尋問を行うことができる場所として最高裁判所規則で定める地に所在しなければならないとし，証人の所在場所をより広げていく可能性を検討することが提案されています。

　部会では，現行法の204条を先ほど申し上げた形で改め，ウェブ会議を利用した証人尋問を拡大していくということについては，おおむね賛成のご意見をいただいたと理解しています。また，更に提示された問題意識として，例えば一方当事者のみが証人と同席するということは，禁止すべきではないかというような意見も出されました。

2. 弁護士の観点

山本　ありがとうございました。それでは，この点についても，まず弁護士の観点からお願いします。

日下部　このテーマについても，意見書で手当てがされていますので，適宜，それに言及しながらお話をしたいと思います。まず，ウェブ会議等を利用した証人尋問を行うことができるように要件を整備すること，そしてその要件の内容については，日弁連も賛成をしているところです。個人的にも，当事者に異議がない場合というものを新しく加えて，当事者の判断によって手続の進行を決めていくという扱いを導入することについては，評価したいと考えています。

　難しいのは，証人の所在場所についての規律かと思います。この点につい

ては，意見書では，証人の所在場所は不当な第三者による証人への影響が排除され，裁判官の訴訟指揮権や法廷警察権が及ぶものとしなければならないとされています（23頁）。しかし，具体的にそのような場所はどういうところだろうかということを考えますと，結局のところ裁判所の施設しかないということになるのではないかと予想されます。支部や簡裁などを含めて裁判所の施設が広く含まれれば，多くのニーズには応えられると思いますが，外国に所在する証人や，例えば職場から動けないほど多忙な証人のニーズには応えられないということになりますので，悩ましいところだと思っています。

　個人的には，この証人の所在場所についても，当事者の判断，すなわち当事者に異議がないことなどを契機として，裁判所の施設以外の場所を認めるという制度の導入はできないだろうかとも考えています。しかしながら，そのようにして裁判所以外の場所で尋問を行った場合に，適切な尋問が実際に行えるのかどうかということについては，慎重な判断が必要なので，当事者の判断が適切なものとなる前提として，訴訟代理人が付いていることを求めるということもアイデアとしては考える価値はあるのかなと思っています。なお，先ほど大野さんからもご紹介がありました，一部の当事者のみが証人と同じ場所に所在することの可否については，日弁連としては，裁判所の裁量的判断に委ねるのではなく，原則としてこれを禁じて，他の当事者が同意した場合で，かつ裁判所が相当と認めるときに限り，これを認めるものとすべきであるという意見を述べているところです。

3. 研究者の観点

垣内　まず前提として，口頭弁論でウェブ会議を使うということと，証人尋問との関係について，簡単に整理しておきたいと思います。この辺りは，歴史的な積重ねで少しねじれと申しますか，日本独特の現象が生じているようにも思います。と申しますのは，口頭弁論という概念が本来想定し，口頭主義が正面から妥当するのは，主張としての陳述だろうと思われるわけです。これに対して，証人尋問は，口頭弁論でされるというのが一般ではありますが，裁判所外でされるということもあり得るわけで，その場合には口頭弁論という形は取らないわけです。その一方で，現在，争点整理が一般には弁論準備手続を使って行われ，口頭での実質的な主張のやり取りが文字どおり口

頭弁論の場で行われるということはむしろ例外的であり，口頭弁論の期日は，第1回期日を除けば，集中証拠調べとしての人証調べの場面が中心になっているという事情があり，その結果，証人尋問と口頭弁論とが密接に結び付く，そういう関係にあるのだろうと理解しています。

　その上で，証人尋問そのものについては，先ほど来ご紹介もありますように，既に現行法でもテレビ会議システムを使って証人尋問をすることは一定範囲で認められているところで，現在問題になっているのは，その許容の要件を緩和すること，また，その際に証人の所在場所を裁判所以外も含める形で拡大すること，その辺りの当否が証人尋問に固有の問題としてあります。それに加えて，当事者についても法廷に出てこないで手続に関与するという形になれば，こちらのほうは，正にウェブ会議を利用した口頭弁論期日の実施ということの可否が合わせて問題になってくるということかと思います。証人尋問固有の問題については，やはり大きな論点は，証人が裁判所以外の場所で尋問を受けることを認めるのかどうかという点です。ここはなかなか悩ましい問題で，既にご指摘がありましたように，第三者が同席していて，何か証人に影響を与える可能性などを十分に排除できるのかという観点からすれば，裁判所を使うということはより安全，確実ではあります。しかし，受訴裁判所よりは地理的に近い裁判所であっても証人の出頭が難しいような事情がある場合については，なかなかそれだけでは証人尋問がそもそも難しいということにもなりかねないわけですから，訴訟資料を充実させて真実の発見に資するという観点からは，より広く証人尋問を認めるという要請もあるだろうと思います。現在，部会で議論されているところで申しますと，当事者に異議がない場合で相当と認める場合に関しては，場所についてそこまで緩やかにしなくても，証人尋問そのものが難しくなるわけではないように思いますが，証人の出頭が困難であるという要件に該当する場合には，そういった要請がより顕在化するだろうと思われますので，とりわけそのような場合については，裁判所が適切であると考える範囲内で，裁判所外の場所とオンラインでつないでの証人尋問を認めることも検討されてよいように考えています。

山本　ありがとうございました。現在もいわゆるテレビ会議システムによる証人尋問は既に認められていて，その要件等の規定があるわけですが，その

要件について部分的に拡大をしていく。それから証人の所在場所も，現在の
テレビ会議システムは裁判所に限定されているわけですが，それを拡大して
いくかどうかということについて議論があるということですが，町村さんか
ら今の点を踏まえて何かコメントがあればお願いします。

町村　総じて賛成のご意見というように伺ったので，最初はとてもびっくり
しました。報道によれば新型コロナウイルス感染症の影響でマスクをした証
人について，マスクのままでは事案の真相に迫れないのではないかと弁護人
が言い，マスクを外す外さないという話で議論になったということがありま
した。これは刑事裁判の例でしたが，やはり証人尋問も直接対面して表情を
見て尋問することが大事ということが，裁判所なり弁護士なりの非常に強い
ご意見だったように思っていたので，画面越しでも差し支えがないというの
はちょっと驚きでした。ただ，お話をよく伺っていると，結局，両当事者，
あまり言及はされませんでしたが，裁判所も含めてその三者が合意している
限りにおいては，広げてもいいのではないかということのようですし，それ
から現行法が証言の場所を裁判所に限っている点を広げるということも結局，
当事者と裁判所が合意の上で広げるということであれば，そこで予想される
弊害，コーチングの問題や書面尋問を事実上してしまうのではないかなど，
そのような弊害などもいわば飲み込んだ上で，それでも証人尋問が必要な場
合には三者合意の上でやりましょうと，こういう話であれば特に問題はない
のかなと思います。

　この問題に関しては仲裁のほうが議論が進んでいて，とりわけ仲裁だと遠
隔地でやったりしますから，ビデオ審問というのはとても有用ですが，それ
をやったがゆえに後で仲裁の取消しなどとなっては大変危ないということで
議論になっています。裁判所の下での手続であればその点はあまり考える必
要はないのかもしれませんので，当事者の合意の下であれば私としても賛成
です。むしろ現行法でもありますが，専門委員，あるいは参考人の審尋など，
そういった場面にこのウェブ会議システムを利用するような方向で広がって
いくといいなと私は思っているところです。

4. 当事者の同意がない場合
山本　厳密に言うと，異議がない場合に加えて，年齢や心身の状態等によっ

て裁判所に出頭することが困難であると裁判所が認めた場合には，当事者に異議があってもそれを認めるという余地を認める，あるいは証人の所在場所についても適正な尋問を行うことができる場所として，最高裁判所規則で定める地となっているので，そこに該当すれば当事者から仮に異議があったとしても，そこで行うということもあり得べしという，少し当事者の同意から広げた部分を作ろうということかと思うのですが。

町村 なるほど。その場合は，現行法の204条2号とは違うのですか。

山本 そうですね，新しい提案はどちらかと言うと高齢者で裁判所へ行くのが大変，あるいは心身障害者なども含めて許容するという趣旨だと思うのですが。

町村 要するに出張尋問のようなことが可能になる。

山本 それをオンラインでできるようにしようと。

町村 そういうケースだと，どちらかと言うと大変ですよね。要するに誰かが行って，その場でビデオを撮ってということになりますから，余計に裁判所は大変になるのではないでしょうか。技官のような人が現場に行ってということですから，コーチングの問題や第三者の介入，あるいは書面尋問など，そういった弊害はむしろないと言ってもいいかもしれません。ですから，その意味では別の裁判所に出頭させるということと，そう大きく変わりはない。

山本 また，「その他の事情」の解釈ですね。多忙ということもこれに当たると考えられるという人もいれば，やはり多忙というだけでは駄目でしょうという人もいる。この辺りは，議論がなおあるところだと思います。

大野 今の点については，部会でも，実務的なニーズを踏まえて，医師とか研究者の方などに，中立的な立場から証言をしてもらう場合なども「証人の住所，年齢又は心身の状態その他の事情により，証人が受訴裁判所に出頭することが困難であると認める場合」に当てはまるのではないかというようなご意見や，そういった個別の事案の取扱いについては，やはり裁判所の相当性判断に委ねられることになるのではないかといったご意見が出されています。

町村 鑑定人は裁判所でなくてもいいですよね。それに近いものという理解ですか。やはり最後は証拠価値と言うか証拠評価の問題になって，例えば反対尋問ができなかった尋問をどのように評価するかというのは，最後は自由

心証の問題になるので，やはり私は当事者が同意して，中途半端な尋問でもいいからやろうということになったときに限るべきだとは思いますが。

山本　現実に裁判所でする尋問とは違うだろうということですね。それはやはり画像の問題ですか，それとももっと何か心理的な問題なのですか。

町村　画像の問題は確かにあると思います。そのほかに，直接面と向かって質問しないと敵性証人に対する追及ができないとか，場所によっては余計な干渉が入る可能性があるということもあります。そういういろいろなグラデーションがあって，どこまで認めていくかというのは，当事者の同意というのが，そこの歯止めになるべきなのではないかなと思っているところですけれども。

垣内　第三者の影響等というのは，これは実際にどう防いでいくかということで，裁判所の職員が現地に行くということも，場合によってはあり得るかもしれないですけれども，今検討されているのは，必ずしもそこまでは必要としない場合を含んでいるのだろうと思います。例えば，iPad みたいなもので自分でちゃんと通信はできるというような方で，機器そのものの操作という点では誰かが行く必要はないという場合で，しかも，特に問題となりそうな事情が窺われないような場合には，差し支えないように思います。また，尋問や証言が画像を通して行われることが証言の信用性の評価について，どういう影響を与えるのかという点については，従来若干の研究はあるようですけれども（青木哲「証人尋問等におけるウェブ会議等の利用」本書 No.08 参照），必ずしも明確な知見があるわけでもないように思われます。そういった経験的な研究の側面からの蓄積も，今後重要になっていくのかなと思っています。

山本　ありがとうございました。日下部さん，何かございますか。

日下部　先ほど弁護士の立場，あるいは日弁連の観点から見て，ウェブ会議の方式を使って証人尋問することについて，思いの外これに反対する意見が少なかったようであるというご感想をいただいたところです。実際に，裁判のIT化の話が出たときには，証人尋問をウェブ会議の方式で行うことなどとんでもないという意見も，確かによく聞かれたところでした。ただ，新型コロナウイルス感染症の問題が発生して，対面で会議をすることが非常に少なくなり，オンラインでの会議でコミュニケーションを取ることがごく普通になってまいりましたので，その経験の蓄積によって，思っていたよりもコ

ミュニケーションを円滑に取ることができる，表情などを見ることで感得することができるニュアンスも，思っていたより多いという感想を持った人が多いのではないかと思います。そういったこともあって，ウェブ会議による証人尋問についての抵抗感の薄れというのは，現実的にはあるのではないかと感じています。加えて，今，提案されているウェブ会議による証人尋問として，新たに認められる局面というのが当事者双方に異議がないという状態のものでありますので，そうであれば強く反対する必要はないだろうという感触が，少なくとも弁護士の中ではだいぶ広がってきたということもあるのではないかと，これは個人的な印象ですけれども，思っております。

V. 特別な訴訟手続

山本　以上，IT 化それ自体についての主な論点について議論してきましたが，最後の問題として，IT ツールの活用を前提として，新たな訴訟手続というものを民事訴訟の中で考えることはできないかという問題，研究会報告書では特別な訴訟手続などと呼ばれていたものですけれども，これについても若干のご議論をいただきたいと思います。まず大野さんから，検討状況をご紹介いただきます。

1. 検討の状況

大野　特別な訴訟手続については，令和 2 年 9 月 11 日の部会（第 3 回会議）で議論がされております。事務当局からは，IT ツールを十分に活用することを前提とし，裁判が公正かつ適正で充実した手続の下で，より迅速に行われるようにするため，新たな訴訟手続の特則を設けることについて，どのように考えるか，という形で問題提起をしております。研究会報告書では，原告の申立て又は当事者の共同の申立てにより開始される特別な訴訟手続というものが提案されています（70 頁以下）。内容は多岐にわたるので全てはご紹介できませんが，主な特色としては，第 1 回口頭弁論期日から 6 カ月以内に審理を終結すること，主張書面は原則として 3 通とすること，証拠調べは即時に取り調べることができるものに限ること，不服申立ては控訴ではなく，異議申立てとすることなどが挙げられようかと思います。

　部会では，以上のような研究会報告書の提案をご紹介しつつ，制度の在り

方として考慮事項となり得るところを複数挙げて議論をしていただきましたが、賛否両論様々な意見が出されております。まず、訴え提起の前や早い段階から審理期間にどの程度を要するかについての予測を可能とすることのニーズは、複雑な事件に限らず存在するという意見、審理期間はあらかじめ法定して、法律の定める審理期間内に審理を終えることとする制度を設けることについては意味があるという意見、複数の事業年度にわたって延々と金銭と人的リソースを拘束され続けるというのは耐え難い負担であることから、企業にとってはメリットのある話であり、歓迎するという意見がありました。しかし、こういった意見がある反面、証拠が全面的に開示されていないなど、将来リスクについて必ずしも確実に把握できないような状況の下で、当事者の選択として手続が始まり、それが完結してしまうというのは、現在の当事者に提供されている情報量に鑑み問題があるという意見、期間が先にありきで、裁判をするのに熟したときに至っていなくても、審理を終了して判決に至ってしまうという事態が起きるのではないかという意見、訴訟が当初の予想とは違う展開になっていくことも十分に考えられ、審理が進んだ時点での手続的な保障が確実に必要ではないかといった意見もありました。また、違った観点に基づくものとして、現在ある審理計画との関係が問題ではないかという意見もありました。抽象的なレベルにおいては一定のニーズがあるという意見が複数あったものの、具体的な手続に落ちていきますと、研究会が提示した案に対しての意見というのは非常に多様であって、ここから出発し、ある程度それを修正していくというような立場の意見もあれば、それとは全く違った側面からの手続を考えることはできないかというような意見もあったというところで、実に様々なご意見が出されているというところです。

2. 弁護士の観点

山本 ありがとうございました。正に様々なご意見があるところかと思いますが、まず日下部さんからご意見をお願いします。

日下部 この特別な訴訟手続につきましては、民事裁判のIT化に関する様々なテーマの中で、最もホットなテーマの1つと弁護士会の中では認識されているところで、それこそ様々な意見があります。意見書の中でも、当然このテーマについては意見を述べています。その意見は、「研究会報告書が

提案する特別な訴訟手続には賛成できない」というものです。その理由ですが，裁判手続を迅速にするという目的そのものについては賛成するということなのですが，提案されている特別な訴訟手続は，そのための手段として合理性がないというものです。なぜ合理性がないのかということについて踏み込んで申し上げますと，まず，そもそもこのような手続の利用に適する事件が限られている，また，審理の終了までの予見可能性を高めるのであれば，計画的進行の規定や審理計画の規定を活用することで意図は実現できるのではないかという見方。また，この手続が当事者の選択によって利用できるものであるとしても，通常の手続に戻ることができるという保障がないのであれば，手続保障の観点から問題があるという見方。また，仮に通常の手続に戻ることができるという保障があったとしても，そのようにして戻った結果，かえって訴訟手続が長期化するのではないかというおそれを指摘するものです。

このような日弁連の意見を前提として，私自身が持っている問題意識は次のようなものです。まず1つ目は，この手続のコンセプトをもう少し明確にする必要があるのではないかということです。部会の検討の際にも言及があったと記憶しておりますが，この手続が，いわば当事者主導型の手続の進行を認めるものである，そのようなコンセプトであるのであれば，それを明確にしていくべきである。例えば裁判所が主導して，この手続に当事者を誘導しようとか，当事者が望んでも通常の手続に戻ることのできる保障がないような制度にするといったことは，コンセプトに沿わないのではないかと感じています。もちろん当事者がやりたいという手続の全てが裁判所に受け入れられるというわけではないので，例えば裁判所が自らのリソースでは付いていけないような手続である場合や，訴訟の進行中に付いていけなくなったという場合には，裁判所の判断で通常の手続に戻ることができるようにすることは適切だと思いますが，それ以上に当事者の主導する手続というコンセプトに反するような制度設計は受け入れられにくいのではないかと感じています。あとは，先ほど来，利用に適する事件があるのかどうか，あるいは利用ができない扱いにすべき事件が類型的にあるのではないかという問題もあろうかと思います。個人的には，利用に適する事件というのは，両当事者，具体的には両当事者の訴訟代理人の判断に委ねることが適切ではないかと感じ

ています。一方，利用できない事件を類型的に設定すべきかという点につき
ましては，部会においては消費者団体の方や労働者団体の方から，この手続
についてのご懸念が表明されたところだと理解しております。そのご懸念は，
両当事者に訴訟代理人が付いていたとしても，消費者あるいは労働者の権利
や利益が十分に守られないという事態を懸念されているものだと思いますの
で，それはつまり訴訟代理人への信頼の欠如でもあるのかなと感じまして，
個人的には若干悲しい気持ちにもなりましたが，そういったご懸念があると
いうことであれば，それは傾聴すべきではないかとも思っております。最後
に，仮にですが，当事者に通常の手続に戻ることのできる保障があるという
のであれば，不服申立ての方法は控訴で構わないのではないかという考えを
持っていたところです。もっともその場合には，控訴審で第一審では行われ
なかった証拠調べなどが申し立てられることが予想されますので，控訴審で
は，過大な負担が生じないように，今まで以上に時機に後れた攻撃防御方法
の却下の制度を積極的に活用する必要が出てくるのではないかという印象を
持っております。

3. 研究者の観点

垣内　先ほど大野さんからもご紹介がありましたけれども，ニーズという形
で考えますと，抽象的には，予測可能な合理的期間内での解決を可能にする
ような手続を設けるということに対するニーズは存在するだろうと思ってお
りまして，かつ，そうしたニーズに裁判制度が応えていくというのは非常に
重要な課題ではないかと思っておりますので，そういう意味ではこういう手
続を検討していくということは必要であり，時宜にもかなったことなのかな
と思っております。また，この手続は，とりわけ共同の申立てで行うという
場合を前提として考えますと，基本的には当事者の意思に基づいて行われる
手続として位置付けることができるものです。そうした観点から見ますと，
従来，例えば仲裁合意ですとか各種の不起訴の合意，管轄の合意，不控訴の
合意といった形で，手続的な事項について合意で処分することは，各種認め
られてきたところですので，一定の場合に，一定の期間内で手続を終えると
いう合意があるときに，裁判所もそういった当事者の意思が双方から示され
たのであれば，それにいわば拘束されると申しますか，それに応ずるという

仕組みを設けるというのは，理屈としては十分あり得る話だろうと思っております。その際，細かい仕組みについては，選択肢はいろいろあり得るところで，例えば，研究会の提案では，訴訟代理人が付いているということが前提になっているのですけれども，確かに慎重な判断を可能にするという点では，代理人がいたほうが望ましいと言えると思いますし，代理人がいない場合に迅速な手続がきちんとできるのかというような点について不安もあるというのは分かりますが，他方で不起訴の合意であるとか仲裁合意といった，より重大な効果を持つと考えられるような合意について，弁護士代理人が付いていることが効力要件とされているかと言うと，そうでもないので，理論的には別の考え方もあるのだろうと思っております。ただ，その場合には，消費者との関係等々で，また考慮を要する問題はあるだろうと思います。

　また，効果と申しますか，手続の内容に関しまして，今，日下部さんのほうから不服申立てについては控訴とすることも考えられるのではないかというご発言もあって，私自身も理論的にはそういう選択肢は十分にあり得るものだろうと思います。ただ，これもご指摘がありましたように，控訴審で，例えば証人尋問等を更に追加するというようなことになりますと，控訴裁判所の負担ということもあり，やりにくいということがあるとすれば，第一審で更に続きをやるということも政策論としてはあり得るように思われます。また，第一審で異議申立てを認めるということであれば，少額訴訟のように以後の判決については控訴を認めないというような手続も全くあり得ないわけではないだろうと思いますけれども，それについては別途不控訴の合意のようなことをすれば，そういった手続を事実上作り出すことは可能と考えられるのですが，逆に，制度に仕組まれていない，第一審を続行させる異議申立てというものを合意で作り出すということは難しいだろうと思われますので，そういう意味でも異議をデフォルトの仕組みとしておくという選択肢はあり得るだろうと考えています。そういったことで，理屈としてはあり得るところだと考えているのですけれども，これも日下部さんからご指摘がありましたが，実際にニーズとして共同の申立て，あるいは効果として異議も控訴も認めるというような形になったときに，どこまで実際にこれを使おうということになるのかという点については，ここは少し実務的な感覚が分からないところもありますので，課題としてはその辺りが実質的には大きいかと

思っております。

山本 ありがとうございました。日下部さんからもお話がありましたが，法制審議会の中でもかなりホットな問題として議論がされている論点であるわけですが，外から見て，これはどのように見えるのかというところを町村さんにお伺いできればと思います。

4. 抜本的な IT 裁判手続の構想

町村 私は全然議論に付いていっていないのですけれども，もともとこれはIT 化の話とは関係のないところで，成功した唯一の司法制度改革であるという人すらいる労働審判みたいなものを，民事訴訟にも使いたいという話が一方であって，ここに入ってきたという，そういうお話として理解してもよろしいのでしょうか。

山本 議論の底流としては，そういう議論はずっとあったのではないかというように思うのですけれども，議論の端緒としては，労働審判と直接の関係があるわけではないし，IT 化の関係についても，これがなければ IT 化できないのかということでももちろんないわけですが，IT 化を契機として民事訴訟をより利用しやすいものにしようという大きな観点からの議論ということかと思うのですが。

町村 消費者から懸念が出ているというお話も再三聞くのですけれども，例の消費者裁判手続特例法では，第 2 段階で簡易確定決定がされて，それに異議があると通常訴訟に行きますよね。あれはその前段階として第 1 段階で原因関係については共通義務の確認を認めた上での話ですから，審理することがもともと少ないと言うか，ほとんどないという前提で作られているものですけれども，ともかく簡易な手続で決定をして，異議があったら通常訴訟というスキームを持っているわけですね。労働審判もそうですよね。労働審判も異議があれば訴訟に移るわけで，しかし大半は 3 回期日で決着がつくから非常に重宝がられているわけではないですか。そうするとこの特別な裁判手続というのは，そういうものを目指しているのだとすれば，それほど悪いものではないなというように，私は思います。ところがお話を伺っていると控訴はできなくするとか，やったことは無駄にすべきではないから，通常手続は控訴審からしかできないとか，時機に後れた攻撃防御方法とか，そのよう

に聞くと，これはちょっと待てと。しかも合意によってそれができるようになるということになると，では約款でも OK かなということになって，ますますもって消費者は反対側に追いやられるということになりますよね。何か非常に夢のない話になって潰されそうな感じがするのですが，あえて IT と結び付けて考えると，オール IT 主義の特別裁判手続というものを作ったらどうでしょうか。オンライン申立てのみを受け付けて，送達は，共同申立てであれば OK だし，そうでなければ紙媒体の送達をやってもその後の訴訟追行は全てオンラインで行い，争点整理も口頭弁論も証人尋問もオンラインでできることしかやらない。そのように完全オンライン型のバーチャルコートみたいなものを特別訴訟手続として構想するとよいのではないでしょうか。期日の回数制限を掛けるかどうかは議論が分かれそうですが，難しい事件は裁判所が裁量で通常訴訟に移行してしまえばいいし，被告も通常訴訟に移行を求めることができるものとすれば，今の少額訴訟と同様であまり問題はないですし，そのようにして出された判決に異議を認めても，現在も民事調停における 17 条決定で異議がほとんど出ないということを考えれば，紛争解決能力もそれなりにあるのではないかと思うのですね。ニーズがあるかどうかということですが，例えば少額訴訟も最近の統計では年間 6000 件以上が通常移行されないで終局しているようですし，消費者が消費者相談に駆け込んでも，相手が全然対応してくれないというときに，このバーチャルコートの手続を申し立てるというのはどうかなというように思うのですよね。それで最後まで争うような，まともな事業者であればちゃんと争えばいいのですが，そうでなければほとんど判決まで一気に行くと，こういう一種の少額裁判 IT 版みたいなものとしたらニーズがあるのではないかなと思うのですが，いかがなものでしょうか。

山本 確かに IT 関係の紛争に絞った形，中国の IT 裁判所でしたか，それは全て全面オンラインの裁判手続を作って運用しているという話です。また最初に垣内さんからお話があったように，ADR において ODR という形で，オンラインでの紛争解決を図っていこうという動きもあって，オンラインとの関連性という意味では，そのような抜本的な特別手続というのも確かに 1 つのアイデアとして考えられるところですね。

町村 いっそのこと，督促手続や少額債権執行のように書記官の処分にして

しまうというのはどうですかね。そうなると裁判ではなく，既判力もないものとなりますが，立法のチョイスとしてはあり得ると思います。

5. 特別手続のニーズ

日下部 一応研究会報告書が提案していた手続内容を前提として，ニーズがあるのかどうかということについて，少し言及したいと思います。少額の事件で，重厚な訴訟手続に長々拘束されることがバランスが取れていないというものも挙げられるのですけれども，他方で，特に企業間の紛争で，その紛争の対象の金額はものすごく大きいケースであったとしても，企業の感覚からして，十二分に攻撃防御を果たすと言えば聞こえはいいわけですが，何年も訴訟手続に拘束されるということ自体が，企業活動の通常のスピード感に照らして受け入れ難いということは当然あるわけです。それが訴訟手続の利用を避ける理由になっているということは，実際上，私はあるだろうと感じています。そういうときには，早く訴訟手続が終了する，それも予見可能なスケジュール感を持って処理することができるのであれば，この手続を使いたいという思いが，自発的に両当事者に出てくるということは大いにあるだろうと思います。ただ，問題は，この手続を利用するということで，かえって害が生じるということがあり得るのだとすると，ほとんど使われないということになりまして，その分水嶺になるのは，通常の手続に戻ることができる保障が，各当事者にあるかどうかではないかと思います。戻ることができない，その保障が制度的にはないのだということであれば，慎重な企業の法務担当者であれば，まず利用しないだろうと思います。ですので，そういった保障がない制度が出来上がると，絵に描いた餅になるのではないかと危惧しております。仮に両当事者がこの手続を使いましょうということで同意したというケースでは，制度的には，私は審理計画の策定を裁判所に義務付けてよいのではないかと思っています。両当事者とも一定の期間内に審理を終えましょうという点では合意しているわけですから，それを具体性のある計画にするということについて，裁判所が協力するのは何らおかしいことではないと思いますし，計画を立てることに両当事者が積極的であり，立てた計画も必要に応じて後に見直すことができることを前提とすれば，当初の時点で事案についての裁判所の理解が深まっていなくとも，計画を立てるという

ことは現実的だろうと思っているところです。なお，この手続を使うことができるとした場合に，訴訟代理人が付いていることが必要であるとしても，例えば約款などで同意をすることが，あらかじめ当事者，特に消費者の義務として定められてしまったとすると問題ではないかというのは，全くごもっともな問題意識だと思っています。部会でもそういった問題意識が言及されたこともあったと記憶しており，私法上の合意の効果を否定する規律を設けるということも考えられるかなと思うのですが，民事訴訟法でそれを定めることには違和感は持っているところでして，どのように対応することが適切なのかということは，依然として残っている問題なのではないかと思っています。

垣内　今の日下部さんのお話は，いざとなれば離脱できるのだというオプションを付けることによって安心して利用してもらって，実際にはそうしたオプションがあまり行使されないという状態が期待できるのではないかというお話で，確かにそのように事態が動くのであれば，あり得る選択肢かと思います。

Ⅵ. おわりに

山本　ありがとうございました。それでは一応予定していたテーマについてはご議論いただけたということですので，最後にそれぞれ感想を一言ずつお話しいただければと思います。

町村　裁判のIT化については，個人的にはとても期待していますので，皆さんのご努力でいい制度が出来上がることを心より期待しております。その際に，裁判へのアクセスを改善させる改革として必要な視点をもっと盛り込んでくれると嬉しいなと思うのですね。訴訟法改正の場では，なかなかそういう視点にならないのかもしれないのですが，本人訴訟だけではなくて，弁護士に代理されている本人であっても，少し前には訴訟当事者本人がもっと主体的であるべきだという議論がありましたよね。その関係では，本人が訴訟に関与できる仕組みが望まれます。そうすると，今日はお話に出ませんでしたが，本人の訴訟記録へのアクセスをオンラインでできるようにするだけでなく，本人がリモート傍聴することも，必要なのかなと思いますし，それから訴え提起前の相談過程であるとか，情報収集であるとか，そういったよ

うなところのIT化にも目を向けていただけるといいかと思います。今日の
テーマからだいぶ外れることにはなるのかもしれませんが，消費者裁判手続
特例法の第2段階が今，進行しており，そこでもIT化が進んでいたら，も
っと迅速にできたのにと団体などは思っているようです。もともとあそこで
はエクセルのファイルを交換するぐらいのことは考えていましたから，それ
をオンラインでできるようなシステムになってくれるといいと思います。そ
のような形で普通の市民なり消費者なり本人が裁判制度をもっと利用しやす
くなるような，そういう改革を期待しています。

垣内　冒頭申し上げましたように，研究会の段階から議論に参加させていた
だいているのですが，2020年に入りまして新型コロナウイルス感染症の問
題でオンラインの活用が一気に身近になったようなこともあって，このIT
化というのも将来のこととして考えると，いろいろと分からないものとして
不安感と言うか心配なところが出てきがちなのですが，実際に導入されてし
まうと，意外にスムーズに受け入れられていく面もあるのかなと思っていま
す。町村さんからも記録の閲覧等のお話がありましたけれども，今日触れた
問題のほかにもいろいろと難しい問題，これも町村さんが日米法学会などで
ご発表されていたかと思いますが，手続そのものの一般公開の在り方とか，
そういった問題もIT化との関係で出てくると思いますし，日本の裁判制度
全体に非常に大きな影響を与える改革になっていくのかなと思っています。
IT化は，それ自体としては，ある種手段にすぎないというところがありま
すけれども，こういう形で正に民事訴訟手続全体を見直す機会になっている
ということですので，これを機に手続の質をいろいろな所で高めていけるよ
うな取組ができるといいように思います。また，理論的な点では，手続原則
が持っている意義が，実際にどういうものなのかといったようなことを改め
て考えさせる契機となっているところもあり，いろいろと民事訴訟法の研究
者としては宿題が残ることになるかもしれませんが，審議過程においてもい
ろいろ議論できればと思いますし，立法されれば終わりということではなく
て，更に引き続き考えていくべき問題も多いのかなと思っています。

日下部　民事裁判手続のIT化については，2017年に内閣官房に「裁判手続
等のIT化検討会」が設置されたときから関わっておりますが，実際に関わ
るようになってから思いましたのは，当初想定したよりもはるかに幅が広く，

奥の深い話になっているということでありました。IT化そのものは，先ほども言及がありましたように，手段にすぎないのですけれども，民事訴訟手続の最初から最後まで全般にわたるものですし，IT化の影響を受ける事項は非常に多いので，派生的に様々な問題を考え直そうという契機にもなっているところで，検討が深まれば深まるほど，次々と新しい課題や問題が表出してきているのではないかと感じております。弁護士にとりましては，民事裁判手続のIT化というのは，普段の日常業務に直結する話ですし，極めて影響が大きいので，関心も著しく高いものになっています。本日の座談会は個人的に非常に勉強になりましたが，本書を手にした弁護士にも示唆に富むものになると思います。ありがとうございました。なお，本日の座談会で私は弁護士の観点からの意見なり日弁連の意見なりをご紹介しましたが，日弁連の意見につきましては，日弁連のホームページに掲載されておりますので，正確な内容はそちらをご参照いただければと思います。また，私が申し上げました一個人としての意見に当たる所は，私が所属しているいかなる団体の意見でもないことを，念のために申し上げたいと思います。

大野　本日の座談会を通じまして，民事裁判手続のIT化というものが，いかに我が国の司法，とりわけ民事裁判手続の将来を占う重要な課題であるかということを改めて実感いたしました。民事裁判手続のIT化につきましては令和4年中の法改正を目指しており，現在，部会で調査・審議が進められているところです。事務当局としては，引き続き利用者の目線に立ったIT化が実現されるよう，最大限の努力をしてまいりたいと考えております。部会で出された意見をご紹介させていただくに当たり，ご紹介する意見に極力偏りがないよう注意したつもりですが，部会におけるより正確な議論の状況については，法務省のホームページ上で公開されている部会の資料や議事録をご覧いただければと思います。

山本　私から最後に御礼を申し上げたいと思います。法制審議会の議論ですが，先ほど大野さんからお話があったようなスケジュール感で今後進められるということですが，恐らくその中途の段階で中間試案がまとめられ（本書197頁以下参照），パブリックコメントで一般の方々のご意見を伺う機会が設けられるのではないかと思われます。先ほど来ご議論があるように，日本の民事訴訟に関わる全ての方々に非常に大きな影響を与える改正になりますの

で，なるべく多くの方々からご意見を伺うことができればよいのではないかと考えております。そのようなことも踏まえて，本日このような座談会を設けて，取り上げた論点はほんの一部のものにとどまったということではありますが，審議会での議論の模様，そして，それが外からどのように見えているのかというようなことも含めて，このような議論の機会を持てたことは，私としても大変よかったのではないかと思っているところです。本日は闊達なご議論をいただきまして，本当にありがとうございました。

［2020 年 11 月 4 日収録］

民事訴訟法
（IT化関係）等の
改正に関する中間試案

1. インターネットを用いてする申立て等によらなければならない場合

訴えの提起等裁判所に対する申立て等のうち書面等をもってするものとされているものについて，電子情報処理組織を用いてすることができるものとした上で，電子情報処理組織を用いてしなければならない場合について，次のいずれかの案によるものとする。

甲案

申立てその他の申述（証拠となるべきものの写しの提出を含む。以下「申立て等」という。）のうち書面等（書面，書類，文書，謄本，抄本，正本，副本，複本その他文字，図形等人の知覚によって認識することができる情報が記載された紙その他の有体物をいう。以下本項において同じ。）をもってするものとされているものについては，電子情報処理組織（裁判所の使用に係る電子計算機（入出力装置を含む。以下同じ。）と申立て等をする者の使用に係る電子計算機とを電気通信回線で接続した電子情報処理組織をいう。以下同じ。）を用いてしなければならない。ただし，委任を受けた訴訟代理人（民事訴訟法（以下「法」という。）第 54 条第 1 項ただし書に規定する訴訟代理人を除く。以下本項において同じ。）以外の者にあっては，電子情報処理組織を用いてすることができないやむを得ない事情があると認めるときは，この限りでない。

乙案

申立て等のうち書面等をもってするものとされているものについては，委任を受けた訴訟代理人があるときは，電子情報処理組織を用いてしなければならない。

丙案

電子情報処理組織を用いてしなければならない場合を設けない（電子情報処理組織を用いてする申立て等と書面等による申立て等とを任意に選択することができる。）。

（注 1）甲案から丙案までのいずれかの案によるものとする考え方に加えて，国民における IT の浸透度，本人サポートの充実度，更には裁判所のシステムの利用環境等の事情を考慮して，国民の司

法アクセスが後退しないことを条件として甲案を実現することを目指しつつ，まずは，法第132条の10の最高裁判所規則を定めて利用者がインターネットを用いた申立て等と書面等による申立て等を任意に選択することができることとすることにより，丙案の内容を実質的に実現した上で，その後段階的に（乙案を経て）甲案を実現するものとする考え方がある。

（注2）乙案において訴訟代理人がない場合の当事者や丙案において当事者及び訴訟代理人が一旦インターネットを用いてする申立て等によったとき（丙案において，インターネットを用いてする申立て等をした訴訟代理人が辞任し，又は解任された等訴訟代理人がないこととなった場合であって，当事者が通知アドレス（本文第3の1(1)）の届出をしていなかったときを除く。）は，その事件が完結するまではインターネットを用いてする申立て等によらなければならないものとする。

（注3）甲案において，当事者本人から訴状が書面等によって提出されたときの書面等の取扱いについて，訴状審査権に類する審査権を創設し，一旦受付をした上で，書面等を用いる申立て等をすることができる例外に当たるかどうかの判断，すなわち方式の遵守の有無に関する審査をし，方式違反の場合には補正の機会を与えるものとする。

また，甲案及び乙案において，訴訟代理人から訴状が書面等によって提出されたときは，直ちに却下することができるものとするとの考え方と，当事者本人から訴状が書面等によって提出されたときと同様に一旦受付をした上で，インターネットを用いてする申立て等による補正の機会を与えるものとする考え方がある。

さらに，本人及び訴訟代理人から提出された答弁書についても同様に方式の遵守の有無に関する審査の制度を創設して審査をするものとする考え方がある。

（注4）（注3）で本人及び訴訟代理人から訴状が書面等によって提出されたときに一旦受付をすることとする考え方を採った場合や裁判所のシステムの故障の間に訴状が書面等によって提出されたときに一旦受付をすることとする考え方を採った場合において，書面等で提出された訴状についてインターネットを用いてする申立て等による補正がされたときは，書面等で提出された訴状の提出を基準として時効の完成猶予効を認めるものとする。

また，そのような考え方を採った上で，さらに，期間の満了の時に当たり，裁判所のシステムの故障により裁判上の請求（民法（明治29年法律第89号）第147条第1項第1号），支払督促（同項第2号）及び法第275条第1項の和解（民法第147条第1項第3号）に係る手続を行うことができないとき（天災その他避けることのできない事変によりこれらの手続を行うことができないときを除く。）は，その事由が消滅した時から1週間を経過するまでの間は，時効は，完成しない旨の規定を設けるものとする考え方がある。

（注5）甲案及び乙案に記載の訴訟代理人について，委任を受けた訴訟代理人に加えて法令上の訴訟代理人を含むかどうかについては引き続き検討するものとする。

---

2. インターネットを用いて裁判所のシステムにアップロードすることができる電磁的記録に係るファイル形式

電子情報処理組織を用いて裁判所の使用に係る電子計算機に備えられたファイル

に記録する電磁的記録（電子的方式，磁気的方式その他人の知覚によっては認識することができない方式で作られる記録であって，電子計算機による情報処理の用に供されるものをいう。以下同じ。）に係るファイル形式について，次のような規律を設けるものとする。

（1）　電子情報処理組織を用いて裁判所の使用に係る電子計算機に備えられたファイルに記録することができる電磁的記録に係るファイル形式は，解読方法が標準化されているものとする。

（2）　裁判所は，必要と認める場合において，当事者が電子情報処理組織を用いて裁判所の使用に係る電子計算機に備えられたファイルに記録したものに係るファイル形式と異なる他のファイル形式の電磁的記録を有しているときは，その者に対し，当該他のファイル形式の電磁的記録を提供することを求めることができる。

（注1）当事者又はその代理人が身体の障害により相手方が提出した電磁的記録を読み取ることができない場合であって，当該電磁的記録を提出した者が音声情報に変換可能な情報を有する電磁的記録を提出することができるときは，裁判所は，当事者の申立てにより，当該電磁的記録を提出した者に対し，音声情報に変換可能な情報を有する電磁的記録を提供することを求めることができるとの規律を設けるものとする考え方がある。

（注2）容量の大きな電磁的記録の提出や，証拠となるべきものの写しに係るファイル形式が本文(1)に規定するものに該当しない場合の提出に関する規律について，引き続き検討するものとする。

---

3. 訴訟記録の電子化

（1）　訴訟記録は裁判所の使用に係る電子計算機に備えられたファイルに記録されたものによるものとする。

（2）　書面で提出されたものを裁判所の使用に係る電子計算機に備えられたファイルに記録することについて，次のような規律を設けるものとする。

　ア　裁判所は，書面で提出された訴状及び準備書面並びに証拠となるべきものの写しについて，裁判所の使用に係る電子計算機に備えられたファイルに記録する。

　イ　裁判所は，書面で提出されたアのものを【アによりファイルに記録された日からその後の最初の期日が終了するまでの間】【アによりファイルに記録した旨の通知の日から一定期間（例えば2週間）】保管しなければならない。

（注1）書面を提出した者は，その書面が裁判所の使用に係る電子計算機に備えられたファイルに正確に記録されていない場合には，再度，裁判所に対して同ファイルに記録することを求めることができるものとする。

（注2）本文1における甲案，乙案及び丙案のいずれの場合においても，裁判所に書面を用いた申立て等をする当事者からは，当事者が提出した書面を電子化し訴訟記録の一部とする役務の対価として，手数料を徴収することについても，引き続き検討するものとする。

第2	訴えの提起，準備書面の提出

　電子情報処理組織を用いてする訴えの提起及び準備書面の提出は，最高裁判所規則で定めるところにより，裁判所の使用に係る電子計算機に備えられたファイルに電子訴状及び電子準備書面を記録する方法によりするものとする。

（注1）インターネットを用いて訴えの提起及び準備書面の提出をする者の本人確認に関する規律の在り方について，引き続き検討するものとする。

（注2）濫用的な訴えの提起を防止するための方策として，訴訟救助の申立ての有無にかかわらず，訴えを提起する際には，一律に，例えば数百円程度のデポジットを支払わなければならないという規律を設けることや，訴え提起手数料を納付すべきであるのに一定期間を経過しても一切納付されない場合には，納付命令を経ることなく命令により訴状を却下しなければならず，この命令に対しては即時抗告をすることができないという規律を設けることについて，引き続き検討するものとする。

第3	送達

1. システム送達

　電子情報処理組織を利用した送達方法（以下「システム送達」という。）について，次のような規律を設けるものとする。

　(1)　当事者，法定代理人又は訴訟代理人（以下本項，第4の2及び第12の4に

おいて「当事者等」という。）は，最高裁判所規則で定めるところにより，次に掲げる事項（以下「通知アドレス」という。）の届出をすることができる。

　ア　電子メールアドレス（電子メール（特定の者に対し通信文その他の情報をその使用する電子計算機の映像面に表示されるようにすることにより伝達するための電気通信（有線，無線その他の電磁的方式により，符号，音又は影像を送り，伝え，又は受けることをいう。イにおいて同じ。）であって，最高裁判所規則で定める通信方式を用いるものをいう。）の利用者を識別するための文字，番号，記号その他の符号をいう。）

　イ　アに掲げるもののほか，その受信をする者を特定して情報を伝達するために用いられる電気通信の利用者を識別するための文字，番号，記号その他の符号であって，最高裁判所規則で定めるもの

（2）　通知アドレスの届出をした当事者等に対する送達は，法第99条及び法第101条の規定にかかわらず，裁判所の使用に係る電子計算機に備えられたファイルに送達すべき電子書類を記録し，通知アドレスの届出をした当事者等が電子情報処理組織を用いてその電子書類の閲覧及び複製をすることができる状態に置き，通知アドレスの届出をした当事者等の通知アドレスにその旨を通知してする。

（3）　(2)による送達は，通知アドレスの届出をした当事者等が電子情報処理組織を用いて送達すべき電子書類の閲覧又は複製をした時（通知アドレスの届出をした当事者等が二以上あるときは，最初に送達すべき電子書類の閲覧又は複製をした者に係る閲覧又は複製の時）にその効力を生ずる。

（4）　通知アドレスの届出をした当事者等が(2)の通知が発出された日から1週間を経過する日までに送達すべき電子書類の閲覧又は複製をしないときは，その日が経過した時にその電子書類の閲覧をしたものとみなす。

（注1）システム送達により訴状を送達することができる場面を拡大するためにどのような方策を講ずるべきかについては，実務の運用に委ねることとし，特段の規律を設けないものとする考え方がある。

（注2）裁判所のシステムを通じて提出された送達すべき電子書類を通知アドレスの届出をしていない当事者等に送達する場合の取扱いについては，提出当事者が当該電子書類の出力を行って裁判所に提出した書面によってするものとする考え方と，裁判所が自ら書面への出力を行った上でこれ

202

を送達するものとする考え方とがある。また，提出当事者において，送達に用いる書面につき，①自ら出力した書面を用いるか，②一定の手数料を納付することにより裁判所が出力した書面を用いるかを選択することができるものとする考え方がある。

（注3）送達すべき電子書類の閲覧又は複製をしない場合に関する特則（本文(4)）を設ける場合に，送達を受けるべき者がその責めに帰すべき事由以外の事由により通知を受領することができず，又は送達すべき電子書類の閲覧又は複製をすることができなかったときの取扱いについては，引き続き検討するものとする。

（注4）当事者本人及びその訴訟代理人の双方が通知アドレスの届出をしている場合など，通知アドレスの届出をしている者が複数いる場合に，当事者等がその一部を送達を受けるべき者とする旨の届出をすることを認め，そのような届出があったときには，当該届出のあった者以外の当事者等について，システム送達の名宛人としないものとする考え方と，このような届出をすることを認めない考え方とがある。

2. 公示送達

　法第111条を次のように改めるものとする。

　（1）　公示送達は，電磁的方法により不特定多数の者が公示すべき内容である情報の提供を受けることができる状態に置く措置であって最高裁判所規則で定めるものをとる方法によりする。

　（2）　(1)における公示すべき内容は，裁判所書記官が送達すべき電子書類を裁判所の使用に係る電子計算機に備えられたファイルに記録し，いつでも電子情報処理組織を用いて送達を受けるべき者に閲覧又は複製をさせ，又は送達を受けるべき者にその内容を出力した書面を交付すべきこととする。

第4	送付

1. 当事者の相手方に対する直接の送付

　当事者の相手方に対する直接の送付は，次に掲げる方法によることができるものとする。ただし，通知アドレスの届出をした相手方に対する直接の送付は，次に掲げる方法のうち(1)によるものとする。

　（1）　裁判所の使用に係る電子計算機に備えられたファイルに送付すべき電子書類を記録し，通知アドレスの届出をした相手方が電子情報処理組織を用いてその電

子書類の閲覧又は複製をすることができる状態に置き，当該相手方の通知アドレスにその旨を自動的に通知してする方法（通知アドレスの届出をした相手方に対するものに限る。）

(2) 送付すべき書類の写し又は送付すべき電子書類に記録された情報の内容を出力した書面の交付

2. 裁判所の当事者等に対する送付

裁判所の当事者等に対する送付は，次に掲げる方法によることができるものとする。ただし，通知アドレスの届出をした当事者等に対する送付は，次に掲げる方法のうち(1)によるものとする。

(1) システム送達（通知アドレスの届出をした当事者等に対するものに限る。）

(2) 送付すべき書類の写し又は送付すべき電子書類に記録された情報の内容を出力した書面の交付

(注) 当事者が裁判所のシステムを通じて提出した送付すべき電子書類を通知アドレスの届出をしていない相手方に送付する場合の取扱いについては，提出当事者が直接の送付をするものとする考え方と，裁判所の送付によるものとする考え方があり，そのうち裁判所の送付によるものとする考え方を採る場合の取扱いについては，提出当事者が当該電子書類の出力を行って裁判所に提出した書面によってするものとする考え方と，裁判所が自ら書面への出力を行った上でこれを送付するものとする考え方とがある。また，提出当事者において，裁判所の送付に用いる書面につき，①当事者自ら出力した書面を用いるか，②一定の手数料を納付することにより裁判所が出力した書面を用いるかを選択することができるものとする考え方がある。

---

3. 相手方が在廷していない口頭弁論において主張することができる事実

相手方が在廷していない口頭弁論において，準備書面（相手方がその準備書面の閲覧又は複製をしたもの）に記載した事実を主張することができるものとする。

(注) 本文の規律に加えて，相手方が在廷していない口頭弁論において，準備書面（本文1(1)の通知が発出された日から一定の期間を経過したもの）に記載した事実を主張することができるものとする考え方がある。

---

1. ウェブ会議等を用いて行う口頭弁論の期日における手続

　裁判所は，相当と認めるときは，当事者の意見を聴いて，最高裁判所規則で定めるところにより，裁判所及び当事者双方が映像と音声の送受信により相手の状態を相互に認識しながら通話をすることができる方法によって，口頭弁論の期日における手続を行うことができるものとする。その期日に出頭しないでその手続に関与した当事者は，その期日に出頭したものとみなすものとする。

（注）ウェブ会議等を用いて出頭する者の本人確認及び所在すべき場所並びにその者に対する不当な影響の排除に関する規律の在り方について，引き続き検討するものとする。

---

2. 無断での写真の撮影等の禁止

　裁判所及び当事者双方が映像と音声の送受信により相手の状態を相互に認識しながら通話をすることができる方法により手続を行う期日又は裁判所及び当事者双方が音声の送受信により同時に通話をすることができる方法により手続を行う期日において，裁判長がその期日における手続を行うために在席する場所以外の場所にいる者が，裁判長の許可を得ないで，その送受信された映像又は音声について，写真の撮影，録音，録画，放送その他これらと同様に事物の影像又は音を複製し，又は複製を伴うことなく伝達する行為をしたときの制裁を設けるものとする。

3. 口頭弁論の公開に関する規律の維持

　口頭弁論の公開は，現実の法廷において行うものとし，裁判所がインターネット中継等によって行うことを許容したり禁止したりする規律は設けないものとする。

4. 準備書面等の提出の促し

　裁判長は，法第162条の規定により定めた期間を経過しても，同条の規定により定めた特定の事項に関する主張を記載した準備書面の提出又は特定の事項に関する

証拠の申出がされないときは，裁判所書記官に，その準備書面の提出又は証拠の申出の促しをさせることができるものとする。

(注) 本文の規律に加えて，提出期間を経過しても準備書面が提出されない場合に，提出が遅延している理由を説明しなければならないものとする考え方，裁判所がその提出を命ずることができるものとする考え方及び正当な理由なくその命令に違反した場合に，法第157条の2と同様の制裁を設けるものとする考え方がある。

第6　新たな訴訟手続

　民事裁判手続のIT化を契機として，裁判が公正かつ適正で充実した手続の下でより迅速に行われるようにするため，訴訟手続の特則として新たな訴訟手続の規律を設けることについて，新たな訴訟手続の規律を設けるものとする甲案若しくは乙案（ただし，甲案及び乙案はいずれも排斥し合うものではなく，例えば，甲案及び乙案を併存させ，又はいずれか一方の規律に他方の一部を導入することもあり得る。）又は規律を設けないものとする丙案のいずれかの案によるものとする。

甲案

1　地方裁判所においては，通知アドレスの届出をした原告は，新たな訴訟手続による審理及び裁判を求めることができる。

2　新たな訴訟手続による審理及び裁判を求める旨の申述は，第1回の口頭弁論の期日（第1回の口頭弁論の期日の前に弁論準備手続に付する決定をした場合にあっては，第1回の弁論準備手続の期日。以下本項において同じ。）の終了時までにしなければならない。

3　新たな訴訟手続においては，特別の事情がある場合を除き，第1回の口頭弁論の期日から6月以内に審理を終結しなければならない。

4　証拠調べは，即時に取り調べることができる証拠に限りすることができる。

5（1）　被告は，第1回の口頭弁論の期日の終了時まで，訴訟を通常の手続に移行させる旨の申述をすることができる。

　（2）　訴訟は，(1)の申述があった時に，通常の手続に移行する。

6（1）　次に掲げる場合には，裁判所は，訴訟を通常の手続により審理及び裁判をする旨の決定をしなければならない。この決定に対しては，不服を申し立てる

ことができない。

　ア　公示送達によらなければ被告に対する最初にすべき口頭弁論の期日の呼出
　　　しをすることができないとき。

　イ　被告が第1回の口頭弁論の期日の終了後【10】日以内に通知アドレスの届
　　　出をしていないとき。

　ウ　新たな訴訟手続により審理及び裁判をするのを相当でないと認めるとき。

　(2)　訴訟が通常の手続に移行したときは，新たな訴訟手続のため既に指定した
　　　期日は，通常の手続のために指定したものとみなす。

7　(1)　新たな訴訟手続の終局判決に対しては，控訴をすることができない。

　(2)　新たな訴訟手続の終局判決に対しては，判決書の送達を受けた日から2週
　　　間の不変期間内に，その判決をした裁判所に異議を申し立てることができる。
　　　ただし，その期間前に申し立てた異議の効力を妨げない。

　(3)　法第358条から法第360条までの規定は，(2)の異議について準用する。

　(4)　適法な異議があったときは，訴訟は，口頭弁論の終結前の程度に復する。
　　　この場合においては，通常の手続により審理及び裁判をする。

乙案

1　地方裁判所においては，通知アドレスの届出をした当事者は，共同の申立てに
　より，新たな訴訟手続による審理及び裁判を求めることができる。

2　1の共同の申立ては，第1回の口頭弁論の期日の終了時までにしなければなら
　ない。

3　(1)　裁判所は，1の共同の申立てがあったときは，答弁書の提出後速やかに当
　　　事者双方と審理の計画について協議をするための日時を指定し，その協議の結
　　　果を踏まえて審理の計画を定めなければならない。

　(2)　(1)の審理の計画においては，次に掲げる事項を定めなければならない。

　ア　争点及び証拠の整理を行う期間

　イ　証人及び当事者本人の尋問を行う時期

　ウ　口頭弁論の終結及び判決の言渡しの予定時期

　(3)　(1)の審理の計画においては，(2)アからウまでに掲げる事項のほか，特定
　　　の事項についての攻撃又は防御の方法を提出すべき期間その他の訴訟手続の計
　　　画的な進行上必要な事項を定めることができる。

　(4)　裁判所は，(1)の審理の計画を定めるに当たり審理の計画を定めた日から審
　　　理の終結までの期間を6月以内とするものとし，(2)アからウまでに掲げる事
　　　項について次のとおり定めるものとする。

ア　争点及び証拠の整理を行う期間　審理の計画を定めた日から5月以内の期
　　　　間

　　イ　証人及び当事者本人の尋問を行う時期　争点及び証拠の整理の期間が終了
　　　　する日から1月以内の時期

　　ウ　口頭弁論の終結の予定時期　最後に証人又は当事者本人の尋問を行う日
　　　　（証人及び当事者本人の尋問を行わないものとするときは，争点及び証拠の
　　　　整理の期間が終了する日から1月以内の日）

　　エ　判決の言渡しの予定時期　口頭弁論の終結の日から1月以内の時期

　(5)　裁判所は，審理の現状及び当事者の訴訟追行の状況その他の事情を考慮し
　　　て必要があると認めるときは，当事者双方と協議をし，その結果を踏まえて
　　　(1)の審理の計画を変更することができる。

4 (1)　次に掲げる場合には，裁判所は，訴訟を通常の手続により審理及び裁判を
　　　する旨の決定をしなければならない。この決定に対しては，不服を申し立てる
　　　ことができない。

　　ア　当事者のいずれかから通常の手続に移行させる旨の申述がされたとき。

　　イ　新たな訴訟手続により審理及び裁判をするのを相当でないと認めるとき。

　(2)　訴訟が通常の手続に移行したときは，新たな訴訟手続のため既に指定した
　　　期日は，通常の手続のために指定したものとみなす。

丙案

新たな訴訟手続に関する規律を設けない。

(注1) 次に掲げる紛争に係る事件について，甲案及び乙案のいずれにおいても対象から除外する
ものとする考え方，甲案においては対象から除外するものとする考え方がある。
ア　消費者（消費者契約法（平成12年法律第61号）第2条第1項に規定する消費者をいう。）と
　事業者（同条第2項に規定する事業者をいう。）の間の民事上の紛争
イ　個別労働関係紛争（個別労働関係紛争の解決の促進に関する法律（平成13年法律第112号）
　第1条に規定する個別労働関係紛争をいう。）

(注2) 甲案においては，被告も第1回の口頭弁論の期日までに新たな訴訟手続による審理及び裁
判を求める旨の申述をすることができ，原告が第1回の口頭弁論の期日の終了時までに訴訟を通常
の手続に移行させる旨の申述をすることができるものとする考え方がある。

(注3) 乙案においては，新たな訴訟手続による審理及び裁判を求める共同の申立ては，第1回の
口頭弁論の期日の終了後であっても（例えば，争点整理手続が終了するまでの間）することができ

るものとする考え方がある。

（注4）乙案においては，本文3(4)の期間・時期について，「6月」等と法定することなく，当事者の協議によって柔軟に定めることができるものとする考え方がある。

（注5）甲案及び乙案のいずれにおいても訴訟代理人が選任されていることを必要的とするものとする考え方，甲案及び乙案のいずれにおいても訴訟代理人が選任されていることを必要的とせずいわゆる本人訴訟でも利用することができるものとする考え方，甲案においては訴訟代理人が選任されていることを必要的とするものとする考え方がある。

（注6）乙案においては，通常の手続への移行の規律を設けないものとする考え方がある。

| 第7 | 争点整理手続等 |

（前注）「1　弁論準備手続」から「3　準備的口頭弁論」までは，民事裁判手続のIT化に伴い，現行法における争点整理手続に関する規律の見直しを検討するものであるが，争点整理手続については，このほかに，三種類の争点整理手続を置く現行法の規律を見直し，これを一つの手続に統合することの可否という論点がある。第7では，後者の論点については「4　争点整理手続の在り方」で一括して取り扱うこととし，「1　弁論準備手続」から「3　準備的口頭弁論」までにおいては，三種類の争点整理手続を置く現行法の規律を維持することをひとまずの前提としている。

1. 弁論準備手続

　法第170条第3項を次のように改めるものとする。

　裁判所は，相当と認めるときは，当事者の意見を聴いて，最高裁判所規則で定めるところにより，裁判所及び当事者双方が音声の送受信により同時に通話をすることができる方法によって，弁論準備手続の期日における手続を行うことができる（同項ただし書は削除する。）。

（注）本文とは別に，法第170条第2項の規律を見直し，弁論準備手続の期日において，調査嘱託の結果，尋問に代わる書面，鑑定人の意見を記載した書面及び鑑定嘱託の結果を顕出すること

ができるものとする考え方がある。

2. 書面による準備手続

（1） 法第175条を次のように改めるものとする。

裁判所は，相当と認めるときは，当事者の意見を聴いて，事件を書面による準備手続（当事者の出頭（第5の1及び法第170条第4項の規定により出頭したものとみなされる場合を含む。）なしに準備書面の提出等により争点及び証拠の整理をする手続をいう。以下同じ。）に付することができる。

（2） 法第176条第1項を削除した上で，受命裁判官に関する規律として新たに次のような規律を設けるものとする。

ア　裁判所は，受命裁判官に書面による準備手続を行わせることができる。ただし，判事補のみが受命裁判官となることはできない。

イ　書面による準備手続を受命裁判官が行う場合には，法第176条の規定（アを除く。）による裁判所及び裁判長の職務は，その裁判官が行う。ただし，同条第4項において準用する法第150条の規定による異議についての裁判は，受訴裁判所がする。

（3） 法第176条第2項を次のように改めるものとする。

裁判長は，法第162条に規定する期間を定めなければならない。

（4） 書面による準備手続における協議（法第176条第3項）について，次のいずれかの案によるものとする。

甲案

同項を削除する。

乙案

裁判所は，必要があると認めるときは，最高裁判所規則で定めるところにより，裁判所及び当事者双方が音声の送受信により同時に通話をすることができる方法によって，争点及び証拠の整理に関する事項その他口頭弁論の準備のため必要な事項について，当事者双方と協議をすることができる。この場合においては，協議の結

果を裁判所書記官に記録させることができる。

(5) 法第176条第4項を次のように改めるものとする（法第149条第2項を準用の対象から除外する現行法の規律を改める。）。

法第149条〈釈明権〉，法第150条〈訴訟指揮等に対する異議〉及び法第165条第2項〈要約書面の提出〉の規定は，書面による準備手続について準用する。

3. 準備的口頭弁論

準備的口頭弁論については，現行法の規律を維持するものとする。

4. 争点整理手続の在り方

争点整理手続として，準備的口頭弁論，弁論準備手続及び書面による準備手続の三種類の手続を置く現行法の枠組みを見直し，これを一つの争点整理手続に統合することについて，次のいずれかの案によるものとする。

甲案

現行法における三種類の争点整理手続を一種類の争点整理手続（新たな争点整理手続）に統合することとし，次のような規律を設けるものとする。

(1) 新たな争点整理手続の開始
裁判所は，争点及び証拠の整理を行うため必要があると認めるときは，当事者の意見を聴いて，事件を新たな争点整理手続に付することができる。

(2) 新たな争点整理手続の期日
ア 新たな争点整理手続は，当事者双方が立ち会うことができる期日において行う。ただし，裁判所は，相当と認めるときは，当事者の意見を聴いて，期日を指定せずにこれを行うことができる。
イ 裁判所は，新たな争点整理手続を公開し，又はア本文の期日において，相当と認める者の傍聴を許すことができる。ただし，当事者が申し出た者については，手続を行うのに支障を生ずるおそれがあると認める場合を除き，その傍聴を許さなければならない。
【ウ 裁判所は，必要があると認めるときは，当事者の意見を聴いて，争点及び

証拠の整理に関する事項その他口頭弁論の準備のため必要な事項について，新たな争点整理手続の期日外において，当事者双方と協議をすることができる。この場合においては，協議の結果を裁判所書記官に記録させることができる。】

(3) 音声の送受信による通話の方法による新たな争点整理手続

ア　裁判所は，相当と認めるときは，当事者の意見を聴いて，最高裁判所規則で定めるところにより，裁判所及び当事者双方が音声の送受信により同時に通話をすることができる方法によって，新たな争点整理手続の期日における手続【又は(2)ウの協議】を行うことができる。

イ　アの期日に出頭しないでその手続に関与した当事者は，その期日に出頭したものとみなす。

(4) 新たな争点整理手続における訴訟行為等

ア　裁判所は，当事者に準備書面を提出させることができる。

イ　裁判所は，新たな争点整理手続の期日において，証拠の申出に関する裁判その他の口頭弁論の期日外においてすることができる裁判及び文書（法第231条に規定する物件を含む。）の証拠調べをすることができる。

ウ　法第148条から法第151条まで〈裁判長の訴訟指揮権・釈明権，これらに対する異議，釈明処分〉，法第152条第1項〈口頭弁論の分離・併合〉，法第153条から法第159条まで〈口頭弁論の再開，通訳，弁論能力を欠く者に対する措置，攻撃防御方法の提出時期・提出期間とその却下，陳述の擬制，自白の擬制〉及び法第162条〈準備書面の提出期間〉の規定は，新たな争点整理手続について準用する。

(5) 受命裁判官による新たな争点整理手続

ア　裁判所は，受命裁判官に新たな争点整理手続を行わせることができる。

イ　新たな争点整理手続を受命裁判官が行う場合には，(2)から(4)までの裁判所及び裁判長の職務（(4)イの裁判を除く。）は，その裁判官が行う。ただし，(4)ウにおいて準用する法第150条の規定による異議についての裁判及び法第157条の2の規定による却下についての裁判は，受訴裁判所がする。

ウ　新たな争点整理手続を行う受命裁判官は，法第186条の規定による調査の嘱託，鑑定の嘱託，文書（法第231条に規定する物件を含む。）を提出してする書証の申出及び文書（法第229条第2項及び法第231条に規定する物件を含む。）の送付の嘱託についての裁判をすることができる。

(6) 証明すべき事実の確認

ア　裁判所は，新たな争点整理手続を終結するに当たり，その後の証拠調べにより証明すべき事実を当事者との間で確認するものとする。ただし，新たな争点整理手続の全てを期日を指定せずに行った場合には，裁判所は，新たな争点整理手続の終結後の口頭弁論の期日において，その後の証拠調べによって証明すべき事実を当事者との間で確認するものとする。

イ　裁判長は，相当と認めるときは，新たな争点整理手続を終結するに当たり，当事者に新たな争点整理手続における争点及び証拠の整理の結果を要約した書面を提出させることができる。

(7) 当事者の不出頭等による終結

当事者が期日に出頭せず，又は法第 162 条の規定により定められた期間内に準備書面の提出若しくは証拠の申出をしないときは，裁判所は，新たな争点整理手続を終結することができる。

(8) 新たな争点整理手続に付する裁判の取消し

裁判所は，相当と認めるときは，申立てにより又は職権で，新たな争点整理手続に付する裁判を取り消すことができる。ただし，当事者双方の申立てがあるときは，これを取り消さなければならない。

(9) 新たな争点整理手続の結果の陳述

当事者は，口頭弁論において，新たな争点整理手続の結果を陳述しなければならない。ただし，新たな争点整理手続の全てを期日を指定せずに行った場合は，この限りでない。

(10) 新たな争点整理手続終結後の攻撃防御方法の提出

ア　新たな争点整理手続の終結後に攻撃又は防御の方法を提出した当事者は，相手方の求めがあるときは，相手方に対し，新たな争点整理手続の終結前にこれを提出することができなかった理由を説明しなければならない。

イ　アの規定は，新たな争点整理手続の全てを期日を指定せずに行った場合には適用しない。この場合において，新たな争点整理手続の終結後の口頭弁論の期日において，(6)イの書面に記載した事項の陳述がされ，又は(6)アの規定による確認がされた後に攻撃又は防御の方法を提出した当事者は，相手方の求めがあるときは，相手方に対し，その陳述又は確認前にこれを提出することができなかった理由を説

明しなければならない。

乙案

　三種類の争点整理手続を置く現行法の規律を維持した上で，1及び2に掲げるほかは，その規律について変更を加えないものとする。

(注) 甲案を基礎としつつ，新たな争点整理手続において証人尋問等を行うことができるものとする考え方や，乙案を基礎としつつ，弁論準備手続に関する現行法の規律について必要な見直しを行うものとする考え方がある。

---

5. 進行協議

　進行協議の期日における手続について，次のような規律を設けるものとする。

　（1）　裁判所が，相当と認めるときは，当事者の意見を聴いて，裁判所及び当事者双方が音声の送受信により同時に通話をすることができる方法によって，進行協議の期日における手続を行うことができる（当事者が遠隔地に居住している場合等に限らず，裁判所が相当と認める場合に幅広く電話会議等によることを可能とするとともに，当事者の一方のみならず，双方ともに電話会議等により期日に関与することを認める。）。

　（2）　電話会議等により進行協議の期日における手続に関与した者について，その期日において訴えの取下げ並びに請求の放棄及び認諾をすることができる。

6. 審尋

　法第87条に次のような規律を設けるものとする。

　裁判所が，相当と認めるときは，当事者の意見を聴いて，最高裁判所規則で定めるところにより，裁判所及び当事者双方が音声の送受信により同時に通話をすることができる方法によって，審尋の期日における手続を行うことができる。

7. 専門委員制度

　法第92条の3を次のように改めるものとする。

　裁判所は，法第92条の2各項の規定により専門委員を手続に関与させる場合に

おいて，相当と認めるときは，当事者の意見を聴いて，同条各項の期日において，最高裁判所規則で定めるところにより，裁判所及び当事者双方が専門委員との間で音声の送受信により同時に通話をすることができる方法によって，専門委員に同条各項の説明又は発問をさせることができる。

第8 　　　　　　　　　　　書証

1. 電磁的記録についての書証に準ずる証拠調べの手続

　電磁的記録であって情報を表すために作成されたものの証拠調べについて，書証に準ずる規律を設けるものとする。

2. 電磁的記録の書証に準ずる証拠調べの申出としての提出

　電磁的記録であって情報を表すために作成されたものの書証に準ずる証拠調べの申出としての提出は，当該電磁的記録又はこれを電磁的方法により複製したもの（当該電磁的記録に記録された情報について改変が行われていないものに限る。）でしなければならないものとする。

（注）原本の存在及び成立に争いがなく，相手方が写しをもって原本の代用とすることに異議がないことを条件に，原本の提出に代えて写しを提出することが許される旨の規律（大審院昭和5年6月18日判決・民集9巻9号609頁）を明文化した上で，本文の規律にかかわらず，電磁的記録であって情報を表すために作成されたものについて，これに準ずる規律を設けるものとする考え方がある。

---

3. インターネットを用いてする電磁的記録の提出命令に基づく提出及び送付嘱託に基づく送付

　(1)　電磁的記録であって情報を表すために作成されたもの（当該電磁的記録に係るファイル形式が第1の2(1)に規定するものに該当する場合に限る。）の提出命令に基づく提出及び送付嘱託に基づく送付については，電子情報処理組織を用いてすることができるものとする。

　(2)　電磁的記録であって情報を表すために作成されたものの提出命令に基づく

提出及び送付嘱託に基づく送付を電子情報処理組織を用いてする場合は，最高裁判所規則で定めるところにより，裁判所の使用に係る電子計算機に備えられたファイルに当該電磁的記録を電磁的方法により複製したもの（当該電磁的記録に記録された情報について改変が行われていないものに限る。）を記録する方法によりするものとする。

（注）証拠となるべき電磁的記録に係るファイル形式が第1の本文2(1)に規定するものに該当しないときの提出及び送付の在り方について，引き続き検討するものとする。

---

4. インターネットを用いてする証拠となるべきものの事前の準備としての写しの提出

　　(1)　証拠となるべきものの事前の準備としての写しの提出については，電子情報処理組織を用いてすることができるものとする。

　　(2)　電子情報処理組織を用いてする証拠となるべきものの事前の準備としての写しの提出は，最高裁判所規則で定めるところにより，裁判所の使用に係る電子計算機に備えられたファイルに当該証拠となるべきものの写しを記録する方法によりするものとする。

第9	証人尋問等

1. 証人尋問等

　　(1)　法第204条を次のように改めるものとする。

　　ア　同条第1号を次のように改める。

　　証人の住所，年齢又は心身の状態その他の事情により，証人が受訴裁判所に出頭することが困難であると認める場合であって，相当と認めるとき。

　　イ　同条第3号として，次のような規律を設ける。

　　相当と認める場合において，当事者に異議がないとき。

　　(2)　法第204条に次のような規律を設けるものとする。

　　同条に規定する方法による尋問は，証人を次に掲げる要件を満たす場所に出頭さ

せてする。

　ア　当事者の一方又はその代理人，親族若しくは使用人その他の従業者（以下本項において「一方当事者等」という。）の在席する場所でないこと（当該場所が当事者の他の一方又はその代理人の在席する場所であるとき，一方当事者等の在席する場所に証人を出頭させることにつき，他の当事者に異議がないとき及び裁判所が事案の性質，証人の年齢又は心身の状態，証人と当該一方当事者等との関係その他の事情を考慮し，相当と認めるときを除く。）。

　イ　適正な尋問を行うことができる場所として最高裁判所規則で定める要件を具備する場所であること。

　(3)　当事者尋問については，法第204条を準用する法第210条の規律を維持し，(1)及び(2)と同じ規律とするものとする。

（注）宣誓の方法について，宣誓書の作成自体を要しないものとする考え方や，書面の形式による宣誓書に代わる新たな形式の宣誓書を創設するものとする考え方がある。

---

2. 通訳人

　通訳人に通訳をさせる方法について，次のような規律を設けるものとする。

　裁判所は，相当と認めるときは，最高裁判所規則で定めるところにより，【音声の送受信により相手の状態を相互に認識しながら通話をすることができる方法】【映像と音声の送受信により相手の状態を相互に認識しながら通話をすることができる方法】によって，通訳人に通訳をさせることができる。

3. 参考人等の審尋

　法第187条に次のような規律を設けるものとする。

　裁判所は，相当と認めるときは，最高裁判所規則で定めるところにより，音声の送受信により相手の状態を相互に認識しながら通話をすることができる方法によって，参考人又は当事者本人を審尋することができる。

　　　　　　　　　　その他の証拠調べ手続

1. 鑑定

（1）　法第215条の3を次のように改めるものとする。

　裁判所は，鑑定人に口頭で意見を述べさせる場合において，相当と認めるときは，最高裁判所規則で定めるところにより，映像と音声の送受信により相手の状態を相互に認識しながら通話をすることができる方法によって，意見を述べさせることができる。

（2）　法第215条に次のような規律を設けるものとする。

　鑑定人は，法第215条第1項の規定に基づき書面で意見を述べる場合には，書面の提出に代えて，最高裁判所規則で定めるところにより，電子情報処理組織を用いる方法により意見を述べることができる。

（注）本文の規律に加えて，規則第133条に基づく鑑定人の発問等について，電話会議等によることができるものとする。また，宣誓書を裁判所に提出する方式によって宣誓をする場合（規則第131条第2項）に，インターネットを用いる方法によってこれを行うことができるものとする考え方がある。

---

2. 検証

　法第2編第4章第6節に次のような規律を設けるものとする。

　裁判所は，相当と認める場合であって，当事者に異議がないときは，最高裁判所規則で定めるところにより，映像と音声の送受信により相手の状態を相互に認識しながら通話をすることができる方法によって，検証をすることができる。

3. 裁判所外における証拠調べ

　法第185条に次のような規律を設けるものとする。

（1）　裁判所は，相当と認めるときは，当事者の意見を聴いて，最高裁判所規則で定めるところにより，裁判所及び当事者双方が映像及び音声の送受信により相手の状態を相互に認識しながら通話をすることができる方法によって，同条の規定に

よる裁判所外における証拠調べの期日における手続を行うことができる。

　(2)　裁判所は，同条第1項の規定により裁判所外において証拠調べをする場合（合議体の構成員に命じ，又は地方裁判所若しくは簡易裁判所に嘱託して証拠調べをさせる場合を除く。）において，相当と認めるときは，その期日における手続を行う場所以外の場所に合議体の構成員の一部を在席させることができる。この場合において，当該合議体の構成員の一部は，裁判所及び当事者双方が映像と音声の送受信により相手の状態を相互に認識しながら通話をすることができる方法により手続を行うものとする。

(注)　本文(2)の手続について，本文のように法第185条に規定する裁判所外における証拠調べとするのではなく，口頭弁論の期日における証拠調べとする考え方がある。

第11 ｜ 訴訟の終了

1. 判決

(1)　電子判決書の作成及び判決の言渡し

　電子判決書の作成及び判決の言渡しについて，次のような規律を設けるものとする。

ア　判決は，電磁的記録により作成する。

イ　アで作成された電磁的記録（以下本項において「電子判決書」という。）に記録された情報については，作成主体を明示し，改変が行われていないことを確認することができる措置をしなければならない。

ウ　判決の言渡しは，電子判決書に基づいてする。

(2)　電子判決書の送達

　電子判決書を当事者に送達しなければならないことを前提として，電子判決書の送達について次のような規律を設けるものとする。

ア　電子判決書の送達は，裁判所の使用に係る電子計算機に備えられたファイルに記録された電子判決書の内容を書面に出力したものをもってする。

イ　アの規律にかかわらず，通知アドレスの届出をした者に対する電子判決書の送

達は，システム送達によってする。

2. 和解

(1) 和解の期日

和解の期日（和解を試みるための期日のことをいう。以下同じ。）について，法第89条に次の規律を加えるものとする。

　ア　裁判所は，相当と認めるときは，当事者の意見を聴いて，最高裁判所規則で定めるところにより，裁判所及び当事者双方が音声の送受信により同時に通話をすることができる方法によって，和解の期日における手続を行うことができる。

　イ　アの期日に出頭しないでアの手続に関与した当事者は，その期日に出頭したものとみなす。

　ウ　法第148条〈裁判長の訴訟指揮権〉，法第150条〈訴訟指揮権に対する異議〉，法第154条〈通訳人の立会い等〉及び法第155条〈弁論能力を欠く者に対する措置〉の規定は，和解について準用する。

　エ　受命裁判官又は受託裁判官が和解の試みを行う場合には，ウの規定による裁判所又は裁判長の職務は，その裁判官が行う。

(2) 受諾和解

法第264条を次のように改めるものとする。

　当事者が出頭することが困難であると認められる場合において，その当事者があらかじめ裁判所又は受命裁判官若しくは受託裁判官から提示された和解条項案を受諾する旨の書面を提出し，他の当事者が口頭弁論等の期日（口頭弁論，弁論準備手続又は和解の期日をいう。）に出頭してその和解条項案を受諾したときは，当事者間に和解が調ったものとみなす。

(3) 新たな和解に代わる決定

新たな和解に代わる決定について，次のいずれかの案によるものとする。

　甲案

　ア　裁判所は，和解を試みたが和解が調わない場合において，審理及び和解に関する手続の現状，当事者の和解に関する手続の追行の状況を考慮し，相当と認めるときは，当事者の意見を聴いて，当事者双方のために衡平に考慮し，一切の事情を考慮して，職権で，事件の解決のため必要な和解条項を定める決定（以下本項

において「和解に代わる決定」という。）をすることができる。

イ　和解に代わる決定に対しては，当事者は，その決定の告知を受けた日から2週間の不変期間内に，受訴裁判所に異議を申し立てることができる。

ウ　イの期間内に異議の申立てがあったときは，和解に代わる決定は，その効力を失う。

エ　裁判所は，イの異議の申立てが不適法であると認めるときは，これを却下しなければならない。

オ　イの期間内に異議の申立てがないときは，和解に代わる決定は，裁判上の和解と同一の効力を有する。

乙案

新たな和解に代わる決定の規律を設けない。

（注1）和解又は請求の放棄若しくは認諾を記録した調書は，送達しなければならないものとする考え方がある。

（注2）和解の期日，受諾和解，裁定和解等に参加する第三者に関する規律を設けるものとする考え方がある。

（注3）当事者双方が出頭することが困難であると認められる場合において，当事者双方が裁判所又は受命裁判官若しくは受託裁判官から提示された和解条項案を受諾する旨の書面を提出し，裁判所又は受命裁判官若しくは受託裁判官がその書面を提出した当事者の真意を確認したときは，当事者間に和解が調ったものとみなし，裁判所書記官が調書にその旨を記載したときは，その記載は確定判決と同一の効力を有するとの規律を設けるものとする考え方がある。

（注4）新たな和解に代わる決定の手続要件として，本文(3)アの当事者の意見を聴くことに代えて，当事者に異議がないこと又は当事者が同意していることのいずれかを必要とする考えがある。

（注5）新たな和解に代わる決定の対象事件を限定することについて，引き続き検討するものとする。

第12 | 訴訟記録の閲覧等

1. 裁判所に設置された端末による訴訟記録の閲覧等

(1) 訴訟記録の閲覧

何人も，裁判所書記官に対し，裁判所においてする訴訟記録（第1の3の電子化後のものに限る。以下第12の1から3までにおいて同じ。）の閲覧を請求することができるものとする。公開を禁止した口頭弁論に係る訴訟記録については，当事者及び利害関係を疎明した第三者に限り，裁判所においてする訴訟記録の閲覧の請求をすることができるものとする。

(2) 訴訟記録の複製等

当事者及び利害関係を疎明した第三者は，裁判所書記官に対し，裁判所においてする訴訟記録の複製，その正本，謄本若しくは抄本の交付又は訴訟に関する事項の証明書の交付を請求することができるものとする。

(3) 裁判所に設置された端末による閲覧等をすることができない場合

(1)による訴訟記録の閲覧の請求及び(2)による訴訟記録の複製の請求は，訴訟記録の保存又は裁判所の執務に支障があるときは，することができないものとする。

（注1）訴訟記録の複製の具体的な方法として，記録媒体に記録する方法によることの他にどのような方法があるかについて，引き続き検討するものとする。また，訴訟記録を出力した書面を裁判所において入手することができるようにする考え方がある。

（注2）補助参加の申出を濫用した訴訟記録の閲覧等を防ぐための規律の在り方について，引き続き検討するものとする。

（注3）本文(3)の規律に加えて，当事者以外の第三者は，裁判所に提出され，当事者が受領した後一定の期間が経過していない訴訟記録や，期日を経ていない訴訟記録について，閲覧等の請求をすることができないものとする考え方，和解を記載した調書（例えば，その全部又はそのうちいわゆる口外禁止条項を定めたもの）について，閲覧等の請求をすることができないものとする考え方がある。

（注4）事件係属中の当事者を含め，裁判所に設置された端末による訴訟記録の閲覧等を請求する者からは，当該端末を使用する対価を徴収することについても，（対価を徴収する場合にそれを手数料として徴収するか否かも含め）引き続き検討するものとする。

---

2. 裁判所外の端末による訴訟記録の閲覧及び複製

(1) 当事者による閲覧等

　当事者は，いつでも，電子情報処理組織を用いて，裁判所外における訴訟記録の閲覧及び複製をすることができるものとする。

(2) 利害関係を疎明した第三者による閲覧等

　利害関係を疎明した第三者は，裁判所書記官に対し，電子情報処理組織を用いてする裁判所外における訴訟記録の閲覧及び複製を請求することができるものとする。

(3) 利害関係のない第三者による閲覧

　利害関係のない第三者による電子情報処理組織を用いてする裁判所外における訴訟記録の閲覧に関する規律については，次のいずれかの案によるものとする。

> **甲案**
>
> 　当事者及び利害関係を疎明した第三者以外の者は，裁判所書記官に対し，電子情報処理組織を用いてする裁判所外における訴訟記録（次に掲げるものに限る。）の閲覧を請求することができる。ただし，公開を禁止した口頭弁論に係る訴訟記録については，この限りでない。
> ア　訴状及び答弁書その他の準備書面
> イ　口頭弁論の期日の調書その他の調書（調書中の証人，当事者本人及び鑑定人の陳述，検証の結果並びに和解が記載された部分を除く。）
> ウ　判決書その他の裁判書

> **乙案**
>
> 　利害関係のない第三者による電子情報処理組織を用いてする裁判所外における訴訟記録の閲覧を認めない。

(4) 裁判所外の端末による閲覧等をすることができない場合

　(1)による訴訟記録の閲覧及び複製，(2)による訴訟記録の閲覧及び複製の請求並びに(3)による訴訟記録の閲覧の請求は，訴訟記録の保存又は裁判所の執務に支障があるときは，することができないものとする。訴訟の完結した日から一定の期間が経過したときも，同様とするものとする。

3. インターネットを用いてする訴訟記録の閲覧等の請求

電子情報処理組織を用いてする1による訴訟記録の閲覧，複製，その正本，謄本若しくは抄本の交付又は訴訟に関する事項の証明書の交付の請求及び2による訴訟記録の閲覧又は複製の請求は，最高裁判所規則で定めるところにより，裁判所の使用に係る電子計算機に備えられたファイルに当該請求を記録する方法によりするものとする。

(注)インターネットを用いて訴訟記録の閲覧等の請求をする者の本人確認に関する規律の在り方について，引き続き検討するものとする。

4. 閲覧等の制限の決定に伴う当事者の義務

法第92条第1項の決定があったときは，当事者等又は補佐人は，その訴訟において取得した同項の秘密を，正当な理由なく，当該訴訟の追行の目的以外の目的のために利用し，又は当事者等及び補佐人以外の者に開示してはならないものとする。

(注1)本文の規律に加えて，法第92条第1項の申立てをする当事者は，当該申立てに係る秘密記載部分を除いたものの作成及び提出並びに同項の決定において特定された秘密記載部分を除いたものの作成及び提出をしなければならないものとする考え方がある。

(注2)法第92条の規律に加えて，例えば，犯罪やDVの被害者の住所等が記載された部分については相手方当事者であっても閲覧等をすることができないようにする規律を設けるものとする考え方がある。

第13 | 土地管轄

土地管轄については，現行法の規律を維持するものとする。

第14 | 上訴，再審，手形・小切手訴訟

法第3編（上訴），第4編（再審）及び第5編（手形・小切手訴訟）に係る手続についても，第一審の訴訟手続と同様にIT化するものとする。

第15 | 簡易裁判所の手続

簡易裁判所の訴訟手続についても地方裁判所における第一審の訴訟手続と同様にIT化することを前提として，その具体的規律や，IT化に伴う特則を設けることについては，引き続き検討するものとする。

第16 | 手数料の電子納付

1. インターネットを用いてする申立てがされた場合における手数料等の電子納付への一本化

電子情報処理組織を用いてする申立てがされる場合には，手数料及び手数料以外の費用（3において「手数料等」という。）の納付方法について，ペイジーによる納付の方法に一本化するものとする。

（注）第三者が裁判所外の端末による訴訟記録の閲覧等を請求することができることとした場合（第12の2の(2)及び(3)参照）におけるその閲覧等その他の民事訴訟費用等に関する法律（昭和46年法律第40号。以下「費用法」という。）別表第二上欄に掲げる行為をインターネットを用いて請求した場合等の手数料の納付方法についても，同様に所要の整備を行うものとする。

---

2. 郵便費用の手数料への一本化

郵便費用を手数料として扱い，申立ての手数料に組み込み一本化し，郵便費用の予納の制度を廃止するものとする。

（注）その具体化として，各申立ての手数料へ郵便費用をどのように組み込むかについては，現行制度の下での郵便利用の実情，システム送達の導入に伴う郵便利用の変化の見通しを踏まえて引き続き検討するものとする。また，仮にインターネットを用いた申立てと書面を用いた申立てとが併存することとなった場合（第1の1乙案及び丙案参照）に，インターネットを用いた申立てを促進する観点等から，両者の手数料の額に差異を設けてインターネットを用いた申立てに経済的インセンティブを付与することについても引き続き検討するものとする。

---

3. 書面による申立てが許容される場合における手数料等の納付方法

仮に電子情報処理組織を用いてする申立てに加え，書面による申立てが一定の場合に許容されることとなった場合（第1の1参照）であっても，書面による申立てについては，手数料等の納付方法につき，やむを得ない事情があると認めるときを除き，ペイジーによる納付の方法によらなければならないものとする。

上記のやむを得ない事情があると認めるときの納付方法の規律については，現行の費用法第8条の規律を維持するものとする。

4. 民事裁判手続のIT化に伴う訴訟費用の範囲の整理等

（1）　費用法第2条所定の当事者等又は代理人が期日に出頭するための旅費，日当及び宿泊料（同条第4号及び第5号）について，次のいずれかの案によるものとする。

甲案

現行の規律を改め，当事者等又は代理人が期日に出頭するための旅費，日当及び宿泊料（同条第4号及び第5号）については，当事者その他の者が負担すべき民事訴訟の費用の対象としないものとする。

乙案

現行の規律を維持するものとする。

(2) 費用法第2条所定の訴状その他の申立書等の書類の作成及び提出の費用（同条第6号）について，次のいずれかの案によるものとする。

甲案

現行の規律を改め，訴状その他の申立書等の書類の作成及び提出の費用（同条第6号）については，当事者その他の者が負担すべき民事訴訟の費用の対象としないものとする。

乙案

現行の規律を維持するものとする。

(3) 過納手数料の還付等（費用法第9条第1項，第3項及び第4項）並びに証人等の旅費，日当及び宿泊料の支給（費用法第21条から第24条まで）については，裁判所の権限とする現行の規律を改め，裁判所書記官の権限とするものとする。

(注) 本文の規律に加えて，訴訟費用等の負担の額を定める処分を求める申立てに一定の期限を設けるものとすることについて，引き続き検討するものとする。

第17 | IT化に伴う書記官事務の見直し

民事裁判手続のIT化に伴う裁判所書記官の事務の最適化のために，所要の改正をするものとする。

(注) 担保の取消しを裁判所書記官の権限とするものとする考え方，訴状の補正及び却下の一部（例えば，請求の趣旨が全く記載されていない場合や，訴え提起手数料を納付すべきであるのに一定期間を経過しても一切納付されない場合における訴状の補正及び却下）を裁判所書記官の権限とするものとする考え方，調書の更正に関する規律を創設し，これを裁判所書記官の権限とするも

のとする考え方がある。

第 18 ┃ 障害者に対する手続上の配慮

　民事裁判手続の IT 化に伴い，障害者に対する手続上の配慮に関する規律を設けることについては，引き続き検討するものとする。

民事裁判手続と
IT化の重要論点
——法制審中間試案の争点

2021年8月25日　初版第1刷発行

編　者　山本和彦
発行者　江草貞治
発行所　株式会社 有斐閣
　　　　〒101-0051 東京都千代田区
　　　　神田神保町 2-17
電話　　03-3264-1311（編集）
　　　　03-3265-6811（営業）
http://www.yuhikaku.co.jp/

デザイン　キタダデザイン
印刷　　　株式会社暁印刷
製本　　　牧製本印刷株式会社

YUHIKAKU